Beck-Rechtsberater
Guter Rat bei Arbeitslosigkeit

dtv

Beck-Rechtsberater

Guter Rat bei Arbeitslosigkeit

Arbeitslosengeld – Arbeitslosenhilfe
Soziale Sicherung – Rechtsschutz

Von Thomas Bubeck
Richter am Sozialgericht Freiburg

8., neubearbeitete Auflage 2000
Stand: August 1999

Deutscher Taschenbuch Verlag

Redaktionelle Verantwortung: Verlag C. H. Beck
Umschlaggestaltung: Agentur 42 (Fuhr & Partner), Mainz,
unter Verwendung eines Fotos von Ina Scherbaum, Freising
Gesamtherstellung: C. H. Beck'sche Buchdruckerei, Nördlingen
ISBN 3 423 05237 6 (dtv)
ISBN 3 406 45867 X (C. H. Beck)

Vorwort zur 8. Auflage

Seit Erscheinen der 7. Auflage im August 1997 hat der Gesetzgeber 2 wesentliche Änderungen im SGB III vorgenommen.

So hat er mit dem Gesetz zur Änderung der Berücksichtigung von Entlassungsentschädigungen im Arbeitsförderungsrecht vom 24. 3. 1999 (BGBl. I, 1999 S. 396 ff) die frühere Rechtslage (§ 117 Abs. 2–4 AFG a. F.) wieder hergestellt.

Mit dem 2. Gesetz zur Änderung des Dritten Buches Sozialgesetzbuch und anderer Gesetze (BGBl. I, 1999, S. 1648 ff) hat er sodann – ohne die grundsätzliche Struktur des SGB III zu ändern – zahlreiche Vorschriften neu gefaßt.

Die vorliegende Auflage berücksichtigt neben den gen. Gesetzesänderungen auch das Zukunftsprogramm 2000 der Bundesregierung sowie alle wesentlichen Entscheidungen des Bundessozialgerichtes zum AFG, die seit der letzten Auflage ergangen sind, soweit sie Bedeutung auch für die Anwendung des SGB III haben.

Freiburg, im August 1999

Thomas Bubeck

Aus dem Vorwort zur 1. Auflage

Wer vom Arbeitsamt oder Sozialamt etwas will, erreicht mehr, wenn er seine Rechte und Pflichten kennt. Dieser Ratgeber zeigt Ihnen an zahlreichen Beispielen Ihre Rechte und Pflichten, wenn Sie Arbeitslosengeld, Arbeitslosenhilfe, Konkursausfallgeld oder Sozialhilfe gezahlt haben wollen. Insbesondere wird die neue Rechtslage zur zumutbaren Arbeit ausführlich behandelt.

Die meisten Themen, die im Abschnitt **Arbeitslosengeld** behandelt werden, gelten auch für den Abschnitt **Arbeitslosenhilfe** entsprechend, von Besonderheiten abgesehen, so daß der Leser, der sich für **Arbeitslosenhilfe** interessiert, über das Inhaltsverzeichnis und das Sachverzeichnis das gesuchte Thema im Abschnitt **Arbeitslosengeld** nachschlagen kann. Auch sonst empfiehlt es sich, neben dem Inhaltsverzeichnis ins Sachverzeichnis zu blicken, da viele Probleme unter verschiedenen Gesichtspunkten wiederholt besprochen werden.

Berlin, im November 1982

Hermann Hummel-Liljegren

Inhaltsübersicht

Vorwort V

A. Arbeitslosengeld 1
    I. Wer erhält Arbeitslosengeld? 1
    II. Wie lange erhalten Sie Arbeitslosengeld (Anspruchs-
        dauer)? 50
    III. Wie errechnet sich ihr Arbeitslosengeld? 56
    IV. In welchen Fällen ruht der Anspruch auf Arbeitslosen-
        geld? 89
    V. Wann kann der Anspruch auf Arbeitslosengeld versagt
        werden? 126
    VI. Wann erlischt der Anspruch auf Arbeitslosengeld? 129
    VII. Wie wird das Arbeitslosengeld bezahlt? 132
    VIII. Wann kann das Arbeitsamt Überzahlungen zurückfor-
        dern? 135

B. Arbeitslosenhilfe 137
    I. Wer erhält Arbeitslosenhilfe? 137
    II. Höhe und Dauer der Arbeitslosenhilfe 143
    III. Wer ist bedürftig? 148
    IV. Beide Ehegatten beantragen Arbeitslosenhilfe 167
    V. Eheähnliche Gemeinschaft 167

C. Gemeinsame Regeln bei Arbeitslosengeld und Arbeits-
losenhilfe 169
    I. Erziehungsgeld 169
    II. Insolvenzgeld 169
    III. Soziale Sicherung des Arbeitslosen 177
    IV. Ihre rechtlichen Möglichkeiten in streitigen Fällen 184
    V. Bußgeld und Strafe 200

D. Weitere Leistungen des Arbeitsamtes 203

E. Sozialhilfe 205
    I. Wann und wofür können Sie Sozialhilfe beantragen? 205
    II. Zumutbare Arbeit bei Hilfe zum Lebensunterhalt 207
    III. Kann die Sozialhilfe wegen eheähnlicher Gemeinschaft
        eingeschränkt werden? 210

Sachverzeichnis 213

Inhaltsverzeichnis

Vorwort V
Abkürzungsverzeichnis XV
Literaturhinweise XIX

A. Arbeitslosengeld

I. Wer erhält Arbeitslosengeld? 1
1. Anspruchsvoraussetzungen? 1
2. Sind Sie Arbeitsloser? – Sind Sie Arbeitnehmer? 1
   a) Arbeitnehmer-Eigenschaft 1
   b) Vorübergehende Beschäftigungslosigkeit 2
   c) Beschäftigungslosigkeit trotz kurzzeitiger Beschäftigung? ... 3
3. Beschäftigungssuche 5
   a) Eigenbemühungen 5
   b) Verfügbarkeit 5
      aa) Welches ist der für Sie in Betracht kommende Arbeitsmarkt? ... 6
         α) Zumutbare Arbeit 6
         β) Können Sie trotz familiärer Pflichten arbeiten? 16
         γ) Ganztagsarbeit für Teilzeitarbeitslose? 18
         δ) Heimarbeit 18
      bb) Dürfen Sie arbeiten (z. B. Mutterschutz)? 19
      cc) Wollen Sie arbeiten? Sind Sie bereit, jede Ihnen zumutbare Arbeit anzunehmen? ... 19
      dd) Können Sie Vorschlägen des Arbeitsamtes zur beruflichen Eingliederung zeit- und ortsnah Folge leisten? 20
      ee) Sonderfälle der Verfügbarkeit 21
         α) Trainingsmaßnahmen, berufliche Rehabilitation, Hilfstätigkeiten in Notfällen, Resozialisierung 22
         β) Schulbesuch, Studium 22
         γ) Tätigkeiten im Rahmen kultureller, sportlicher, karitativer und sonstiger Interessen 25
      ff) Verfügbarkeit und krankheitsbedingte Arbeitsunfähigkeit ... 27
      gg) Nahtlosigkeit von Sozialleistungen bei längerdauernder Minderung der Leistungsfähigkeit ... 28
      hh) Mobilitätshilfen 32

4. Haben Sie sich persönlich arbeitslos gemeldet? 33
   a) Persönliche Meldung 33
   b) Von welchem Tag an besteht Anspruch auf Arbeitslosen-
      geld? 36
   c) Wodurch wird der Antragstellung genügt? 37
   d) Welches Arbeitsamt ist zuständig? 37
5. Haben Sie die Anwartschaftszeit erfüllt? 37
   a) Wozu dienen Anwartschaft und dreijährige Rahmenfrist? .. 37
      aa) Verlängerung der Rahmenfrist 39
      bb) Verkürzung der Rahmenfrist 41
   b) Standen Sie in einem Versicherungspflichtverhältnis? 42
   c) Welche Beschäftigungszeiten sind versicherungsfrei? 43
   d) Wodurch wird das Versicherungsverhältnis unterbrochen? 44
   e) Werden Sie saison- oder witterungsbedingt jährlich wie-
      derkehrend arbeitslos? 44
   f) Wann wirkt sich eine Sperrzeit auf die Anwartschaftszeit
      aus? 45
6. Besonderheit für 58jährige und Ältere 46
   a) Allgemeines 46
   b) Bezug von Arbeitslosengeld unter erleichterten Vorausset-
      zungen 49

II. Wie lange erhalten Sie Arbeitslosengeld (Anspruchs-
    dauer)? 50
1. Anspruchsdauer 50
2. Wodurch mindert sich die Anspruchsdauer? 53

III. Wie errechnet sich Ihr Arbeitslosengeld? 56
1. Bedeutung der Steuerklasse 58
2. Welcher der fünf Leistungsgruppen gehören Sie aufgrund
   Ihrer Steuerklasse und Ihres Familienstandes an? 58
3. Wechsel der Steuerklasse 61
4. Nach welchem Zeitraum Ihrer zuletzt ausgeübten Beschäftigung bemißt sich Ihr Arbeitsentgelt (sogenannter Bemessungszeitraum)? 70
5. Bemessung bei alsbaldiger erneuter Arbeitslosigkeit 70
6. Erzielen Sie Entgelt oberhalb der Leistungs- und Beitragsbemessungsgrenze? 72
7. Welches Bemessungsentgelt kommt in Frage? 72
8. Wie berechnet sich Ihr Bemessungsentgelt im einzelnen? 73
9. Wie bemißt sich das Arbeitslosengeld bei Vorliegen einer
   unbilligen Härte? 75
10. Sonderfälle bei der Bemessung 77

11. Wann wird das Bemessungsentgelt angepaßt? 78
12. In welcher Höhe ist Nebeneinkommen anrechnungsfrei? 79
13. Wird Arbeitslosengeld im Krankheitsfall weitergezahlt? 81
14. Wird Arbeitslosengeld im Falle einer Berufs- oder Erwerbs-
    unfähigkeit gezahlt? 83
15. Erhöht das Arbeitslosengeld die Steuerschuld? 85
16. Teilarbeitslosengeld 86
    a) Wann sind Sie teilarbeitslos? 86
    b) Wann haben Sie die Anwartschaftszeit für das Teilar-
       beitslosengeld erfüllt? 87
    c) Wie lange können Sie Teilarbeitslosengeld beziehen? 87
    d) Wann erlischt der Anspruch auf Teilarbeitslosengeld? 88

IV. In welchen Fällen ruht der Anspruch auf Arbeitslosen-
    geld? 89
1. Arbeitskämpfe und § 146 SGB III 89
2. Anspruch auf restliches Arbeitsentgelt 92
3. Anspruch auf Urlaubsabgeltung 93
4. Anspruch auf Abfindung, Entschädigung oder ähnliche Leistungen (Entlassungsentschädigung) 93
   a) Allgemeines 93
   b) Welche Rolle spielt die Kündbarkeit und die Kündigungs-
      frist bei Entlassungsentschädigungen? 95
   c) Wieviel Prozent der Entlassungsentschädigungen bleiben
      Ihnen uneingeschränkt erhalten? 98
   d) Welche Leistungen des Arbeitgebers führen zum Ruhen
      des Arbeitslosengeldes? 100
   e) Wie lange ruht der Anspruch auf Arbeitslosengeld? 101
   f) Welche Fälle führen nicht zum Ruhen des Anspruches auf
      Arbeitslosengeld? 103
5. Anspruch auf Sozialleistungen 104
6. Sperrzeit 105
   a) Beendigung des Arbeitsverhältnisses 105
   b) Nichtannahme eines Arbeitsangebotes – Nichtantreten ei-
      ner Arbeitsstelle – Ablehnung einer Trainings- oder beruf-
      lichen Bildungsmaßnahme etc. – Abbruch einer Trainings-
      oder beruflichen Bildungsmaßnahme etc. 118
   c) Beginn, Dauer und Wirkung der Sperrzeit 120
7. Meldepflicht – Meldeversäumnis 123

V. Wann kann der Anspruch auf Arbeitslosengeld versagt
   werden? 126

VI. Wann erlischt der Anspruch auf Arbeitslosengeld? 129
1. Wiederholter Sperrzeitanlaß 129
2. Erlöschen bei Entstehen eines neuen Anspruches 130
3. Erlöschen durch Zeitablauf 131

VII. Wie wird das Arbeitslosengeld gezahlt? 132
1. Nachträgliche, monatliche Überweisung; Verzinsung 132
2. Vorschuß- bzw. Abschlagszahlungen oder Sozialhilfe 133
3. Auszahlung an Dritte, Pfändung, Aufrechnung, Vererblichkeit 134

VIII. Wann kann das Arbeitsamt Überzahlungen zurückfordern? 135

B. Arbeitslosenhilfe

I. Wer erhält Arbeitslosenhilfe? 137
1. Bedeutung und Voraussetzungen 137
2. Beschäftigung und gleichgestellte Zeiten 139
3. Heimarbeit 143

II. Höhe und Dauer der Arbeitslosenhilfe 143
1. Wieviel beträgt die Arbeitslosenhilfe? 143
2. Anschluß-Arbeitslosenhilfe 143
3. Originäre Arbeitslosenhilfe 144
4. Herabbemessung der Arbeitslosenhilfe 144
5. Besonderheiten 146
6. Wie lange wird gezahlt? 147

III. Wer ist bedürftig? 148
1. Allgemeines 148
2. Was ist Ihnen und Ihren Angehörigen finanziell zuzumuten? ... 148
3. Was gehört zum Einkommen? 149
4. Einkommensanrechnung 154
   a) Eigenes Einkommen des Arbeitslosen 154
      aa) Aus einer Nebentätigkeit 154
      bb) Sonstiges Einkommen (auch von Dritten) 155
   b) Einkommen des Ehegatten 155
   c) Einkommen der Eltern des Arbeitslosen 157
5. Was gehört zum Vermögen? 157
6. Zumutbare Verwertung von Vermögen 157
7. Vermögensanrechnung 163
   a) Eigenes Vermögen des Arbeitslosen 164
   b) Vermögen des Ehegatten 165

8. Nachweis der Einkommen 165
9. Gewährung von Arbeitslosenhilfe trotz anderweitiger Ansprüche 166

IV. Beide Ehegatten beantragen Arbeitslosenhilfe 167

V. Eheähnliche Gemeinschaft 167

C. Gemeinsame Regeln bei Arbeitslosengeld und Arbeitslosenhilfe

I. Erziehungsgeld 169

II. Insolvenzgeld 169

III. Soziale Sicherung des Arbeitslosen 177
1. Kranken-/Pflegeversicherung 177
2. Unfallversicherung 180
3. Rentenversicherung 181

IV. Ihre rechtlichen Möglichkeiten in streitigen Fällen 184
1. Widerspruch 184
2. Klage zum Sozialgericht 188
3. Berufung zum Landessozialgericht 190
4. Revision zum Bundessozialgericht 190
5. Kosten 191
   a) Widerspruchsverfahren 191
   b) Klage 192
6. Erfolgsaussichten 195
7. Versäumnis von Fristen – Wiedereinsetzung 195
8. Sonstige Rechtsbehelfe 198
   a) Antrag auf Aussetzung der Entscheidung 198
   b) Untätigkeitsklage 198
   c) Dienstaufsichtsbeschwerde 199

V. Bußgeld und Strafe 200

D. Weitere Leistungen des Arbeitsamtes

(Unterhaltsgeld, Berufsausbildungsbeihilfen, Lohnkostenzuschüsse, Zuschüsse bei der Arbeitsaufnahme, Übergangs- oder Ausbildungsgeld für Behinderte, Kurzarbeitergeld, Winterausfallgeld sowie Zuschüsse für zusätzliche Arbeitsplätze) 203

E. Sozialhilfe

I. **Wann und wofür können Sie Sozialhilfe beantragen?** 205

II. **Zumutbare Arbeit bei Hilfe zum Lebensunterhalt** 207
1. Pflicht zur Arbeit gegen Entgelt 207
2. Pflicht zu gemeinnütziger Arbeit 208

III. **Kann die Sozialhilfe wegen eheähnlicher Gemeinschaft eingeschränkt werden?** 210

Sachverzeichnis 213

Abkürzungsverzeichnis

AA	Arbeitsamt
a. a. O.	am angegebenen Ort
ABM	Arbeitsbeschaffungsmaßnahmen
a. F.	alte Fassung
AFG	Arbeitsförderungsgesetz
AFKG	Arbeitsförderungs-Konsolidierungsgesetz
Alg.	Arbeitslosengeld
Alhi	Arbeitslosenhilfe
ANBA	Amtliche Nachrichten der Bundesanstalt für Arbeit
Anm.	Anmerkung
AO	Anordnung
Art.	Artikel
AÜG	Gesetz zur Regelung der gewerbsmäßigen Arbeitnehmerüberlassung
AuB	Zeitschrift arbeit und beruf
AVAVG	Gesetz über Arbeitsvermittlung und Arbeitslosenversicherung
AVG	Angestelltenversicherungsgesetz
BA	Bundesanstalt für Arbeit (Nürnberg)
BAB	Berufsausbildungsbeihilfe
BAnz.	Bundesanzeiger
BGB	Bürgerliches Gesetzbuch
BGBl.	Bundesgesetzblatt
BSG	Bundessozialgericht
BSGE	Entscheidungen des Bundessozialgerichts, Band, Seite
BSHG	Bundessozialhilfegesetz
BVerfG	Bundesverfassungsgericht
BVerwGE	Entscheidungen des Bundesverwaltungsgerichts, Band, Seite
BVG	Bundesversorgungsgesetz
DÖV	Die Öffentliche Verwaltung
DVBl.	Deutsches Verwaltungsblatt
DVO	Durchführungsverordnung

EGStGB	Einführungsgesetz zum Strafgesetzbuch
EzS	Entscheidungssammlung zum Sozialversicherungsrecht
FamRZ	Zeitschrift für das gesamte Familienrecht
FdA	Förderung der Arbeitsaufnahme (Merkblatt)
FEVS	Fürsorgerechtliche Entscheidungen der Verwaltungs- und Sozialgerichte, Band, Seite
ff.	und der/die/folgenden
GG	Grundgesetz
i. d. F.	in der Fassung
info also	Informationen zum Arbeitslosenrecht und Sozialhilferecht
i. V. m.	in Verbindung mit
LAA	Landesarbeitsamt
LSG	Landessozialgericht
m. w. N .	mit weiteren Nachweisen
NDV	Nachrichtendienst des Deutschen Vereins für öffentliche und private Fürsorge
NJW	Neue Juristische Wochenschrift
NVwZ	Neue Zeitschrift für Verwaltungsrecht
NZA	Neue Zeitschrift für Arbeitsrecht
NZS	Neue Zeitschrift für Sozialrecht
RdErl	Runderlaß
RVO	Reichsversicherungsordnung
SG	Sozialgericht
SGB I	Sozialgesetzbuch – Allgmeiner Teil – (1. Buch)
SGB III	Sozialgesetzbuch – Arbeitsförderung – (3. Buch)
SGB IV	Sozialgesetzbuch – Gemeinsame Vorschriften für die Sozialversicherung – (4. Buch)
SGB V	Sozialgesetzbuch – Gesetzliche Krankenversicherung – (5. Buch)
SGB VI	Sozialgesetzbuch – Gesetzliche Rentenversicherung – (6. Buch)
SGB VII	Sozialgesetzbuch – Gesetzliche Unfallversicherung – (7. Buch)
SGB X	Sozialgesetzbuch – Verwaltungsverfahren – (10. Buch)
SGB XI	Sozialgesetzbuch – Soziale Pflegeversicherung – (11. Buch)
SGb.	Die Sozialgerichtsbarkeit
SGG	Sozialgerichtsgesetz

VGH	Verwaltungsgerichtshof
vgl.	vergleiche
VO	Verordnung
ZAO	Zumutbarkeits-Anordnung vom 16. 3. 1982
ZfF	Zeitschrift für das Fürsorgewesen
ZfS	Zentralblatt für Sozialversicherung, Sozialhilfe und Versorgung
ZfSH/SGB	Zeitschrift für Sozialhilfe und Sozialgesetzbuch
ZPO	Zivilprozeßordnung

Literaturhinweise

I. Gesetzestexte

SGB III – Arbeitsförderung – mit Leistungsverordnung, Arbeitslosen-
hilfeverordnung, Arbeitserlaubnisverordnung, Arbeitnehmerüberlas-
sungsgesetz und weiteren wichtigen Vorschriften sowie einer Ein-
führung von A. Gagel, 3., neubearbeitete Aufl., Beck-Texte im dtv,
München 1998.

II. Rechtsberater, Leitfäden und Merkblätter

1. Zum Arbeitsförderungsrecht

Arbeitskammer des Saarlandes (Hrsg.), Arbeitslosengeld, Arbeitslosenhilfe. Zu beziehen bei der Arbeitskammer des Saarlandes, Abteilung Presse und Information, Fritz-Dobisch-Straße 6–8, 66111
Saarbrücken.

Bundesanstalt für Arbeit, Merkblätter (bei den Arbeitsämtern kostenlos erhältlich):

Merkblatt 1: Ihre Rechte und Pflichten – Merkblatt für Arbeitslose
Merkblatt 3: Vermittlungsdienste und Leistungen
Merkblatt 4: Beschäftigungsförderung in Baubetrieben
Merkblatt 6: Förderung der beruflichen Weiterbildung
Merkblatt 8: Kurzarbeitergeld
Merkblatt 9: Arbeitsbeschaffungsmaßnahmen
Merkblatt 10: Konkursausfallgeld
Merkblatt 11: Angebote der Berufsberatung
Merkblatt 12: Berufliche Rehabilitation
Merkblatt 17: Berücksichtigung von Entlassungsentschädigungen
was? wieviel? wer? – Eine kleine Fibel über die Leistungen der Bun-
desanstalt für Arbeit.

Fachhochschule Frankfurt (Hrsg.), Leitfaden für Arbeitslose – Arbeits-
losenprojekt TuWas, verfaßt von U. Stascheit, E. Turk u. a., Mate-
rialien zur Sozialarbeit und Sozialpolitik Band 3, 16. Aufl., 1999

2. Zum Sozialhilferecht

Brühl, A., Mein Recht auf Sozialhilfe. Beck-Rechtsberater im dtv,
15. Aufl. München 1999.

Arbeitskammer des Saarlandes (Hrsg.), Sozialhilfe. Zu beziehen bei der Arbeitskammer des Saarlandes, Abteilung Presse und Information, Fritz-Dobisch-Straße 6–8, 66111 Saarbrücken.

Schellhorn, W., Sozialhilferecht. BSHG-Textausgabe mit den wichtigsten Durchführungsverordnungen und einer systematischen Darstellung, 10. Aufl., Neuwied 1996

III. Kommentare

1. Zum Arbeitsförderungsgesetz

Eckert, K. u. a., Gemeinschaftskommentar zum AFG (GK-AFG). Loseblatt-Kommentar. Neuwied

Gagel, A. (Hrsg.)/Friedrich-Marczyk, M./Pitschas, R./Steinmeyer, H./Wieczorek R., Loseblatt-Kommentar. München

Hennig, W./Kühl, H./Heuer, E., Loseblatt-Kommentar. Frankfurt

Knigge/Ketelsen u. a., Loseblatt-Kommentar. Baden-Baden

Krebs, H. fortgeführt von Schelter, K., Loseblatt-Kommentar. Sankt Augustin

Niesel u. a,, Kommentar zum SGB III, 1998

Schieckel, H./Grüner, H./Dalichau, G., Loseblatt-Kommentar. Percha

Schönefelder, E./Kranz, G./Wanka, R., Loseblatt-Kommentar. Stuttgart

2. Zum Bundessozialhilfegesetz

Knopp, A. u. a., Bundessozialhilfegesetz, 9. Aufl., München 1999

Lehr- und Praxiskommentar, 5. Aufl., 1998

Mergler, O./Zink, G./Dahlinger, E./Zeitler, H., Bundessozialhilfegesetz, Loseblattkommentar, Köln

Oestreicher, E./Schelter, K./Kunz, E., Bundessozialhilfegesetz mit Recht der Kriegsopferfürsorge, Loseblattkommentar. München

Schellhorn, W./Jirasek, H./Seipp, P., Das Bundessozialhilfegesetz, 15. Aufl., Neuwied, 1997

IV. Monographien (Einzelprobleme) / Lehrbücher

Bubeck/Schneider, Arbeitsförderungsrecht, 2. Aufl. Freiburg 1994, 49,80 DM

Hummel-Liljegren, H., Zumutbare Arbeit – Das Grundrecht des Arbeitslosen, Berlin 1981, 252 S. DM 58,–

V. Fachzeitschriften

arbeit und beruf (a+b)
Blätter für Steuerrecht, Sozialversicherung und Arbeitsrecht
(BlStSozArbR)
Die Öffentliche Verwaltung (DÖV)
Die Sozialgerichtsbarkeit (SGb)
Deutsches Verwaltungsblatt (DVBl.)
Informationen zum Arbeitslosenrecht und Sozialhilferecht (Hrsg.
A. Brühl u. a. Nomos Verlag Baden-Baden (info also)
Nachrichtendienst des Deutschen Vereins für öffentliche und private
Fürsorge (NDV)
Neue Juristische Wochenschrift (NJW)
Neue Zeitschrift für Arbeitsrecht (NZA)
Neue Zeitschrift für Sozialrecht (NZS)
Neue Zeitschrift für Verwaltungsrecht (NVwZ)
Soziale Arbeit
Soziale Sicherheit
Zeitschrift für das Fürsorgewesen (ZfF)
Zeitschrift für das gesamte Familienrecht (FamRZ)
Zeitschrift für Sozialhilfe und Sozialgesetzbuch (ZfSH/SGB)
Zentralblatt für Sozialversicherung, Sozialhilfe und Versorgung (ZfS)

VI. Entscheidungssammlungen und Fundstellennachweise

Entscheidungen des Bundessozialgerichts (BSGE)
Entscheidungen des Bundesverfassungsgerichts (BVerfGE)
Entscheidungen des Bundesverwaltungsgerichts (BVerwGE)
Entscheidungssammlung zum Sozialversicherungsrecht (EzS)
Die Entscheidungen des Bundessozialgerichts. Fundstellenverzeichnis
Fürsorgerechtliche Entscheidungen der Verwaltungs- und Sozialge-
richte (FEVS)
Karlsruher Juristische Bibliographie (KJB)
NJW-Fundhefte für Arbeits- und Sozialrecht
NJW-Leitsatzkartei
Rechtsprechungsdienst der Sozialgerichtsbarkeit
Rechtsprechungsübersicht (Beilage) zur Zeitschrift Soziale Sicherheit
Sammlung Breithaupt
Sozialrecht (SozR)

A. Arbeitslosengeld

I. Wer erhält Arbeitslosengeld?

1. Anspruchsvoraussetzungen?

Arbeitslosengeld erhält nach § 117 Abs. 1 SGB III ein Arbeitnehmer, der
– arbeitslos ist,
– sich beim Arbeitsamt arbeitslos gemeldet und
– die Anwartschaftszeit erfüllt hat.

Jede dieser Voraussetzungen muß erfüllt sein. Außerdem endet der Anspruch auf Arbeitslosengeld mit dem Ende des Monats, in dem Sie Ihr 65. Lebensjahr vollenden, d. h. Ihren 65. Geburtstag haben (§ 117 Abs. 2 SGB III). Das gilt auch dann, wenn Ihnen keine gesetzliche Altersrente zusteht.

2. Sind Sie Arbeitsloser? – Sind Sie Arbeitnehmer?

Arbeitslos ist nach § 118 SGB III ein Arbeitnehmer, der
– vorübergehend nicht oder nur weniger als 15 Stunden/Woche beschäftigt ist (Beschäftigungslosigkeit) und
– eine versicherungspflichtige mindestens 15 Stunden/Woche umfassende Beschäftigung sucht (Beschäftigungssuche).

a) Arbeitnehmer-Eigenschaft

Arbeitnehmer ist – vereinfacht gesagt – wer *abhängig* beschäftigt wäre, wenn er Arbeit hätte (BSGE 41, 229; BSGE 42, 76). *Abhängig* erwerbstätig sind Sie, wenn Sie im Betrieb eines Arbeitgebers arbeiten und von ihm oder seinen Mitarbeitern Weisungen empfangen. Nicht jeder, der Arbeit sucht, ist also Arbeitsloser im Sinne des Gesetzes, sondern nur der, der zumindest von nun an eine *abhängige* Beschäftigung sucht. Daß er bisher selbständig tätig war oder sich später einmal *selbständig* machen will, schadet nicht.

Beispiel: Gastwirt G muß sein Lokal nach einem Jahr aufgeben, weil es sich nicht rentiert. Zuvor war er viele Jahre als Gerüstbauer beschäftigt. Er meldet sich arbeitslos, beantragt Arbeitslosengeld und erklärt, wieder als Arbeitnehmer tätig sein zu wollen. Die Suche nach einer versicherungspflichtigen Beschäftigung bleibt erfolglos. Nach einem halben Jahr erklärt er, wieder selbständig eine Gaststätte pachten und betreiben zu wollen. Ist G. zum Zeitpunkt der Arbeitslosmeldung Arbeitsloser im Sinne des Gesetzes? Ja, weil er bereit war, bis zur erneuten Selbständigkeit abhängig zu arbeiten. Ihm steht auch für das halbe Jahr Arbeitslosengeld zu, da er von den letzten drei Jahren zwei Jahre als Arbeitnehmer beitragspflichtig beschäftigt war und damit die erforderliche Anwartschaftszeit (dazu siehe 5, S. 37 ff) erfüllt hat.

Wer künftig erstmalig oder nach langjähriger Pause erneut als Arbeitnehmer tätig sein will, kann sich ebenfalls als Arbeitsloser melden.

Beispiel: A war nach der Ausbildung als Erzieherin 7 Jahre lang Hausfrau, sucht jetzt Arbeit und meldet sich arbeitslos. Auch sie ist Arbeitslose im Sinne des § 118 SGB III (vgl. auch § 16 SGB III) und wird als Arbeitsuchende (§ 15 SGB III) vermittelt. Arbeitslosengeld oder Arbeitslosenhilfe steht ihr allerdings wegen fehlender Anwartschaft nicht zu.

Es spielt keine Rolle, warum jemand seine Arbeitnehmerstelle verliert – z.B. Kündigung wegen Verringerung des Personalbedarfs, eigene Kündigung, eigenes Verschulden, Konkurs der Firma. In allen Fällen sind Sie Arbeitsloser und erhalten – abgesehen von der Sperrzeit (dazu siehe IV. 6, S. 105 ff) – Arbeitslosengeld oder Arbeitslosenhilfe, wenn alle Voraussetzungen erfüllt sind. Arbeitnehmer sind auch *Auszubildende* (vgl. § 25 Abs. 1 SGB III) und Heimarbeiter (§ 13 SGB III i.V.m. § 12 Abs. 2 SGB IV).

b) Vorübergehende Beschäftigungslosigkeit

Beschäftigungslos sind Sie immer dann, wenn Sie nicht (mehr) in einem Beschäftigungsverhältnis stehen. Dabei kommt es nicht entscheidend auf die arbeitsrechtliche, sondern auf die *tatsächliche Situation* an. Besteht arbeitsrechtlich zwar noch ein Arbeitsverhältnis (z.B. bei Freistellung des Arbeitnehmers von der

Arbeit), so sind Sie dennoch beschäftigungslos im Sinne des § 118 Abs. 1 Nr. 1 SGB III, wenn der Arbeitgeber Ihre Verpflichtungen aus dem Arbeitsvertrag nicht mehr beansprucht oder wenn Sie sich der Verfügungsgewalt des Arbeitgebers nicht mehr unterwerfen (BSG SozR 3–4100 § 101 Nr. 5). Dies bedeutet, daß Sie sich bei tatsächlicher Beschäftigungslosigkeit trotz des arbeitsrechtlich noch bestehenden Arbeitsverhältnisses arbeitslos melden und Arbeitslosengeld beantragen können. Erhalten Sie solches, z. B weil Ihr Arbeitgeber seiner Entgeltzahlungsverpflichtung nicht nachkommt (§ 143 Abs. 3 S. 1 SGB III), geht Ihr Anspruch auf Arbeitsentgelt gegenüber Ihrem Arbeitgeber allerdings auf die Bundesanstalt für Arbeit über (§ 115 Abs. 1 SGB X). Solange Sie jedoch von Ihrem Arbeitgeber noch Entgelt beziehen, ruht Ihr Anspruch auf Arbeitslosengeld (§ 143 Abs. 1 SGB III).

c) Beschäftigungslosigkeit trotz kurzzeitiger Beschäftigung?

Als beschäftigungslos gelten Sie auch dann, wenn Sie zwar beschäftigt sind, Ihre Arbeitszeit jedoch – von gelegentlichen Abweichungen von geringer Dauer abgesehen – *weniger als 15 Stunden/ Woche* umfaßt. Dabei werden mehrere Beschäftigungen zusammengerechnet (§ 118 Abs. 2 SGB III). Auf die Höhe des aus dieser Beschäftigung erzielten Entgeltes kommt es dabei nicht an.

Beispiel: A arbeitet vertragsmäßig regelmäßig 14 Stunden/Woche und erzielt hieraus ein Einkommen von 1100,– DM/Monat.
A ist damit trotz des über der Geringfügigkeitsgrenze (§ 8 SGB IV) liegenden Entgeltes beschäftigungslos i. S. d. § 118 Abs. 1 Nr. 1 SGB III. Allerdings wird sein erzieltes Arbeitsentgelt möglicherweise nach § 141 SGB III auf das Arbeitslosengeld angerechnet (siehe unten III.12, S. 79 ff).

Die gleichen Regeln gelten nach § 118 Abs. 3 S. 1 SGB III auch für *selbständige Tätigkeiten* (selbständig ist, wer wirtschaftlich eigenverantwortlich und persönlich unabhängig tätig ist, um Einkommen zu erzielen) und für Tätigkeiten als *mithelfender Familienangehöriger.* Familienangehörige sind Ehegatten, Verwandte in gerader Linie (einschließlich nichtehelicher und für ehelich erklärter Kinder), Verschwägerte ersten Grades, Adoptiveltern und Adoptivkinder sowie Pflegeeltern und Pflegekinder.

Eine Ausnahme insofern findet sich allerdings in § 118 Abs. 3 S. 2 SGB III. Danach schließt nämlich die Fortführung einer mindestens 15 Stunden/Woche, aber weniger als 18 Stunden/Woche umfassenden selbständigen Tätigkeit oder Tätigkeit als mithelfender Familienangehöriger, die unmittelbar vor dem Tag der Erfüllung aller sonstigen Voraussetzungen für den Anspruch auf Arbeitslosengeld innerhalb der letzten 12 Monate mindestens 10 Monate neben der Beschäftigung, die den Anspruch begründet, ausgeübt worden ist, Beschäftigungslosigkeit nicht aus.

Beispiel: A ist seit Jahren im Umfang von 25 Stunden/Woche versicherungspflichtig (§ 25 Abs. 1 SGB III) beschäftigt. Am 1. 3. 1999 nahm sie darüberhinaus als mithelfende Familienangehörige in der Arztpraxis ihres Ehemannes eine Tätigkeit im Umfang von 17 Stunden/Woche auf. Nachdem ihr versicherungspflichtiges Beschäftigungsverhältnis mit Ablauf des 31. 12. 1999 geendet hatte, meldete sie sich am 2. 1. 2000 arbeitslos und beantragte die Gewährung von Arbeitslosengeld. Gleichzeitig erklärte sie, die Tätigkeit in der Arztpraxis ihres Ehemann im bisherigen Umfang fortsetzen zu wollen.
Obwohl A damit die Kurzzeitigkeitsgrenze von weniger als 15 Stunden/ Woche überschreitet, ist sie auch ab 1. 1. 2000 beschäftigungslos i. S. d. § 118 Abs. 1 Nr. 1 SGB III. Sie führt nämlich eine nach § 118 Abs. 3 S. 2 SGB III privilegierte Tätigkeit (Selbständigkeit, Familienmithilfe), die sie innerhalb der letzten 12 Monate vor Anspruchsbeginn (1. 1. 1999–31. 12. 1999) mindestens 10 Monate (1. 3. 1999–31. 12. 1999) neben der versicherungspflichtigen und damit anspruchsbegründenden Beschäftigung von 25 Stunden/Woche ausgeübt hat, fort.

Hinsichtlich der *Anrechnung von Nebeneinkommen* gelten für kurzzeitige selbständige Tätigkeiten und kurzzeitige Tätigkeiten als mithelfende Familienangehörige dieselben Vorschriften wie für kurzzeitig abhängige Beschäftigte (§ 141 Abs. 3 SGB III).

Während der Zeit, in der trotz kurzzeitiger Beschäftigung (weniger als 15 Stunden/Woche) ein Anspruch auf Arbeitslosengeld oder -hilfe besteht, sind Sie – anders als in den anderen Zweigen der Sozialversicherung (Renten-, Kranken- und Pflegeversicherung) in der Arbeitslosenversicherung versicherungsfrei (§ 27 Abs. 5 SGB III). Solche Beschäftigungszeiten zählen dementsprechend auch nicht als Anwartschaftszeiten für die Erfüllung eines Anspruches aus der Arbeitslosenversicherung (§ 123 SGB III; siehe unten 5, S. 37 ff).

3. Beschäftigungssuche

Nach § 119 Abs. 1 SGB III sucht eine Beschäftigung, wer
– alle Möglichkeiten nutzt und nutzen will, um seine Beschäftigungslosigkeit zu beenden – Nr. 1 – (Eigenbemühungen) und
– den Vermittlungsbemühungen des Arbeitsamtes zur Verfügung steht – Nr. 2 – (Verfügbarkeit).

a) Eigenbemühungen

Mit der Formulierung in § 119 Abs. 1 Nr. 1 SGB III hat der Gesetzgeber nunmehr stärker als bisher verdeutlicht, daß es in erster Linie Aufgabe des Arbeitslosen selbst ist, für seine berufliche Wiedereingliederung Sorge zu tragen. Gleichzeitig wollte er der seiner Meinung nach verbreiteten Anschauung, es sei allein Sache der Arbeitsverwaltung, für den einzelnen die Beschäftigungslosigkeit zu beenden, entgegentreten.

Daraus folgt, daß der Arbeitslose zumindest dann, wenn es für das Arbeitsamt konkrete Hinweise hinsichtlich fehlender Eigenbemühungen gibt, künftig entsprechende *Nachweise* zu erbringen hat (§ 119 Abs. 5 S. 2 SGB III).

Solche können z. B. sein:
– eigene Anzeigen in Tageszeitungen oder Anzeigenblättern,
– Bewerbungschreiben auf Stellenangebote,
– Bestätigungen von Betrieben über nicht schriftlich erfolgte Bewerbungen,
– Suche in den für Arbeitsuchende offenen Computerdateien der Arbeitsämter.

Um insofern künftig Beweisschwierigkeiten zu vermeiden, sollte darauf Wert gelegt werden, alle Eigenbemühungen zu dokumentieren.

b) Verfügbarkeit

Den Vermittlungsbemühungen des Arbeitsamtes stehen Sie nach § 119 Abs. 2 SGB III nur zur Verfügung, wenn Sie

– arbeitsfähig und
– arbeitsbereit (entsprechend Ihrer Arbeitsfähigkeit)
sind.

Dies bedeutet, daß Sie in der Lage und hierzu auch bereit sein müssen, einerseits jede versicherungspflichtige Beschäftigung unter den üblichen Bedingungen des für Sie in Betracht kommenden Arbeitsmarktes aufzunehmen und auszuüben sowie an Maßnahmen zur beruflichen Eingliederung in das Erwerbsleben teilzunehmen (§ 119 Abs. 3 Nrn. 1 u. 2 SGB III), zum anderen Vorschlägen des Arbeitsamtes zur beruflichen Eingliederung zeit- und ortsnah Folge zu leisten (§ 119 Abs. 3 Nr. 3 SGB III).

aa) Welches ist der für Sie in Betracht kommende Arbeitsmarkt?

Aus der Sicht des vermittelnden Arbeitsamtes stellt es den Idealfall dar, wenn Sie im Falle der Arbeitslosigkeit durch nichts gehindert sind, jede Tätigkeit, die auf dem Arbeitsmarkt angeboten wird, aufnehmen bzw. ausüben zu können und Sie hierzu auch bereit sind.

Daß dies der Wirklichkeit meist nicht entspricht, liegt auf der Hand.

Dementsprechend muß der Arbeitsvermittler – insbesondere aufgrund Ihrer Angaben im Antragsformular bzw. im Zusammenhang mit dem(n) mit Ihnen geführten Beratungsgespräch(en) feststellen, ob und wenn ja, welchen Einschränkungen Sie hinsichtlich künftiger beruflicher Tätigkeiten unterliegen bzw. – anders formuliert – welche Beschäftigungen für Sie zumutbar sind. Verfügbar sind Sie nämlich auch dann, wenn Sie Ihre Arbeitsbereitschaft nur auf die Ihnen zumutbaren Beschäftigungen beschränken (§ 119 Abs. 4 S. 1 Nr. 1 SGB III).

α) Zumutbare Arbeit

§ 121 Abs. 1 SGB III geht zunächst ganz allgemein davon aus, daß dem Arbeitslosen alle seiner Arbeitsfähigkeit entsprechenden Beschäftigungen zumutbar sind, soweit allgemeine oder personenbezogene Gründe dem nicht entgegenstehen.

Daraus folgt zunächst, daß im Rahmen der Frage der *Arbeitsfähigkeit* geprüft werden muß, inwieweit der Arbeitslose hinsichtlich künftiger Tätigkeiten wegen

– körperlicher,
– gesundheitlicher bzw.
– geistiger
Umstände und/oder aus Gründen, die in seiner
– Berufsausbildung bzw.
– bisherigen beruflichen Tätigkeit
liegen, eingeschränkt ist.

Diese Frage entscheidet sich anhand *objektiver Kriterien;* auf die subjektive Sicht des Arbeitslosen kommt es dabei nicht an. Problematisch wird dies vor allem in den Fällen, in denen der Arbeitslose glaubt, aus gesundheitlichen Gründen bestimmte Tätigkeiten nicht mehr verrichten zu können.

Beispiel: A war bisher als Bauarbeiter tätig. Nachdem er arbeitslos geworden ist, äußert er im Hinblick auf Rückenbeschwerden gegenüber dem Arbeitsvermittler, er könne und wolle Tätigkeiten auf dem Bau künftig nicht mehr verrichten.
Der Arbeitsamtsarzt kommt in seinem vom Arbeitsvermittler daraufhin veranlaßten Gutachten zu dem Ergebnis, die Rückenbeschwerden des A seien nicht so gravierend, daß hierdurch Bauarbeitertätigkeiten für jenen nicht mehr in Betracht kämen.
A bleibt jedoch nach Rücksprache mit seinem Orthopäden, der das Arztgutachten für falsch hält, bei seiner Auffassung und lehnt seine Vermittlung in eine Tätigkeit als Bauarbeiter ab.
Das Arbeitsamt spricht A daraufhin die Verfügbarkeit ab und versagt ihm die Gewährung von Arbeitslosengeld.
Diese Fallgestaltung stellt sich für A als großes Dilemmum dar.
Einerseits fühlt er sich subjektiv für Tätigkeiten als Bauarbeiter nicht mehr in der Lage und wird seine Einschätzung von seinem behandelnden Orthopäden auch geteilt; andererseits kommt der Sozialmediziner des Arbeitsamtes in seinem Gutachten zum gegenteiligen Ergebnis.
Zwar kann A die die Gewährung von Arbeitslosengeld ablehnende Entscheidung mit dem Rechtsbehelf des Widerspruches bzw. mit der Klage zum Sozialgericht angreifen; bleibt er jedoch bis zur letztinstanzlichen Entscheidung bei seiner Haltung, besteht die Gefahr, daß er – wird letztlich das sozialmedizinische Gutachten des Arbeitsamtsarztes bestätigt – von Anfang an durchgehend nicht verfügbar war. Da dies rückwirkend nicht behebbar ist, besteht für den gesamten Zeitraum kein Anspruch auf Arbeitslosengeld.

A kann bei dieser Fallkonstellation daher nur geraten werden, sich im Rahmen des sozialmedizinischen Gutachtens der Arbeitsvermittlung zur Verfügung zu stellen. Bietet ihm das Arbeitsamt daraufhin eine Stelle als Bauarbeiter an und lehnt A diese jetzt ab, so reduziert sich sein Risiko zunächst einmal auf den Zeitraum von 12 Wochen. Das Arbeitsamt wird nämlich wegen Ablehnung einer zumutbaren Arbeit den Eintritt einer 12-wöchigen Sperrzeit feststellen (§ 144 Abs. 1 Nr. 2 SGB III; siehe unten IV. 6 b, S. 118 ff).

Im Rahmen des „Sperrzeitverfahrens" (Widerspruch, Klage zum Sozialgericht) kann dann geklärt werden, ob die Ablehnung des Arbeitsangebotes aus gesundheitlichen Gründen objektiv berechtigt war oder nicht. Von dem Ergebnis kann A dann sein Verhalten hinsichtlich der Frage seiner Vermittelbarkeit abhängig machen. Das Risiko erhöht sich allerdings dann erheblich, wenn sich nach der Entstehung des Anspruches mehrere Sperrzeiten auf 24 Wochen aufsummieren und das Erlöschen des Gesamtanspruches droht (§ 147 Abs. 1 Nr. 2 SGB III; siehe unten VI. 1, S. 129 f).

Aus *allgemeinen Gründen* ist einem Arbeitslosen sodann nach § 121 Abs. 2 SGB III eine Beschäftigung insbesondere dann nicht mehr zumutbar und kann, ohne die Verfügbarkeit zu gefährden, abgelehnt werden (§ 119 Abs. 4 S. 1 Nr. 1 SGB III), wenn Sie gegen
– gesetzliche,
– tarifliche oder
– in Betriebsvereinbarungen festgelegte
Bestimmungen über Arbeitsbedingungen oder gegen solche des
– Arbeitsschutzes
verstößt.

Aus der Formulierung des Gesetzes („insbesondere") folgt, daß neben den konkret genannten Fällen auch *andere* allgemeine Gründe im Einzelfall dazu führen können, eine Beschäftigung als nicht zumutbar anzusehen. So dürfte dies beispielsweise dann der Fall sein, wenn ein tariflich nicht gebundener Betrieb Entgelt nur weit unterhalb der Ortsüblichkeit zu zahlen bereit ist.

Demgegenüber ist die Zumutbarkeit von Beschäftigungen
– im Schichtbetrieb oder
– in Betrieben, die Arbeitnehmer verleihen,
nicht aus allgemeinen Gründen ausgeschlossen. Gleiches gilt für befristete Beschäftigungen (§ 121 Abs. 5 SGB III). Aus personen-

bezogenen Gründen kann dies allerdings im Einzelfall anders zu beurteilen sein.

Aus *personenbezogenen Gründen* ist im übrigen nach § 121 Abs. 3 SGB III einem Arbeitslosen eine Beschäftigung insbesondere dann nicht zumutbar, wenn das hieraus erzielbare Entgelt erheblich niedriger ist als das der Bemessung des Arbeitslosengeldes zugrundeliegende Arbeitsentgelt (zu Einzelheiten hinsichtlich der Höhe des Bemessungsentgeltes siehe unten III, S. 56 ff).

Das Gesetz sieht insofern eine *zeitliche Abstufung* vor. So ist in den *ersten 3 Monaten* der Arbeitslosigkeit eine Minderung um *mehr als 20 %* und in den *folgenden 3 Monaten* eine solche um *mehr als 30 %* gegenüber dem Bemessungsentgelt nicht zumutbar.

Beispiel: Beträgt das Bemessungsentgelt (siehe unten III, S. 56 ff) 3000,– DM/Monat, können Sie in den ersten 3 Monaten der Arbeitslosigkeit eine Beschäftigung ablehnen, die mit brutto weniger als 2400,– DM/Monat dotiert ist, ohne daß hierdurch Ihre Verfügbarkeit berührt wäre. Für die folgenden 3 Monate müssen Sie, um verfügbar zu sein, bereit sein, Beschäftigungen anzunehmen, die brutto mit mindestens 2100 DM/Monat dotiert sind.

Sind Sie *länger als 6 Monate* arbeitslos, sind Ihnen schließlich auch Beschäftigungen zumutbar, bei denen Sie ein Nettoentgelt erzielen, welches nicht höher ist als das Arbeitslosengeld (§ 121 Abs. 3 S. 3 SGB III). Zu Gunsten des Arbeitslosen werden dabei allerdings die mit der Beschäftigung zusammenhängenden Aufwendungen, also die Werbungskosten, berücksichtigt.

Nicht zumutbar – dies ergibt sich aus § 121 Abs. 4 SGB III – sind dem Arbeitslosen weiter Beschäftigungen, wenn die *täglichen Pendelzeiten* zwischen seiner Wohnung und der Arbeitsstätte im Vergleich zur Arbeitszeit unverhältnismäßig lang sind. Das Gesetz unterscheidet in diesem Zusammenhang Arbeitszeiten von bis zu 6 Stunden und solchen von mehr als 6 Stunden. Bei einer *Arbeitszeit bis zu 6 Stunden* ist erst eine tägliche Pendelstrecke von 2 Stunden unzumutbar. Beträgt die *Arbeitszeit mehr als 6 Stunden* müssen sogar Pendelzeiten von fast 2$\frac{1}{2}$ Stunden in Kauf genommen werden.

Beispiel: Das Arbeitsamt bietet der Arbeitslosen A eine – unter allen sonstigen Gesichtspunkten zumutbare – Vollzeitstelle in der 25 km entfernt liegenden Kreisstadt an. Mit öffentlichen Verkehrsmitteln benötigt A für den Arbeitsweg von Tür zu Tür hin und zurück 2 Stunden und 25 Minuten. Ist dies zumutbar? Ja, denn nach § 121 Abs. 4 S. 2 SGB III sind Pendelzeiten bei Vollzeitarbeit erst bei einem zeitlichen Aufwand von $2^1/_2$ Stunden unzumutbar.

Anders stellt sich die Sachlage dar, wenn es sich bei der Stelle lediglich um eine Teilzeitbeschäftigung (bis zu 6 Stunden/Tag) handelt. In diesen Fällen ist bereits eine tägliche Pendelzeit von 2 Stunden unzumutbar.

In abgelegenen Regionen, in denen sich schon seit Jahren Arbeitnehmer *längere Pendelzeiten* zumuten, werden solche auch Arbeitslosen zugemutet. Ausdrücklich bestimmt § 121 Abs. 4 S. 3 SGB III: „Sind in einer Region unter vergleichbaren Arbeitnehmern längere Pendelzeiten üblich, bilden diese den Maßstab." Solche abgelegenen Regionen finden sich etwa im Bayerischen Wald, im Hochschwarzwald oder auf der Schwäbischen Alb.

Auch bei den personenbezogenen Gründen folgt aus der Formulierung des Gesetzes („insbesondere"), daß neben den in § 121 Abs. 3 und 4 SGB III konkret genannten Fällen auch *andere* personenbezogene Gründe im Einzelfall dazu führen können, eine Beschäftigung als nicht zumutbar anzusehen.

Zunächst muß in diesem Zusammenhang allerdings auf § 121 Abs. 5 SGB III hingewiesen werden, in welchem der Gesetzgeber ausdrücklich geregelt hat, daß eine Beschäftigung nicht schon deshalb unzumutbar ist, weil sie

– befristet ist,
– vorübergehend eine getrennte Haushaltsführung erfordert oder
– nicht der Beschäftigung entspricht, für die der Arbeitnehmer ausgebildet ist, oder die er bisher ausgeübt hat.

Bietet Ihnen das Arbeitsamt dementsprechend eine Stelle an, hinsichtlich derer Sie lediglich einwenden könnten, einer der 3 genannten Umstände sei mit deren Aufnahme verbunden, so ist diese Stelle für Sie zumutbar.

Anders kann sich die Situation darstellen, wenn daneben weitere personenbezogene Gründe vorliegen.

Beispiel: A, dessen behinderte Ehefrau und 2 Kinder leben im gemeinsamen Familienhaushalt. Der Familie gelingt es, den Mehraufwand an Organisation, den die Behinderung der Ehefrau erfordert, ohne kostenverursachende Hilfe von außen innerfamiliär aufzufangen. Nachdem A arbeitslos geworden ist, bietet ihm das Arbeitsamt eine Stelle in einer 300 km entfernten Stadt an. Durch die hierdurch erforderlich werdende Trennung wäre dies nicht mehr möglich.

Dieses Arbeitsangebot dürfte für A nicht zumutbar sein. Jedenfalls gilt dies dann, wenn nicht ganz kurzfristig ein Familienumzug, gefördert durch Umzugshilfen seitens des Arbeitsamtes (§ 53 Abs. 2 Nr. 3 c SGB III), möglich und für die Familie insgesamt auch zumutbar wäre. Spinnt man den Fall etwas weiter, kann sich allerdings ein Sachverhalt ergeben, der A trotz der beschriebenen Familiensituation die vorübergehende Trennung zumutbar macht.

Ist A beispielsweise erst 40 Jahre alt und hat er einen Beruf, der aus Strukturgründen im näheren Bereich seines Wohnortes nicht mehr verwertbar ist, dürfte ein Stellenangebot in einer entfernten Stadt für ihn trotz vorübergehender Trennung zumutbar sein, wenn hiermit seine langfristige berufliche Eingliederung gesichert wäre und besondere familienbedingte Umstände einem Umzug nicht entgegenstünden. Für die Zeit der Trennung kann im übrigen Trennungskostenbeihilfe gewährt werden (§ 53 Abs. 2 Nr. 3 b SGB III).

Das Beispiel mit seinen 2 Fallvarianten zeigt, daß die Frage der Zumutbarkeit sehr stark vom individuellen Einzelfall und dessen Bewertung durch die Arbeitsverwaltung bzw. die Sozialgerichte abhängt. Was dem einen – mit durchaus nachvollziehbaren Argumenten – noch als zumutbar erscheint, hält der andere – möglicherweise ebenfalls mit nachvollziehbaren Argumenten – nicht mehr für akzeptabel.

Prüfen Sie die Frage der Zumutbarkeit aus personenbezogenen Gründen daher besonders kritisch, um Ihre Verfügbarkeit nicht unnötig zu gefährden. Gegebenenfalls sollten Sie mit Ihrem Arbeitsvermittler beim Arbeitsamt ein Beratungsgespräch führen und Ihre Gründe im einzelnen darlegen, bevor Sie sich zur Ablehnung eines Arbeitsangebotes entscheiden.

In diesem Zusammenhang muß weiter darauf hingewiesen werden, daß deshalb, weil der Gesetzgeber die Frage der Zumutbarkeit im Vergleich zur früheren Regelung im Arbeitsförderungsgesetz nunmehr neu – verschärfend – geregelt hat, bisher ergangene Gerichtsentscheidungen zu dieser Problematik nur noch begrenzt zur Lösung einzelner Fallgestaltungen herangezogen werden können. Insofern wird sich in den nächsten Jahren eine neue Kasuistik (Reihe von gerichtlichen Einzelfallentscheidungen) entwickeln.

Die folgenden Entscheidungen dürften auch der heutigen Rechtslage entsprechen und können Ihnen weitere Anhaltspunkte für Ihren eigenen Fall liefern (soweit Fundstellen nicht angegeben sind, ergeben sie sich aus: Hummel-Liljegren, Zumutbare Arbeit – Das Grundrecht des Arbeitslosen, Berlin 1981, S. 106 ff):

- Auswärtige Arbeit ist trotz nebenberuflicher Versorgung von Bienenvölkern zumutbar.
- Einem arbeitslosen Elektrikermeister ist eine Tätigkeit als Elektriker zum Gesellentarif zuzumuten.
  Anm.: Beachte jedoch § 121 Abs. 3 S. 2 SGB III, wonach in den ersten 3 bzw. 6 Monaten der Arbeitslosigkeit das Arbeitsentgelt gegenüber dem für die Bemessung des Arbeitslosengeldes maßgeblichen Bemessungsentgelt um nicht mehr als 20 % bzw. 30 % gemindert sein darf, soll die Tätigkeit zumutbar sein.
- Eine Nachtruhe von kaum 8 Stunden und das Fehlen von Entspannungszeit sind unzumutbar.
- Ein Arbeitsloser kann auswärtige Arbeit nicht mit dem allgemeinen Hinweis ablehnen, daß hierdurch seine Ehe gefährdet würde.
- Wer nur als Angestellter tätig sein will, ist nicht ernstlich arbeitsbereit.
- Vorübergehend ist einem arbeitslosen Metzgermeister die Arbeit als Bauhelfer zumutbar.
- Nach fünf Monaten Arbeitslosigkeit ist für eine 47 jährige einfache Büroangestellte die Vermittlung in ungelernter Handarbeit (Küchenhilfe, Putzfrau, Hilfsarbeiterin) zumutbar.
- Körperliche Arbeiten sind auch Angestellten zumutbar.
- Ein Facharbeiter, der länger arbeitslos war (10 Monate) und der in absehbarer Zeit weder in seinem Beruf noch berufsnah vermittelt werden kann, muß als Hilfsarbeiter tätig sein.
- Der Besuch eines Abendgymnasiums rechtfertigt eine zeitliche Einschränkung der Arbeitsbereitschaft (BSG SozR 4100 § 103 Nr. 6). Zumindest dürfte dies anzunehmen sein, wenn das Abendgymnasium schon vor Eintritt der Arbeitslosigkeit besucht wurde.
- Eine Krankenpflegehelferin muß notfalls auch als Verkäuferin arbeiten.
- Die Gewissensfreiheit eines anerkannten Wehrdienstverweigerers ist nicht verletzt, wenn der Eintritt einer Sperrzeit festge-

stellt wird, weil er es aus Gewissensgründen ablehnt, als Techniker in einer Flugzeugfabrik zu arbeiten. Dies gilt auch bei einem Einsatz in der Rüstungswirtschaft in Friedenszeiten, wenn der Wehrdienstverweigerer angesichts der im Rahmen der Arbeitsteilung wahrzunehmenden Funktion keine unmittelbare, tatsächliche Nähe zur Waffenherstellung hat und für eine Stärkung der bewaffneten Macht nur von untergeordneter Bedeutung ist (BSG SozR 4100 § 119 Nr. 19; BVerfG SozR 4100 § 119 Nr. 30). Anderes gilt jedoch, wenn der Wehrdienstverweigerer nur in der unmittelbaren Produktion oder Wartung von Kriegsgeräten eingesetzt werden kann (BSG SozR 4100 § 119 Nr. 30).

• Ein 26 Jahre alter Datenverarbeitungskaufmann hatte gegen die Entscheidung der Bundesanstalt für Arbeit, ihm das Arbeitslosengeld zu sperren, geklagt. Ihm war eine Stelle als kaufmännischer Angestellter in einer amerikanischen Kaserne angeboten worden. Diese Arbeit hat der Mann abgelehnt, weil er sich unter anderem zum Tragen einer Arbeitsuniform, die von Laien nicht von einer Militäruniform zu unterscheiden ist, verpflichten sollte. Der Arbeitsvertrag sah außerdem die Teilnahme an einer jährlichen Schießübung vor. Diese Übungen sind vorgesehen, weil allen Mitarbeitern bei einer Katastrophe oder einem Spannungsfall das Tragen und Benutzen einer Waffe vorgeschrieben werden kann. Das konnte und wollte der Mann jedoch mit seinem Gewissen nicht vereinbaren. Die Kammer bewertete die Gewissensgründe des Mannes höher als seine Pflicht, als Arbeitsloser im Gemeinschaftsinteresse eine Arbeit anzunehmen und auf diese Weise zur Entlastung der Solidargemeinschaft beizutragen (SG Frankfurt 1 Ar 541/83).

• Ein 40jähriger Lagerarbeiter, der weder zu einem Umzug noch dazu bereit ist, täglich 4,6 km von seinem Einödhof zur Bahnstation und ebenso abends 4,6 km zurück zu Fuß zu gehen, verliert seinen Anspruch auf Arbeitslosenhilfe. Der Arbeitslose hatte den neuen Arbeitsplatz abgelehnt, weil er nicht vom Arbeitgeber mit dem Auto abgeholt wurde (Bayerisches LSG, Urteil vom 8. 12. 1983 – L 9/AL 223/82).

• Eine Hilfsarbeiterin für die Eingangskontrolle sehr schmutziger, zum Teil stark blut-, öl- und chemieverschmutzter Kleidungsstücke kündigt ihre Stelle in einem chemischen Reinigungsbetrieb wegen unüberwindlicher Ekelgefühle und beantragt Arbeitslosengeld. Die Arbeitsamtsärztin befindet, daß der abrupte Arbeitsabbruch medizinisch nicht begründbar gewesen sei, was zur Feststellung des Eintrittes einer Sperrzeit führt. Das Sozialgericht Freiburg folgte dem nicht, sondern hielt die von der Klägerin verrichtete Tätigkeit – Sortieren stark verschmutzter, mit Blut-, Öl- und Chemierückständen getränkter Wäschestücke – für eine solche, die grundsätzlich geeignet sei, unüberwindliche Ekelgefühle auszulösen. Das Gericht berief sich dabei auf das schlüssige Vorbringen des langjährig die Klägerin behandelnden Hausarztes, dem es glaubhaft erschien, daß die Klägerin bei ihrer Tätigkeit nicht nur somatisch mit Hautekzemen reagiert, sondern auch psychische Reaktionen in Form von Ekelgefühlen bis hin zum Brechreiz gezeigt habe, insbesondere dann, wenn sie mit dem Sortieren von blutverschmierten und übelriechenden Metzgerschürzen beschäftigt gewesen sei. Das Entwickeln von Ekelgefühlen bis hin zum Kreislaufkollaps sei völlig individuell und vom Betroffenen in der Regel nicht steuerbar. Man erlebe es immer wieder, daß beim bloßen Anblick von Blut die kräftigsten Männer bei entsprechender psychischer Prädisposition kollabierten. Die Tätigkeit sei daher der Klägerin ärztlicherseits (auch übergangsweise) nicht mehr zumutbar gewesen, weshalb sie aus wichtigem Grund gekündigt habe (SG Freiburg, Urteil vom 14. 7. 1986 – 7 Ar 2048/85 – unveröffentlicht).

Bei der Beurteilung der Frage, welche Tätigkeiten dem einzelnen zumutbar sind, darf schließlich nicht unberücksichtigt bleiben, daß das Grundgesetz die Würde des Menschen und seine Grundrechte auf freie Entfaltung seiner Persönlichkeit und freie Wahl des Berufes schützt (Art. 1, 2 und 12 GG). Dies kann jedoch nur eingeschränkt gelten. Keine Verfassung der Welt schützt beides zugleich: freie Wahl des Berufes und Garantie eines Arbeitsplatzes in dem frei gewählten Beruf. Andererseits müssen die Arbeitsämter die vorgenannten Grundrechte so beachten, daß bei der Auslegung des Arbeitsförderungsrechtes (SGB III) möglichst weitgehend gesichert ist, daß die Arbeitslosen eine freie Berufswahl verwirklichen können.

Die Zumutbarkeits-Grundsätze sind bewußt dehnbar formuliert; der Arbeitslose kann viele Einwände vorbringen, vor allem den, durch Vermittlung, Beratung und Fortbildung in seinem oder einem gleichwertigen Beruf auch dann wieder Arbeit finden zu wollen, wenn er eine andere zumutbare Beschäftigung aufgenommen hat. Hierzu kann er sich beim Arbeitsamt – obwohl er nicht arbeitslos ist – *arbeitsuchend* melden (§§ 15, 3 Abs. 1 Nr. 1 SGB III).

Die Sozialgerichte neigten bisher dazu, den Arbeitslosen eher weniger Verschlechterungen bei Beruf, Gehalt, Zeit, Weg und sonstigen Bedingungen zuzumuten als die Arbeitsämter. Andererseits kann nicht etwa ein Arbeitsplatz am anderen Ende der Stadt mit der Begründung abgelehnt werden, der Weg zum Arbeitsplatz sei erheblich weiter als der bisherige, wenn gleichzeitig Pendler, die in Arbeit stehen, sich dies selbst seit langem zumuten. Die Frage wird also auch zu stellen sein: Wie schätzen die Arbeitnehmer selbst die guten und schlechten Realitäten des Arbeitslebens ein? Der Arbeitsuchende will aber andererseits auch nicht staatlich bevormundet werden, sondern sein Leben mitsamt seiner Arbeit möglichst autonom gestalten. Das SGB III mißt allerdings jetzt der schnellen Vermittlung der Arbeitslosen höchste Priorität bei. Hier entsteht ein Spannungsfeld. In diesem Zusammenhang dürften die Ausführungen Alexander Gagels, Vorsitzender Richter am Bundessozialgericht, weiterhin Gültigkeit haben:

„Im Blickwinkel des Art. 12 GG hat die Versicherung aber auch den Sinn, Arbeitnehmern real die Möglichkeit zur Verwirklichung einer freien Berufswahl zu schaffen, sowohl durch Vermittlung und Bildungsförderung als auch durch finanzielle Absicherung für eine angemessene Zeit der Arbeitssuche. Der Versicherungsgedanke schließt es aus, die Beiträge für (Steuerungs-)Zwecke zu verwenden, die nicht dieser Sicherung des einzelnen dienen. Man zahlt nicht Beiträge in eine Versicherung, um den Versicherungsträger in den Stand zu setzen, die eigenen Freiheiten einzuschränken; man zahlt sie, um den eigenen Freiheitsspielraum zu erhöhen oder zu sichern. ... Bei allen diesen Fragen gilt ein konsequenter Individualisierungsgrundsatz. Es ist jeweils die ganz besondere individuelle Situation des einzelnen Arbeitsuchenden zu beachten, und es ist seinen besonderen Wünschen und Schwierigkeiten Rechnung zu tragen. Nur so kann letztlich auch den Zielen des AFG, dem Versicherungsprinzip und den Vorgaben der Verfassung genügt werden!" (Aus: Michael Kittner [Hrsg.], Arbeitsmarkt – Ökonomische, soziale und rechtliche Grundlagen, UTB, Heidelberg 1982, S. 350 und 354).

β) Können Sie trotz familiärer Pflichten arbeiten?

Ein gesetzlich geregelter Fall, in dem Sie Ihre Verfügbarkeit (Arbeitsfähigkeit und Arbeitsbereitschaft – § 119 Abs. 2 SGB III) einschränken dürfen, ohne daß deshalb der Leistungsanspruch (Arbeitslosengeld, -hilfe; Unterhaltsgeld) entfällt, findet sich in § 119 Abs. 4 S. 1 Nr. 2 SGB III).

Danach bleiben Sie auch dann verfügbar, wenn Sie wegen
– der Betreuung und Erziehung eines aufsichtsbedürftigen Kindes oder
– der Pflege eines pflegebedürftigen Angehörigen
auf eine bestimmte *Dauer, Lage und Verteilung der Arbeitszeit* angewiesen sind.

Voraussetzung ist allerdings, daß Sie trotz der Einschränkungen eine *versicherungspflichtige Tätigkeit* (abhängige Beschäftigung im Umfang von mindestens 15 Stunden/Woche; §§ 25 Abs. 1, 27 Abs. 2 S. 1 SGB III) unter den *üblichen Bedingungen* (z.B.: üblicher Arbeitsbeginn, übliches Arbeitsende, übliche Lage und Verteilung der Arbeitszeit, übliche Anforderungen an die körperliche und geistige Leistungsfähigkeit) des für Sie in Betracht kommenden Arbeitsmarktes aufnehmen können. Üblich ist, was in nennenswertem Umfang, nicht nur vereinzelt, auf dem Arbeitsmarkt vorkommt.

Beispiel: A ist Mutter von fünf Kindern, die von ihrer Schwiegermutter betreut werden. Durch den Tod der Schwiegermutter ist A gezwungen, ihre Ganztagsarbeit aufzugeben. Sie meldet sich arbeitslos, beantragt Arbeitslosengeld und sucht nunmehr eine Halbtagsbeschäftigung ab 20.00 Uhr, weil dann ihr Ehemann die weitere Betreuung der Kinder übernehmen kann. Ist A verfügbar? Nein, denn der von ihr gewünschte Beginn der Arbeitszeit weicht von der üblichen Lage der Arbeitszeit ab. Üblich wäre die von ihr gewünschte Lage der Arbeitszeit nur dann, wenn sie wenigstens mit *Beginn oder Ende* einer üblichen Teilzeitbeschäftigung derselben Art übereinstimmt. Beides ist nicht der Fall. Arbeitslosengeld steht ihr nicht zu. Etwas anderes könnte z.B. dann gelten, wenn sich A für Büroreinigungsarbeiten arbeitstäglich von 17.00 Uhr bis 21.00 Uhr zur Verfügung stellt. Hier wäre zu prüfen, ob es Firmen gibt, die in nennenswertem Umfang derartige Teilzeitstellen anbieten. Ist dies der Fall, wäre Verfügbarkeit wohl zu bejahen.

Beispiel: A sucht für den Vormittag Halbtagsarbeit, da sie für 2 Kinder zu sorgen hat. Sie ist, da sie sich wegen der Betreuung der Kinder auch auf Teilzeitarbeit beschränken darf (§ 119 Abs. 4 S. 1 Nr. 2 SGB III), verfügbar, weil im Verkauf Halbtagsarbeit *üblich* ist. Ob derzeit Stellen offen sind, spielt keine Rolle. Nicht verfügbar wäre sie, wenn sie vormittags und nachmittags je zwei Stunden arbeiten wollte, weil das nicht *üblich* ist. Es würde ihr auch nicht helfen, daß sie nachweist, daß eine solche Verteilung der Arbeitszeit *ausnahmsweise* vorkommt.

Um Ihre Verfügbarkeit in Fällen der vorgenannten Art dem Arbeitsamt zu beweisen, müssen Sie in der Regel hinsichtlich der Zeit Ihrer – im Fall einer Vermittlung – arbeitsbedingten Abwesenheit von zu Hause eine schriftliche Erklärung der Betreuungsperson vorlegen, wonach diese bereit ist, für das Kind zu sorgen.

Wer als *Vollzeitbeschäftigter* arbeitslos wird und nunmehr durch *zwingende häusliche Bindungen* nur noch *halbtags* arbeiten kann, ist – ob männlich oder weiblich – verfügbar, selbst wenn die *Dauer* der gewünschten Arbeitszeit unüblich ist. Diese Bindungen können sich aus der Versorgung eines Kindes unter 16 Jahren oder einer (ärztlich nachweisbar) pflegebedürftigen Person ergeben, nicht aber aus der bloßen Versorgung des Ehemannes und der Führung des kinderlosen Haushaltes.

Beispiel: A, bisher vollzeitbeschäftigt, muß ihre Stelle aufgeben, weil ihre 78jährige Mutter schwer erkrankt ist. Sie meldet sich arbeitslos, beantragt Arbeitslosengeld und sucht Halbtagsarbeit ab 14.00 Uhr, da dann ihr Ehemann sie ablösen kann. A ist verfügbar, weil die *Lage* der von ihr gewünschten Halbtagsarbeit üblich ist.

Beispiel: Wie im vorigen Fall. A erhält zunächst Arbeitslosengeld. Nach 3 Wochen stirbt ihre Mutter. Daraufhin erklärt A dem Arbeitsamt, sie suche auch für die weitere Zukunft nur Halbtagsarbeit, da sie sich jetzt stärker ihrem Ehemann und dem Haushalt zuwenden wolle.
Da ab dem Zeitpunkt des Todes der Mutter kein Fall des § 119 Abs. 4 S. 1 Nr. 2 SGB III mehr vorliegt, ist A jetzt nicht mehr verfügbar.

Haben Sie sich berechtigt auf Teilzeit beschränkt, bemißt sich auch Ihr Arbeitslosengeld nur nach dem Umfang der Teilzeitbeschäftigung (§ 133 Abs. 3 S. 1 SGB III; siehe unten III. 10, S. 77 f).

γ) *Ganztagsarbeit für Teilzeitarbeitslose?*

Auch dann, wenn Sie zwar keine Kinder zu beaufsichtigen oder einen Angehörigen zu pflegen haben, dürfen Sie sich für die Dauer von 6 Monaten (§ 119 Abs. 4 S. 2 SGB III), ohne daß Ihre Verfügbarkeit dadurch beeinträchtigt wird, nach § 119 Abs. 4 S. 1 Nr. 3 SGB III auf eine *versicherungspflichtige Teilzeitbeschäftigung* beschränken, wenn

– Sie die Anwartschaftszeit (§§ 123, 124 SGB III; siehe unten 5, S. 37 ff) durch eine Teilzeitbeschäftigung erfüllt haben und
– Ihr Arbeitslosengeld nach einer Teilzeitbeschäftigung bemessen wurde (§ 132 SGB III).

Beispiel: A war in den letzten 4 Jahren ausschließlich teilzeitbeschäftigt (20 Stunden/Woche). Nachdem Sie arbeitslos geworden ist, errechnet sich ihr Arbeitslosengeld nach dem Entgelt, welches Sie aus der Teilzeitbeschäftigung bezogen hat und für welches auch Beiträge abgeführt wurden (§ 132 Abs. 1 SGB III).
Da Sie auch die Anwartschaftszeit (mindestens 12 Monate versicherungspflichtige Beschäftigung innerhalb der letzten 3 Jahre vor der Arbeitslosmeldung; §§ 123, 124 SGB III) durch eine Teilzeitbeschäftigung erfüllt hat, kann A sich, ohne daß hierdurch ihre Verfügbarkeit entfällt, 6 Monate lang auf eine versicherungspflichtige Teilzeitbeschäftigung (mindestens 15 Stunden/Woche) beschränken. Diese muß allerdings den üblichen Bedingungen des Teilzeitarbeitsmarktes (insbesondere hinsichtlich Beginn der Tätigkeit sowie Lage und Verteilung der Arbeitszeit) entsprechen.

δ) *Heimarbeit*

Haben Sie, was möglich ist – einen Arbeitslosengeldanspruch durch Heimarbeit erworben, so können Sie nach § 119 Abs. 4 S. 1 Nr. 4, S. 2 SGB III Ihre Verfügbarkeit – ebenfalls für die Dauer von 6 Monaten – allein auf Heimarbeitstätigkeiten beschränken.

Beispiel: A hat wegen ihrer betreuungsbedürftigen Kinder bisher nur versicherungspflichtige Heimarbeit (§ 13 SGB III) verrichtet. Nachdem sie arbeitslos geworden ist, schränkt sie ihre Verfügbarkeit auf eine Heimarbeitstätigkeit ein. Dies ist, ohne daß hierdurch ihre Verfügbarkeit beeinträchtigt wäre, für die Dauer von 6 Monaten möglich. Nach Ablauf dieser Zeit muß sie sich, um verfügbar zu bleiben, der Arbeitsvermittlung zumindest für eine versicherungspflichtige Teilzeitbeschäftigung zur Verfügung stellen (§ 119 Abs. 4 S. 1 Nr. 2 SGB III). Sind ihre Kinder allerdings zwischenzeitlich aus Altersgründen nicht mehr aufsichtsbedürftig, ist sie nur noch bei uneingeschränkter Arbeitsbereitschaft verfügbar.

bb) Dürfen Sie arbeiten (z. B. Mutterschutz)?

Ein Arbeitnehmer ist nicht verfügbar, wenn er *rechtlich* daran gehindert ist, zu arbeiten (§ 119 Abs. 3 Nr. 3 SGB III). Gesetzliche Beschäftigungsverbote ergeben sich zum Beispiel aus § 285 SGB III und aus dem Bundesseuchengesetz.

Beispiel: A benötigt als ausländischer Arbeitnehmer eine Arbeitserlaubnis, um in der Bundesrepublik Deutschland eine versicherungspflichtige Beschäftigung aufnehmen zu können. Für eine Spezialtätigkeit hat er eine solche bekommen und hieraus, nachdem er arbeitslos geworden ist, einen Arbeitslosengeldanspruch erworben. Nachdem er 1 Jahr arbeitslos war und in dieser Zeit auch Arbeitslosengeld bezogen hatte, stellt das Arbeitsamt fest, daß trotz intensiver und überbezirklicher Vermittlungsbemühungen Stellen auf dem Arbeitsmarkt, für die A eine Arbeitserlaubnis erhalten könnte, nicht vorhanden sind. Damit stellt sich der für A in Betracht kommende Arbeitsmarkt als verschlossen dar. A ist nicht verfügbar und hat ab sofort keinen Anspruch mehr auf Arbeitslosengeld.

cc) Wollen Sie arbeiten? Sind Sie bereit, jede Ihnen zumutbare Beschäftigung anzunehmen?

Ihre Bereitschaft, jede zumutbare Beschäftigung, die Ihnen das Arbeitsamt anbietet, anzunehmen, ist zwingende Voraussetzung für den Anspruch auf Arbeitslosengeld. Gleichermaßen müssen Sie bereit sein, an jeder zumutbaren Maßnahme zur beruflichen Eingliederung in das Erwerbsleben teilzunehmen. Zu Letzterem gehören z. B. Trainingsmaßnahmen, die

– die Selbstsuche des Arbeitslosen unterstützten (Bewerbungstraining),

– dem Arbeitslosen notwendige Fähigkeiten und Kenntnisse für eine erleichterte Vermittlung vermitteln.

Einzelheiten hinsichtlich der Trainingsmaßnahmen, insbesondere hinsichtlich der Frage, wie diese seitens des Arbeitsamtes gefördert werden, ergeben sich aus den §§ 48 bis 51 SGB III.

Ihre „subjektive" Verfügbarkeit erklären Sie im übrigen regelmäßig mit der Antragstellung. Ergeben sich aus Ihrem Verhalten bzw. aus anderen Umständen Zweifel an Ihrer Arbeitsbereitschaft, so müssen Sie diese gegebenenfalls nachweisen.

Verbleiben Zweifel, geht dies zu Lasten des Arbeitslosen.

dd) Können Sie Vorschlägen des Arbeitsamtes zur beruflichen Eingliederung zeit- und ortsnah Folge leisten?

Mit dieser Formulierung in § 119 Abs. 3 Nr. 3 SGB III hat der Gesetzgeber die bisher geltende strenge Residenzpflicht aufgegeben. Während es früher darauf ankam, daß der Arbeitslose das Arbeitsamt täglich erreichen konnte und für dieses (täglich) erreichbar war, ist für die Verfügbarkeit jetzt entscheidend, daß der Arbeitslose sowohl in zeitlicher Hinsicht, als auch in Bezug auf seinen Aufenthalt *jederzeit* in der Lage ist, einen möglichen neuen Arbeitgeber aufzusuchen, einen Vorstellungs- oder einen Beratungstermin wahrzunehmen, an einer Maßnahme zur Eingliederung in das Erwerbsleben teilzunehmen oder einem sonstigen Vorschlag des Arbeitsamtes Folge zu leisten (so die Begründung zum Gesetzentwurf).

Daraus folgt zunächst, daß Sie sicherstellen müssen, daß Stellenangebote, Angebote für Eingliederungsmaßnahmen und sonstige Vorschläge des Arbeitsamtes *Sie jederzeit erreichen.* Wie Sie dies bewerkstelligen bleibt – anders als früher, als Sie täglich zum Zeitpunkt der Briefzustellung durch die Post unter der Adresse aufhältlich sein mußten, die Sie gegenüber dem Arbeitsamt angegeben haben – Ihnen nunmehr in gewisser Weise selbst überlassen.

Allerdings müssen Sie nach § 1 S. 2 der vom Verwaltungsrat der Bundesanstalt für Arbeit hierzu erlassenen *Erreichbarkeitsanordnung* sicherstellen, daß das Arbeitsamt *Sie persönlich* (zumindest 1 mal) an jedem Werktag an ihrem Wohnsitz oder gewöhnlichen Aufenthalt unter der von Ihnen benannten Anschrift durch Briefpost erreichen kann.

Ob diese Auslegung durch die Bundesanstalt für Arbeit mit dem Gesetzeswortlaut in Einklang steht, erscheint im Hinblick auf die

Begründung zum Gesetzentwurf fraglich. So könnte man auch daran denken, daß es ausreichen müßte, sich an einem anderen Ort als dem angegebenen Wohnort aufzuhalten und beispielsweise eine andere zuverlässige Person zu beauftragen, täglich die eingehende Post zu überwachen und den Arbeitslosen erforderlichenfalls (z. B.: telefonisch oder per fax) sofort zu informieren.

Um insofern kein Risiko einzugehen, empfiehlt es sich dringend, mit dem Arbeitsamt während der Zeit, in der Leistungen begehrt werden, engen *Kontakt* zu halten und seinen *Arbeitsvermittler* über seine aktuelle Erreichbarkeit ständig möglichst genau zu informieren. Dies gilt insbesondere auch im Falle eines Umzuges. Zwar dürfte – anders als bisher – bei einem solchen innerhalb des Arbeitsamtsbezirkes ein Postnachsendungsantrag ausreichen, um sicherzustellen, daß Vorschlägen des Arbeitsamtes zeit- und ortsnah Folge geleistet werden kann. Ob die Rechtsprechung dies auch so sieht, muß zunächst jedoch offenbleiben. Die Bundesanstalt für Arbeit erkennt gegenwärtig im Falle eines nicht gemeldeten Umzuges Verfügbarkeit nur dann an, wenn dieser *innerhalb der Wohngemeinde* oder *in eine Nachbargemeinde* vorgenommen und rechtzeitig voher ein Postnachsendeantrag gestellt wurde. Im Falle eines Umzuges in den Bezirk eines anderen Arbeitsamtes müssen Sie Ihre neue Adresse bzw. Erreichbarkeit in jedem Fall auch künftig mitteilen.

Einzelheiten zu alledem sind in der o. g. Erreichbarkeitsanordnung geregelt.

Informieren Sie sich insofern, insbesondere jedoch auch über Fragen
– des Urlaubes,
– kurbedingter Abwesenheit etc.,
indem Sie Ihren Arbeitsvermittler um Überlassung der Anordnung bitten. In diesem Zusammenhang sei auch auf das *Merkblatt für Arbeitslose* hingewiesen, in dem Einzelheiten insofern beschrieben sind und dessen aufmerksame Lektüre – nicht nur wegen Fragen der Verfügbarkeit – dringend zu empfehlen ist.

ee) Sonderfälle der Verfügbarkeit

In bestimmten Fällen bleibt Ihre Verfügbarkeit erhalten, obwohl Sie Ihre Arbeitskraft in anderen Tätigkeiten binden und damit gerade nicht in der Lage sind, jederzeit eine zumutbare Beschäftigung aufzunehmen.

α) Trainingsmaßnahmen, berufliche Rehabilitation, Hilfstätigkeiten in Notfällen, Resozialisierung

Erfaßt werden zum einen Tätigkeiten, die dem Ziel der beruflichen Eingliederung dienen, zum anderen solche, die dem Wohl der Allgemeinheit bzw. im Falle vorausgegangener Straftaten der Resozialisierung des Täters dienen.

Dementsprechend *fingiert* § 120 Abs. 1 SGB III Ihre Verfügbarkeit, wenn Sie

– auf Vorschlag oder mit Billigung des Arbeitsamtes an einer *Trainingsmaßnahme* (§ 48 SGB III)
oder
– als Behinderter an einer Maßnahme der *Berufsfindung* bzw. *Arbeitserprobung* (§ 97 ff SGB III)
teilnehmen, oder wenn Sie
– vorübergehend zur Verhütung oder Beseitigung öffentlicher Notstände (z. B. Katastropheneinsatz) Dienste leisten, die nicht auf einem Arbeitsverhältnis beruhen,
oder
– Arbeiten im Rahmen von Arbeitsauflagen und -weisungen im Sinne einer „freien Arbeit" (§ 293 Abs. 1 EGStGB), gleichgestellte andere strafjustiziell veranlaßte Arbeiten (§ 293 Abs. 3 EGStGB) bzw. „freie Arbeiten" aufgrund einer Anordnung im Gnadenwege erbringen.

In all diesen Fällen erhalten Sie trotz fehlender „tatsächlicher" Verfügbarkeit weiter Leistungen aus der Arbeitslosenversicherung.

β) Schulbesuch, Studium

Bis zum Jahre 1987 hatten Arbeitslose, die Schüler oder Student einer Schule, Hochschule oder sonstigen Ausbildungsstätte sind, keine Möglichkeit, Arbeitslosengeld zu beziehen. § 118 a AFG bestimmte nämlich, daß ihr Anspruch während der Zeit des Schul- oder Hochschulbesuchs ruht, wenn die Ausbildung die Arbeitskraft eines Schülers oder Studenten im allgemeinen voll in Anspruch nimmt. Schüler und Studenten galten grundsätzlich als nicht verfügbar und hatten damit keinen Anspruch auf Zahlung von Arbeitslosengeld.

Dieser generelle Ausschluß der Studenten vom Bezug des Arbeitslosengeldes ist – so das Bundesverfassungsgericht (BVerfG SozR 4100 § 118a Nr. 1) – mit dem allgemeinen Gleichheitsgrundsatz des Grundgesetzes unvereinbar und werde auch durch das BAföG-System nicht ausgeglichen. Dem hat der Gesetzgeber wie folgt Rechnung getragen: Zunächst steht allgemein der Arbeitsvermittlung nur zur Verfügung, wer eine versicherungspflichtige Beschäftigung sucht (§§ 118 Abs. 1 Nr. 2, 119 SGB III). Dazu bestimmt § 27 Abs. 4 SGB III weiter, daß Personen versicherungsfrei sind, die während der Dauer ihrer Ausbildung an einer allgemeinbildenden Schule bzw. ihres Studiums als ordentlich Studierende einer Hochschule oder einer der fachlichen Ausbildung dienenden Schule eine Beschäftigung ausüben. Dies gilt nicht, wenn der Beschäftigte schulische Einrichtungen besucht, die der Fortbildung außerhalb der üblichen Arbeitszeit dienen.

Nach der Rechtsprechung des BSG ist jedoch die Beschäftigung von Studenten im Regelstudium nicht immer versicherungsfrei, sondern nur, „wenn sie neben dem Studium, d.h. ihm nach Zweck und Dauer untergeordnet, ausgeübt werde, das Studium also die Haupt-, die Beschäftigung die Nebensache sei. Umgekehrt sei derjenige, der seinem Erscheinungsbild nach zum Kreis der Beschäftigten gehöre, durch ein gleichzeitiges Studium nicht versicherungsfrei; Versicherungsfreiheit bestehe vielmehr nur für solche Personen, deren Zeit und Arbeitskraft überwiegend durch ihr Studium beansprucht werde. Soweit es hiernach auf das Erscheinungsbild ankomme, seien zu dessen Feststellungen alle insoweit erheblichen Umstände des einzelnen Falles zu beachten (BSGE 50, 25, 27). Diese Grundsätze konkretisierend, hat das Bundessozialgericht darin, daß während des Semesters eine Arbeitszeit von wöchentlich 20 Stunden überschritten wird, ein wesentliches Beweisanzeichen für Versicherungspflicht gesehen (BSGE 50, 27; vgl. aber BSG SozR 2200 § 1228 Nr. 9), das aber aufgrund der Studienbelastung wieder entfallen kann. Die Erwerbstätigkeit eines Studenten während der – von Studienanforderungen freien – Semesterferien sei hingegen unabhängig vom Umfang der Tätigkeit nicht versicherungspflichtig (BSG SozR 2200 § 172 Nr. 19). Auf Schüler ist diese Rechtsprechung entspre-

chend anzuwenden; ihre Beschäftigung ist versicherungsfrei, wenn
sie sich überwiegend der schulischen Bildung widmen.

Die Möglichkeit für einen Schüler oder Studenten, im Falle der
Arbeitslosigkeit Arbeitslosengeld zu beziehen, ist aber trotz einer
vorhergehenden versicherungspflichtigen Beschäftigung während
des Studiums nur in bestimmten Ausnahmefällen gegeben, weil
– über die allgemeinen Verfügbarkeitsvoraussetzungen des § 119
SGB III hinaus – § 120 Abs. 2 SGB III die Verfügbarkeit von Schülern und Studenten weiter einschränkt. Danach besteht die *gesetzliche Vermutung,* daß der Arbeitslose, ist er Schüler oder Student
einer Schule, Hochschule oder sonstigen Ausbildungsstätte, nur
versicherungsfreie Beschäftigungen ausüben kann. Wer aber nur
versicherungsfrei arbeiten kann, steht eben – wie oben erläutert –
der Arbeitsvermittlung nicht zur Verfügung. Wer dennoch Arbeitslosengeld beziehen will, muß diese Vermutung widerlegen, indem
er „darlegt und nachweist, daß der Ausbildungsgang eine die Versicherungspflicht begründende Beschäftigung bei ordnungsgemä-
ßer Erfüllung der in den Ausbildungs- und Prüfungsbestimmungen
vorgeschriebenen Anforderungen zuläßt" (§ 120 Abs. 2 SGB III).

In der Praxis wird durch das Arbeitsamt die Verfügbarkeit von
Schülern und Studenten an Hand eines vom Betroffenen auszu-
füllenden „Zusatzfragebogen für Studenten" geprüft.

Keinen Anspruch auf Arbeitslosengeld können Schüler und Studenten erwerben, die nur in den Ferien arbeiten (auch wenn sie
dabei fünf Monate im Jahr 40 Stunden wöchentlich arbeiten), da
solche Arbeiten immer versicherungsfrei – sind.

Wer als Schüler oder Student mehr als 20 Stunden in der Woche arbeitet, ist in der Regel versicherungspflichtig und könnte
daher auch Arbeitslosengeld (oder Arbeitslosenhilfe) erhalten, wenn
er sich arbeitslos meldet. Er muß dann nachweisen können, daß
er tatsächlich in der Lage ist, eine Arbeit von wöchentlich mehr
als 20 Stunden zu übernehmen. Wenn sich aus dem Zusatzfragebogen eine „wöchentliche Arbeitsbelastung von 11 oder mehr
Unterrichtsstunden ergibt", wird dies seitens der Bundesanstalt für
Arbeit allerdings als nicht möglich unterstellt, denn „unter Berücksichtigung des allgemeinen Erfahrungssatzes, wonach jede
Unterrichtsstunde eine Stunde studienbedingte Vor- und Nachbe-
reitungszeiten erfordert, überwiegt dann – unter Zugrundelegung

der allgemein üblichen tariflichen Arbeitszeit – die zeitliche Belastung durch das Studium". Diese schematische Handhabung dürfte allerdings mit der oben dargestellten Rechtsprechung des BSG nicht ohne weiteres in Einklang zu bringen sein.

Wenn weniger als 11 Unterrichtsstunden im Zusatzfragebogen eingetragen sind, wird durch das Arbeitsamt an Hand der Ausbildungs- oder Prüfungsordnungen geprüft, ob die angegebene Stundenzahl dem „objektiv erforderlichen Zeitaufwand für das Studium entspricht". Erst wenn diese Prüfung ergibt, daß für den Arbeitslosen auch für einen erfolgreichen Abschluß des Studiums so wenige Stunden Unterricht oder Studienaufwand ausreichen, daß er der Arbeitsvermittlung zur Verfügung stehen kann, erhält er Arbeitslosengeld. Eine solche Prüfung dürfte zur Vermeidung der o. g. schematischen Handhabung auch bei mehr als 11 Unterrichtsstunden zu fordern sein.

Wer als Arbeitnehmer eine schulische Einrichtung besucht, die der Fortbildung außerhalb der üblichen Arbeitszeit dient (§ 27 Abs. 4 S. 2 SGB III), z. B. Abendschule oder Studium am Abend, bleibt versicherungspflichtig beschäftigt und kann daher Arbeitslosengeld beziehen. Die gilt auch für Hochschüler, deren „Ausbildungsgang typischerweise auf Berufstätige zugeschnitten ist".

Bei Gasthörern, Doktoranden oder Studenten, die nur aus formalen Gründen oder zu „studienfremden Zwecken" (weil sie soziale Vergünstigungen für Studenten in Anspruch nehmen wollen) noch eingeschrieben sind, obwohl sie ihr Studium entweder bereits beendet oder abgebrochen haben, ist die Verfügbarkeit zur Arbeitsvermittlung und damit ein Anspruch zum Bezug von Arbeitslosengeld gegeben.

Schulen, Hochschulen und sonstige Einrichtungen im Sinne des AFG sind alle Einrichtungen, für deren Besuch dem Grunde nach eine Förderung nach dem Bundesausbildungsförderungsgesetz (BAföG) beantragt werden kann, gleichgültig, ob der Höhe nach ein Stipendium bzw. Darlehen gewährt wird oder nicht.

γ) Tätigkeiten im Rahmen kultureller, sportlicher, karitativer und sonstiger Interessen

Im Hinblick darauf, daß Sie, um verfügbar zu sein, nach altem Recht objektiv jeden Tag aktuell in der Lage gewesen sein mußten, jede zumutbare Stelle sofort annehmen zu können, und darüberhinaus Ihre tägliche Anwesenheit unter der von Ihnen angegebenen Adresse zum Zeitpunkt des üblichen Posteinganges sowie die tägliche Möglichkeit, das Arbeitsamt sofort aufsuchen zu können, erforderlich war, schlossen Tätigkeiten im Rahmen kultureller, sportlicher, karitativer und sonstiger Interessen die Verfügbarkeit und damit den Leistungsanspruch in der Regel selbst dann aus, wenn Sie bereit und rechtlich dazu auch in der Lage waren, die jeweilige Tätigkeit zu Gunsten einer versicherungspflichtigen Beschäftigung sofort zu beenden (BSG SozR 4100 § 103 Nrn. 39 und 46).

Diese Rechtsprechung dürfte sich aufgrund der (neuen) Formulierungen in den §§ 118, 119 SGB III nicht mehr aufrecht erhalten lassen.

Erfüllen Sie nämlich alle sonstigen Voraussetzungen der Beschäftigungssuche (siehe oben 3), und haben Sie insbesondere sichergestellt, daß Sie Vorschlägen des Arbeitsamtes zur beruflichen Eingliederung zeit- und ortsnah Folge leisten können (siehe oben 3 dd, S. 20 f), dürfte einer Tätigkeit der o. g. Art im Hinblick auf Ihre Verfügbarkeit nichts im Wege stehen.

Beispiel: Die arbeitslos gewordene A bemüht sich intensiv (durch Auswerten von Zeitungsannoncen, Eigenbewerbungen, Suche in den Computerdateien ihres Arbeitsamtes) um eine neue Anstellung. Um ihre Chancen noch weiter zu verbessern, besucht sie in der örtlichen Volkshochschule arbeitstäglich von 10.00 Uhr bis 12.00 Uhr einen Englisch- und von 14.00 Uhr bis 16.00 Uhr einen EDV-Kurs. Ihr Ehemann ist freiberuflich in den Räumen der Ehewohnung tätig. Zwischen den Ehepartnern ist vereinbart, daß der Ehemann von A jene sofort informiert, wenn seitens des Arbeitsamtes ein Vermittlungsvorschlag eingeht. A ist darüberhinaus bereit und rechtlich auch in der Lage dazu, die Kurse zugunsten von Vermittlungsvorschlägen des Arbeitsamtes sofort abzubrechen.
Hier dürfte A trotz des Besuches der beiden Kurse durchgehend verfügbar sein.
Ob dies auch dann anzunehmen wäre, wenn A nicht sofort informiert werden und somit erst nach 16.00 Uhr von möglichen Vorschlägen des Arbeitsamtes Notiz nehmen könnte, erscheint fraglich, dürfte jedoch ebenfalls zu bejahen sein. Gleiches dürfte gelten, wenn sie die Kurse in der 20 km von ihrem Wohnort entfernt liegenden Kreisstadt absolviert, jeden Abend jedoch in ihre Wohnung zurückkehrt.

Im Hinblick darauf, daß die *Auslegung* der neuen Verfügbarkeitsvorschrift – insbesondere durch die Rechtsprechung – erst in einigen Jahren gesichert sein dürfte, sollten Sie auch in den Fällen, in denen Sie eine Tätigkeit der hier beschriebenen Art während Ihrer Arbeitslosigkeit aufnehmen wollen, *vorher* mit Ihrem *Arbeitsvermittler Kontakt* aufnehmen und jenem Ihre Pläne möglichst genau offenlegen. Er wird Ihnen dann sagen, ob auch die Bundesanstalt der hier vertretenen Auffassung zur Auslegung der neuen Verfügbarkeitsbestimmungen folgt. Ist dies nicht der Fall, gehen Sie das hohe Risiko ein, Ansprüche zu verlieren. Um dieses Risiko zu vermeiden, sollten Sie bis zur Klärung durch die Sozialgerichte auf Ihre – an sich vernünftigen – Pläne, auch wenn es schwer fällt, jedenfalls dann verzichten, wenn Sie seitens des Arbeitsamtes insofern keine ausdrückliche Zustimmung erhalten (siehe zur gleichen Problematik auch oben 3 dd, S. 20 f).

Nehmen Sie an einer Veranstaltung teil, die staatspolitischen, kirchlichen oder gewerkschaftlichen Zwecken dient oder sonst in öffentlichem Interesse liegt, schließt dies nach § 3 Abs. 2 Nr. 2 der Erreichbarkeitsanordnung Ihre Verfügbarkeit dann nicht aus, wenn das Arbeitsamt insofern *vorher* seine *Zustimmung* erteilt hat und Sie die weiteren allgemeinen Voraussetzungen der Verfügbarkeit erfüllen.

ff) Verfügbarkeit und krankheitsbedingte Arbeitsunfähigkeit

Arbeitslose, die während des Bezuges von Arbeitslosengeld unverschuldet *erkranken* oder sich einer *rechtmäßigen* bzw. *straffreien Schwangerschaftsunterbrechung* oder *Sterilisation* unterziehen oder auf Kosten der Krankenkasse stationär behandelt werden und die aus diesen Gründen arbeitsunfähig werden, behalten ihren Anspruch auf Arbeitslosengeld bis zu einer Arbeitsunfähigkeits- bzw. Behandlungsdauer von sechs Wochen (§ 126 Abs. 1 SGB III). Das gleiche gilt im Falle einer nach ärztlichem Zeugnis erforderlichen Beaufsichtigung, Betreuung oder Pflege eines erkrankten Kindes des Arbeitslosen bis zur Dauer von zehn bzw. (bei alleinerziehenden Arbeitslosen) bis zur Dauer von zwanzig Tagen für jedes Kind in jedem Kalenderjahr, wenn eine andere im Haushalt des Arbeitslosen lebende Person diese Aufgabe nicht übernehmen kann und das Kind das zwölfte Lebensjahr noch nicht vollendet hat (§ 126 Abs. 2 S. 1 SGB III).

Insgesamt wird allerdings je Kalenderjahr Arbeitslosengeld für höchstens 25 Tage bzw. (bei alleinerziehenden Arbeitslosen) für höchstens 50 Tage bezahlt.

Beispiel: A lebt mit ihrem Ehemann sowie den gemeinsamen 3 Kindern (6, 8 und 10 Jahre alt) in einem Haushalt. A ist arbeitslos, ihr Ehemann geht arbeitstäglich von 8.00 Uhr bis 17.00 Uhr seiner Berufstätigkeit nach und steht zur Betreuung der Kinder nicht zur Verfügung. Da die Kinder vormittags regelmäßig zur Schule gehen, hat sich A hinsichtlich ihrer Verfügbarkeit auf die Zeit vormittags von 8.00 Uhr bis 12.00 Uhr eingeschränkt (§ 119 Abs. 4 S. 1 Nr. 2 SGB III, siehe oben 3b aa β, S. 16ff). Im März erkrankt ihr jüngstes Kind für insgesamt 15 Tage. Da sie für jedes erkrankte Kind Arbeitslosengeld höchstens für die Dauer von 10 Tagen je Kalenderjahr fortgezahlt erhalten kann, muß sie entweder auf 5 Tage Arbeitslosengeld verzichten, oder für diese Zeit eine Betreuungsperson organisieren. Diese muß ihre uneingeschränkte Betreuungsbereitschaft gegenüber dem Arbeitsamt schriftlich dokumentieren und nachweisen, daß sie zur Betreuung des Kindes zeitlich auch in der Lage ist.
Erkrankt im Laufe des Jahres das mittlere Kind für 10 Tage, erhält A auch für diese Zeit Fortzahlung von Arbeitslosengeld. Erkrankt im Laufe des Kalenderjahres schließlich auch das 3. Kind von A, kommt, da für mehr als 25 Tage je Kalenderjahr Arbeitslosengeld nicht fortgezahlt werden kann, für dieses eine Fortzahlung nur noch für höchstens 5 Tage in Betracht, auch wenn die krankheitsbedingte Betreuung länger notwendig ist.

gg) Nahtlosigkeit von Sozialleistungen bei längerdauernder Minderung der Leistungsfähigkeit

Ihre Verfügbarkeit und damit Ihr Anspruch auf Arbeitslosengeld ist nicht gegeben, wenn Sie künftig nur noch eine Beschäftigung im Umfang von weniger als 15 Stunden/Woche ausüben können (§§ 119 Abs. 3 Nr. 1, 27 Abs. 5 SGB III). Der Gesetzgeber fordert allerdings nicht in allen Fällen, daß Sie verfügbar sind, d.h. mindestens 15 Wochenstunden allgemein arbeitsmarktüblich arbeiten können. Auf dieses Erfordernis wird verzichtet, wenn Sie ärztlich nachweisbar mehr als 6 Monate in Ihrer Leistungsfähigkeit entsprechend gemindert oder völlig leistungsunfähig sind und binnen eines Monats seit Zugang einer schriftlichen Aufforderung des Arbeitsamtes bei Ihrem zuständigen Rentenversicherungsträger entweder Rehabilitationsmaßnahmen (z.B. Umschulung) oder

Maßnahmen zur beruflichen Eingliederung Behinderter bzw. Rente wegen Berufs- oder Erwerbsunfähigkeit beantragen. Unterlassen Sie diesen Antrag, so ruht der Anspruch auf Arbeitslosengeld vom Ende der Monatsfrist bis zu dem Tage, an dem Sie den Antrag stellen (§ 125 Abs. 1 S. 1, Abs. 2 SGB III). Hat der Rentenversicherungsträger bereits Berufs- oder Erwerbsunfähigkeit bei Ihnen festgestellt und sind Sie deshalb nicht mehr in der Lage, eine versicherungspflichtige Beschäftigung aufzunehmen, so besteht kein Anspruch auf Arbeitslosengeld (§§ 28 Nr. 3, 125 Abs. 1 S. 2 SGB III).

Mit dem Verzicht auf die Verfügbarkeit wird in diesen Fällen der nahtlose Übergang von Arbeitslosengeld zum Bezug von Übergangsgeld (im Falle der Rehabilitation bzw. beruflichen Eingliederung Behinderter) oder Rente gesichert, sogenanntes Nahtlosigkeitsprinzip. Erhalten Sie später *rückwirkend* Übergangsgeld oder Rente, so steht dieses Geld, soweit es zeitlich mit Arbeitslosengeld zusammentraf, bis zur Höhe des Arbeitslosengeldes der Bundesanstalt zu, d. h. der Anspruch geht insoweit auf die Bundesanstalt über (§ 125 Abs. 3 SGB III); Sie erhalten nur den eventuell überschießenden Betrag. War das Arbeitslosengeld höher, so geht dies nicht zu Ihren, sondern zu Lasten der Bundesanstalt.

Beispiel: A kann wegen geminderter Leistungsfähigkeit nur noch 12 Stunden pro Woche arbeiten. Sie hat eine Rente wegen Erwerbsunfähigkeit beantragt. A ist damit zwar nicht verfügbar, weil sie nur noch kurzzeitig arbeiten kann. Dennoch wird ihr aufgrund der Nahtlosigkeitsregelung so lange Arbeitslosengeld gezahlt, bis der Rentenversicherungsträger eine Entscheidung über die Frage, ob Erwerbsunfähigkeit vorliegt, getroffen hat (§§ 125 Abs. 1 S. 1 u. 2, 28 Nr. 3 SGB III).

Ganz erhebliche Probleme können sich daraus ergeben, daß Ihre künftige *Leistungsfähigkeit unterschiedlich eingeschätzt* wird.

Beispiel: Der Sie behandelnde Arzt ist der Auffassung, Ihre Leistungsfähigkeit sei soweit herabgesunken, daß Sie arbeitstäglich nur noch 2 Stunden einer Beschäftigung nachgehen können. Er rät Ihnen dementsprechend, beim Rentenversicherungsträger Rentenantrag zu stellen. Dem kommen Sie nach und teilen all dies auch Ihrem Arbeitsamt, von dem Sie laufend Arbeitslosengeld beziehen, mit. Das Arbeitsamt läßt Sie daraufhin von seinem Vertragsarzt untersuchen und sozialmedizinisch begutachten. Dieser kommt – anders als Ihr behandelnder Arzt zu dem Ergebnis, Sie könnten arbeitstäglich noch 4 Stunden einer Beschäftigung nachgehen. Für Sie stellt sich – insbesondere im Hinblick auf Ihren Rentenantrag – nunmehr die Frage, in welchem Umfang Sie sich künftig der Arbeitsvermittlung zur Verfügung stellen.

Vielfach wird die – nachvollziehbare – Auffassung vertreten, man könne bei gleichzeitig laufendem Rentenantragsverfahren sich gegenüber dem Arbeitsamt nicht anders äußern als gegenüber dem Rentenversicherungsträger. Mache man also gegenüber dem Rentenversicherungsträger geltend, die Voraussetzungen der Berufs- bzw. Erwerbsunfähigkeit (§§ 43 Abs. 2, 44 Abs. 2 SGB VI) lägen vor, müsse man bezüglich der Frage der Verfügbarkeit (§ 119 Abs. 3 Nr. 1 SGB III) gleiche Einschränkungen auch dann geltend machen, wenn der Arzt des Arbeitsamtes gutachtlich zu anderen Ergebnissen kommt.

Diese ehrliche, folgerichtige und nachvollziehbare Handlung birgt jedoch große *Risiken* in sich.

Bei der „Verfügbarkeit" (§ 119 Abs. 3 Nr. 1 SGB III) handelt es sich nämlich um ein anspruchsbegründendes Tatbestandsmerkmal, welches – soll der Anspruch auf Leistungen aus der Arbeitslosenversicherung nicht entfallen, durchgehend erfüllt sein muß. Sie sind daher nur dann verfügbar, wenn Sie ständig *bereit* sind, jede zumutbare Beschäftigung aufzunehmen, die Sie *objektiv* ausüben können. Folgen Sie – wenn auch subjektiv nachvollziehbar – der gutachtlichen Beurteilung des Arztes des Arbeitsamtes nicht, so lassen sich *zwei Fallgestaltungen* unterscheiden:
- Stellt sich später heraus, daß Ihre Einschätzung hinsichtlich Ihrer Leistungsminderung objektiv richtig war und haben Sie sich durchgehend im Rahmen Ihres objektiv verbliebenen Leistungsvermögens der Arbeitsvermittlung zur Verfügung gestellt, so ist Ihr Leistungsanspruch aus der Arbeitslosenversicherung nicht beeinträchtigt.
- Stellt sich jedoch – gegebenenfalls erst im Rahmen sozialgerichtlicher Überprüfung und damit erst nach geraumer Zeit – heraus, daß Ihre subjektive Einschätzung Ihrem objektivem Leistungsvermögen widerspricht, so standen Sie mangels Bereitschaft, jede Ihnen objektiv zumutbare Beschäftigung anzuneh-

men, der Arbeitsvermittlung nicht zur Verfügung. Damit entfällt jedoch während der gesamten Zeit, in der Sie sich – wenn auch subjektiv nachvollziehbar – der Arbeitsvermittlung nur eingeschränkt zur Verfügung gestellt haben, Ihr Leistungsanspruch aus der Arbeitslosenversicherung. In diesem Zusammenhang muß darauf hingewiesen werden, daß auch *Sozialhilfe rückwirkend nicht* geltend gemacht werden kann (§ 5 BSHG).

Um dieses Ergebnis zu vermeiden, muß daher – trotz vermeintlichen Widerspruches – *dringend angeraten* werden, sich der gutachtlichen Auffassung des Arbeitsamtsarztes zu unterwerfen und sich der Arbeitsvermittlung auch dann entsprechend diesem Gutachten zur Verfügung zu stellen, wenn dies Ihrer subjektiven Einschätzung hinsichtlich Ihres Leistungsvermögens zuwider läuft. Nur auf diese Weise kann das Risiko vermieden werden, des Leistungsanspruches aus der Arbeitslosenversicherung möglicherweise verlustig zu gehen.

Anzumerken ist in diesem Zusammenhang, daß sich eine solche Erklärung gegenüber dem Arbeitsamt nicht – wie vielfach befürchtet – negativ auf ein parallel dazu laufendes Rentenantragsverfahren auswirkt. Vielmehr muß der Rentenversicherungsträger die Frage der rentenrechtlich relevanten Leistungsminderung unabhängig von Ihrer Erklärung gegenüber der Bundesanstalt für Arbeit überprüfen.

Schließlich ist noch darauf *hinzuweisen,* daß Sie dann, wenn Ihnen die Bundesanstalt für Arbeit eine zwar dem Gutachten ihres Arztes entsprechende, jedoch Ihrem eigenen subjektiven Empfinden nach nicht zumutbare Beschäftigung anbietet, diese ablehnen können, ohne sofort Ihren Leistungsanspruch ganz zu verlieren.

In diesem Fall beschränkt sich Ihr *Risiko* zunächst lediglich auf die Frage, ob eine *Sperrzeit von 12 Wochen* eingetreten ist (§ 144 Abs. 1 Nr. 2 SGB III), wobei im Rahmen des Sperrzeitverfahrens gegebenenfalls individuell zu prüfen ist, ob die angebotene Beschäftigung Ihrem objektiven Leistungsvermögen entspricht oder nicht.

Erheblich höher stellt sich das Risiko allerdings dann dar, wenn die Bundesanstalt für Arbeit – nachdem sie nach Entstehen des Leistungsanspruches bereits den Eintritt einer ersten 12-wöchigen Sperrzeit festgestellt hat – Ihnen unter Androhung des Eintrittes einer weiteren 12-wöchigen Sperrzeit und damit des *Erlöschens Ihres Leistungsanspruches* insgesamt (§ 147 Abs. 1 Nr. 2 SGB III) eine Beschäftigung der genannten Art anbietet.

Allerdings wird man dann, wenn der behandelnde Arzt aufgrund medizinisch nachvollziehbarer Umstände nachdrücklich von der Aufnahme einer vom Arbeitsamt angebotenen Beschäftigung abrät, auch prüfen können, ob insofern ein *wichtiger Grund* i.S.d. § 144 Abs. 1 SGB III anzunehmen ist. Zumindest wird jedoch wegen eines entschuldbaren Irrtums über das Vorliegen eines wichtigen Grundes die *Härteregel* des § 144 Abs. 3 S. 1 SGB III eingreifen, mit der Folge, daß lediglich eine Sperrzeit von 6 Wochen eintreten kann. Wird damit der Eintritt von Sperrzeiten im Umfang von 24 Wochen nach Entstehen des Anspruches nicht erreicht, kommt es auch nicht zum Erlöschen des Gesamtanspruches.

Zu den Einzelheiten hinsichtlich des Eintrittes von Sperrzeiten bzw. des Erlöschens von Leistungsansprüchen in diesem Zusammenhang vgl. im übrigen unten IV. 6, S. 105 ff sowie VI. 1, S. 129 f.

hh) Mobilitätshilfen

Wenn das Gesetz einerseits strenge Voraussetzungen an die Verfügbarkeit stellt und beispielsweise verlangt, im Falle der Aufnahme einer Beschäftigung vorübergehend von der Familie getrennt zu leben, an den neuen Arbeitsort umzuziehen oder lange und hohe Kosten verursachende Fahrwege in Kauf zu nehmen, unterstützt es andererseits die geforderte Mobilität der Arbeitslosen durch sog. Mobilitätshilfen. Nach § 53 Abs. 1 SGB III können solche bei Aufnahme einer versicherungspflichtigen Beschäftigung gewährt werden, soweit
– dies zur Aufnahme der Beschäftigung notwendig ist
  und
– der Arbeitslose die erforderlichen Mittel nicht selbst aufbringen kann.

Neben anderen Mobilitätshilfen (darlehensweise Übergangsbeihilfe für den Lebensunterhalt bis zur ersten Arbeitsentgeltzahlung oder Ausrüstungsbeihilfe bis zu 500,– DM für Arbeitskleidung und Arbeitsgerät; §§ 53 Abs. 2 Nrn. 1 u. 2, 54 Abs. 1 u. 2 SGB III) sehen die §§ 53 Abs. 2 Nr. 3, 54 Abs. 3–5 SGB III im

Falle *auswärtiger Arbeitsaufnahme* die Möglichkeit der Gewährung von

– Fahrkostenbeihilfe für tägliche Fahrten zwischen Wohnung und Arbeitsstelle während der ersten 6 Monate der Beschäftigung,

– Trennungskostenbeihilfe bei getrennter Haushaltsführung während der ersten 6 Monate der Beschäftigung
und

– darlehensweise Umzugskostenbeihilfe für einen Umzug innerhalb von 2 Jahren nach Aufnahme der Beschäftigung
vor.

Übergangs-, Ausrüstungs- und Umzugskostenbeihilfe, *nicht jedoch* Fahrkosten und Trennungskostenbeihilfe können auch *Ausbildungssuchende* erhalten, wenn sie beim Arbeitsamt als Bewerber um eine berufliche Ausbildungsstelle gemeldet sind (§ 53 Abs. 3 SGB III).

Einzelheiten insofern wird die Bundesanstalt für Arbeit durch Erlaß einer *Anordnung* regeln, die zum Zeitpunkt der Abfassung dieser Ausführungen noch nicht vorlag.

Für den Fall, daß für Sie die Gewährung von Mobilitätshilfen in Betracht kommt, müssen Sie sich hinsichtlich der Einzelheiten von Ihrem *Arbeitsvermittler* beraten lassen. Dieser wird Ihnen auf Wunsch die entsprechende Anordnung überlassen. Auch im *Merkblatt 3* (Förderung der Arbeitsaufnahme), dessen Lektüre dringend empfohlen wird, sind die Einzelheiten über Voraussetzungen, Art, Umfang und Verfahren der Förderung näher beschrieben. Soweit Ihnen Bewerbungen außerhalb Ihres Wohnortsbereiches zumutbar sind können Sie im übrigen *Reisekosten* für Vorstellungsgespräche beanspruchen (§§ 45–47 SGB III). Der Höchstbetrag beträgt 500 DM/Jahr. Auch für die Erstellung und Versendung von *Bewerbungsunterlagen* kann es Zuschüsse geben.

Fragen Sie insofern Ihren Arbeitsvermittler.

4. Haben Sie sich persönlich arbeitslos gemeldet?

a) Persönliche Meldung

Der Arbeitslose hat sich persönlich beim Arbeitsamt arbeitslos zu melden (§ 122 Abs. 1 S. 1 SGB III).

Beispiel: Die Ehefrau des A ruft beim Arbeitsamt an und teilt mit, ihr Mann sei wegen eines Streites vom Arbeitgeber fristlos entlassen worden. Genügt das für die Arbeitslosmeldung? Nein, und zwar selbst dann nicht, wenn die Ehefrau persönlich im Arbeitsamt erscheint. Vielmehr muß der Arbeitslose selbst persönlich erscheinen. Anruf oder Brief genügen nicht.

Durch die persönliche Meldung, die auch schon zulässig ist, wenn Arbeitslosigkeit noch nicht eingetreten, der Eintritt der Arbeitslosigkeit jedoch innerhalb der nächsten 2 Monate zu erwarten ist (§ 122 Abs. 1 S. 2 SGB III), erfährt der Arbeitsamtsvermittler Ihre Wünsche, Ihre Fähigkeiten und Ihre Eignung, bespricht mit Ihnen Ihre Rechte und Pflichten und kann beginnen, Ihnen Arbeit zu vermitteln.

Soweit bisher Streit darüber bestand, ob nach nur kurzer *Zwischenbeschäftigung* auch dann, wenn das Arbeitsamt hiervon nichts erfahren hat, die erneute persönliche Meldung erforderlich ist, um weiter Anspruch auf Arbeitslosengeld zu haben, so hat der Gesetzgeber diese Frage in § 122 Abs. 2 Nrn. 1 u. 2 SGB III nunmehr eindeutig geregelt.

Danach *erlischt die Wirkung der Meldung* nämlich
- bei einer mehr als sechswöchigen Unterbrechung der Arbeitslosigkeit
  und
- mit der Aufnahme einer Beschäftigung, selbständigen Tätigkeit oder Tätigkeit als mithelfender Familienangehöriger, wenn der Arbeitslose diese dem Arbeitsamt nicht unverzüglich mitgeteilt hat.

Beispiel: A ist arbeitslos und bezieht laufend Arbeitslosengeld. Am 1. 6. nimmt er eine für die Dauer von 6 Wochen befristete Beschäftigung auf. Dies teilt er dem Arbeitsamt so mit und erklärt gleichzeitig, er stehe nach dem Ende der befristeten Beschäftigung der Arbeitsvermittlung wieder voll zur Verfügung.
In diesem Fall braucht A sich nicht erneut arbeitslos zu melden. Die frühere Meldung wirkt fort (§ 122 Abs. 2 SGB III). Gleiches gilt für den Fall, daß A aus anderen Gründen befristet für die Dauer bis zu 6 Wochen nicht „arbeitslos" i. S. d. § 118 SGB III (siehe oben 2, S. 1 ff.) ist und dies seinem Arbeitsvermittler mitteilt. Die Mitteilung an den Arbeitsvermittler ist zwingend erforderlich, damit dieser weiß, daß A nach Ablauf der – höchstens – 6 Wochen wieder vermittelbar ist.

Beispiel: Ganz anders stellt sich die Situation dar, wenn A eine – wenn auch auf 6 Wochen befristete – Beschäftigung, selbständige Tätigkeit oder Tätigkeit als mithelfendes Familienmitglied aufnimmt, dies dem Arbeitsamt jedoch nicht mitteilt. In diesem Fall erlischt die Wirkung der Meldung sofort mit Aufnahme der Beschäftigung bzw. Tätigkeit (§ 122 Abs. 2 Nr. 2 SGB III). Dies kann weitreichende Konsequenzen haben. Ab diesem Tage bezieht A nämlich zu Unrecht Arbeitslosengeld und zwar auch für die Zeit, in der – gegebenenfalls – wieder Beschäftigungslosigkeit eingetreten ist, mit der Folge, daß A nicht nur für die Zeit der Beschäftigung sondern auch für die Zeit der nachfolgenden erneuten Beschäftigungslosigkeit bis zur erneuten persönlichen Meldung das vom Arbeitsamt bezogene Arbeitslosengeld zurückzahlen muß (§§ 48 Abs. 1 S. 2 Nrn. 2 und 4, 50 Abs. 1 SGB X). Hinzu kommt, daß der ungerechtfertigte Doppelbezug von Arbeitsentgelt und Arbeitslosengeld als strafbare Handlung zu bewerten sein dürfte (Betrug bzw. zumindest versuchter Betrug).
Die Gefahr, sich strafbar zu machen, besteht im übrigen auch dann, wenn Sie die Aufnahme einer kurzzeitigen Beschäftigung (siehe oben 2 c, S. 3 ff.) nicht mitteilen und hieraus Entgelt erzielen. Zwar bleiben Sie trotz der Beschäftigung beschäftigungslos (§ 118 Abs. 2 SGB III); das Entgelt aus der Beschäftigung muß jedoch auf das Arbeitslosengeld angerechnet werden (§ 141 SGB III), so daß Sie mit einem Rückforderungsbescheid rechnen müssen.

Ganz allgemein ist zu sagen, daß der Gesetzgeber mit der Neuregelung der Arbeitslosmeldung in § 122 Abs. 2 Nrn. 1 u. 2 SGB III zwar eine eindeutige und klarere Rechtslage als bisher herstellen wollte und dies wohl auch getan hat. Für den Arbeitslosen stellt das Unterlassen von Mitteilungen über seine „Arbeitslosigkeit" i. S. d. § 118 SGB III (siehe oben 2, S. 1 ff.) jedoch ein derart *hohes Risiko* dar, daß Ihnen – insbesondere aus den Erfahrungen mit der bisherigen Regelung (§ 105 AFG a. F.) heraus – *dringendst* empfohlen werden muß, *jede Änderung,* die Ihren Leistungsanspruch in irgendeiner Weise berühren kann, dem Arbeitsamt – möglichst schriftlich – *mitzuteilen.* Melden Sie also jede Aufnahme einer Tätigkeit, jedes Entgelt, das Sie erzielen, jede Verfügbarkeitseinschränkung, jede Beendigung einer Tätigkeit etc. Ihrem Arbeitsvermittler *unverzüglich.* Nur so sichern Sie Ihren Leistungsanspruch und vermeiden das Risiko von Rückzahlungsforderungen.

In einem Fall *verzichtet* der Gesetzgeber künftig – zeitweise – auf die persönliche Arbeitslosmeldung. Ist die Leistungsfähigkeit des Arbeitslosen derart gemindert, daß er mehr als 6 Monate daran gehindert ist, eine übliche für ihn in Betracht kommende versicherungspflichtige Beschäftigung auszuüben (§ 125 Abs. 1 SGB III; siehe oben 3 b gg, S. 28 ff), und kann er sich wegen gesundheitlicher Einschränkungen nicht persönlich arbeitslos melden (in diesem Fall müssen Sie ein ärztliches Attest vorlegen), so kann die Arbeitslosmeldung durch einen Vertreter (z. B. Ehepartner) vorgenommen werden (§ 125 Abs. 1 S. 3 SGB III). Sobald Sie allerdings wieder in der Lage sind, sich persönlich arbeitslos zu melden, müssen Sie dies auch tun (§ 125 Abs. 1 S. 4 SGB III).

b) Von welchem Tag an besteht der Anspruch auf Arbeitslosengeld?

Frühestens mit dem Tag der persönlichen Meldung besteht Anspruch auf Arbeitslosengeld (§ 325 Abs. 2 S. 1 SGB III).

Beispiel: A wird am 1. 2. arbeitslos. Bereits am 25. 1. hat er sich – allerdings nur *schriftlich* – arbeitslos gemeldet und Arbeitslosengeld beantragt. Persönlich meldet er sich erst am 3. 2. beim Arbeitsamt. In diesem Fall kann er frühestens ab 3. 2. Arbeitslosengeld erhalten, d. h. er verliert zwei Tage.

Andererseits: Steht fest, wann das Arbeitsverhältnis endet, können Sie sich auch schon vorher, nämlich bis zu 2 Monate vor einem zu erwartenden Eintritt von Arbeitslosigkeit (§ 122 Abs. 1 S. 2 SGB III), persönlich arbeitslos melden und den Antragsvordruck in Ruhe ausfüllen.

Beispiel: Ihnen wird am 1. 2. zum 31. 3. gekündigt. Sie können sich jetzt sofort persönlich arbeitslos melden. Die Arbeitslosmeldung wird dann am 1. 4. wirksam, ohne daß Sie sich an diesem Tag erneut persönlich melden müssen.

Ist das Arbeitsamt am ersten Tag Ihrer Beschäftigungslosigkeit geschlossen – Feiertag, Samstag, Sonntag –, so verlieren Sie keinen Tag, wenn Sie sich am nächsten dienstbereiten Tag persönlich arbeitslos melden und Arbeitslosengeld beantragen (§ 122 Abs. 3 SGB III). Umgekehrt gilt: An der *persönlichen* Meldung wird streng festgehalten. Jeder Tag, an dem Sie beispielsweise arbeitslos und vorübergehend bettlägerig krank sind, geht verloren, solange Sie sich nicht in eigener Person beim Arbeitsamt arbeitslos melden. In diesem Fall kann allerdings ein Anspruch auf Krankengeld bestehen. Die Meldung muß ernstgemeint sein. Eine bloß *vorsorgliche* Meldung während der Kündigungsfrist reicht ebenso wenig aus wie z. B. die persönliche Anfrage, ob Ihnen Arbeitslosengeld zusteht.

c) Wodurch wird der Antragstellung genügt?

Der Antragstellung wird nicht erst durch die Ausfüllung des Antragsformulares genügt, sondern schon durch Ihre persönliche Arbeitslosmeldung, wenn Sie keine andere Erklärung abgeben (§ 323 Abs. 1 S. 2 SGB III).

Beispiel: Sie sind ab morgen arbeitslos, gehen heute zum Arbeitsamt, melden sich arbeitslos, stellen mündlich den Antrag auf Arbeitslosengeld und bringen erst übermorgen den ausgefüllten Antragsvordruck zurück oder schicken ihn mit der Post an das Arbeitsamt. Dann steht ihnen gleichwohl – wenn sonst kein Hindernis vorliegt – ab morgen Arbeitslosengeld zu, weil der ausgefüllte Antrag nur ein Hilfsmittel ist, um Einzelheiten zu Ihrer Person festzustellen und festzuhalten.

d) Welches Arbeitsamt ist zuständig?

Der Arbeitslose muß sich bei dem Arbeitsamt arbeitslos melden, in dessen Bezirk er bei Eintritt der leistungsbegründenden Tatbestände seinen Wohnsitz hat (§ 327 Abs. 1 S. 1 SGB III).

Beispiel: Der Arbeitslose wohnt in Hanau und arbeitete zuletzt in Frankfurt. Zuständig ist für ihn das Arbeitsamt in Hanau, wo der Arbeitslose wohnt.

5. Haben Sie die Anwartschaftszeit erfüllt?

a) Wozu dienen Anwartschaft und dreijährige Rahmenfrist?

Arbeitslosengeld ist eine Versicherungsleistung für den, der durch eine genügende Anzahl von Beiträgen die Anwartschaft darauf erworben hat und jetzt arbeitslos geworden ist. Die Anwartschaftszeit haben Sie dann erfüllt, wenn Sie in den letzten drei Jahren (Rahmenfrist) vor dem ersten Tag, an dem Sie alle sonstigen Voraussetzungen für den Anspruch auf Arbeitslosengeld erfüllt haben (Arbeitslosigkeit, Arbeitslosmeldung) mindestens 12 Monate in einem Versicherungspflichtverhältnis gestanden haben (§§ 123 S. 1, 124 Abs. 1 SGB III).

Beispiel: A meldet sich am 1. 3. 2000 persönlich arbeitslos und beantragt Arbeitslosengeld. Dann müßte er in der dreijährigen Rahmenfrist vom 1. 3. 1997 bis zum 28. 2. 2000 mindestens 12 Monate versicherungspflichtig beschäftigt gewesen sein. Tatsächlich war er in dieser Zeit in seinem Beruf beschäftigt bzw. arbeitslos:
Vom 1. 3. 1997 – 15. 6. 1997 Beschäftigung (107 Kalendertage);
Vom 16. 6. 1997 – 20. 6. 1997 Arbeitslosigkeit;
Vom 21. 6. 1999 – 28. 2. 2000 Beschäftigung (253 Kalendertage).
Insgesamt hat er also 360 Kalendertage versicherungspflichtig gearbeitet. Damit hat A die Anwartschaftszeit von mindestens 12 Monaten erfüllt und erhält Arbeitslosengeld, weil nach § 339 S. 2 SGB III ein Monat 30 Kalendertagen entspricht.

Würde man, was der Gesetzestext im Wege der Auslegung eventuell auch zulassen könnte, volle Monate unabhängig von der Zahl ihrer Tage immer nur als *einen* Monat berechnen, ergäbe sich im obigen Beispielsfall ein anderes Ergebnis. Dann hätte A nämlich nur 11 Monate (März bis Mai 1997 und Juli 1999 bis Februar 2000) und 25 Tage (1.–15. 6. 1997 und 21.–30. 6. 1997) versicherungspflichtig gearbeitet, was für die Erfüllung der Anwartschaftszeit nicht ausreicht.

Wie die Mindestzeit von 12 Monaten genau zu berechnen ist, dürfte erst die höchstrichterliche Rechtsprechung klären.

Beispiel: Angenommen, im vorigen Fall hätte sich A infolge Urlaubs verspätet erst am 10. 3. 2000 persönlich arbeitslos gemeldet. Dadurch verkürzt sich zu seinem Schaden die anrechnungsfähige Beschäftigungszeit um 9 Tage, weil jetzt die dreijährige Rahmenfrist erst am 10. 3. 1997 beginnt und am 9. 3. 2000 endet. Dies deshalb, weil die Rahmenfrist genau 3 Jahre dem Tag vorausgeht, an dem alle übrigen Voraussetzungen (Arbeitslosigkeit, persönliche Meldung) erfüllt sind (§ 124 Abs. 1 SGB III). Die Folge davon ist, daß von den 31 Kalendertagen, die A im März 1997 beschäftigt war, die ersten 9 Tage verlorengehen, insgesamt also nicht 360, sondern nur 351 Kalendertage anwartschaftsbegründend sind. Somit kann A nur die niedrigere Arbeitslosenhilfe beantragen und erhalten, falls er bedürftig ist (§§ 190 ff. SGB III).

Ist der erste Tag der Arbeitslosigkeit ein Samstag oder ein Sonntag (z. B.: 29. 1. 2000), so genügt die persönliche Meldung am darauffolgenden Montag, hier also am 31. 1. 2000 (§ 122 Abs. 3 SGB III). Dennoch läuft die Rahmenfrist vom 29. 1. 1997 bis zum 28. 1. 2000.

Eine im *EG-Ausland* zurückgelegte Versicherungszeit begründet eine Anwartschaftszeit für den Anspruch auf Arbeitslosengeld nur dann, wenn der Wohnsitz im Bundesgebiet beibehalten wurde (Grenzgänger).

aa) Verlängerung der Rahmenfrist

Unter bestimmten Voraussetzungen, die in § 124 Abs. 3 S. 1 SGB III im einzelnen beschrieben sind, tritt dadurch, daß Zeiten in die Rahmenfrist *nicht* mit *eingerechnet* werden, faktisch deren Verlängerung ein.

Hierbei handelt es sich um folgende Zeiten:

- *Pflege eines Angehörigen*, der Anspruch auf Leistungen aus der sozialen oder einer privaten Pflegeversicherung hat (Nr. 1),
- Zeiten der *Betreuung* und Erziehung *eines Kindes* des Arbeitslosen, das das 3. Lebensjahr noch nicht vollendet hat (Nr. 2),
- Zeiten einer mindestens 15 Stunden wöchentlich *selbständigen Tätigkeit* (Nr. 3),
- Zeiten des Bezuges von *Unterhaltsgeld* nach dem SGB III oder anderer Leistungen mit der Folge, daß der Arbeitslose *deshalb* kein Unterhaltsgeld nach dem SGB III beziehen konnte (Nr. 4) und
- Zeiten des Bezuges von *Übergangsgeld* wegen einer berufsfördernden Maßnahme (Nr. 5).

Während sich die Rahmenfrist in den Fällen der Nrn. 1 und 2 *unbegrenzt* verlängern kann, verlängert sie sich in den Fällen der Nrn. 3 bis 5 auf *höchstens 5 Jahre* (§ 124 Abs. 3 S. 2 SGB III).

Beispiele: A meldet sich am 1. 3. 2000 arbeitslos, nachdem ihr Kind am 28. 2. 2000 3 Jahre alt geworden ist. Dieses Kind hat sie seit der Geburt betreut und ist deshalb keiner versicherungspflichtigen Beschäftigung nachgegangen. Hier verlängert sich die Rahmenfrist auf insgesamt 6 Jahre. Hat A innerhalb dieser verlängerten Rahmenfrist mindestens 12 Monate versicherungspflichtig gearbeitet und erfüllt sie ab 1. 3. 2000 alle sonstigen Voraussetzungen (insbesondere muß sie verfügbar sein; siehe oben 3 b aa β, S. 16 ff), so hat sie Anspruch auf Arbeitslosengeld.

Hat A, nachdem sie ihr erstes Kind 2 Jahre lang betreut hat, ein 2. Kind geboren und 3 Jahre lang auch dieses betreut, so verlängert sich die Rahmenfrist auf insgesamt 8 Jahre. Insbesondere zählt das Jahr, in dem beide Kinder das 3. Lebensjahr noch nicht erreicht hatten, nicht doppelt.

A betreut 4 Jahre lang ihre 80 jährige Mutter, weil diese im täglichen Leben nicht mehr zurecht kommt. Nachdem die Mutter verstorben ist, meldet sich A arbeitslos und beantragt die Gewährung von Arbeitslosengeld. In den 3 Jahren vor Beginn der Betreuungstätigkeit war A insgesamt 20 Monate versicherungspflichtig beschäftigt.
Hier hängt der Anspruch der A davon ab, ob ihre Mutter während der Zeit der Betreuung einen *Anspruch* auf Leistungen aus der sozialen oder einer privaten *Pflegeversicherung* hatte. War dies der Fall, ist die verlängerte Rahmenfrist heranzuziehen, mit der Folge, daß A die Anwartschaftszeit erfüllt und somit Anspruch auf Gewährung von Arbeitslosengeld hat. Im anderen Fall geht sie trotz ihres verständlichen Bedürfnisses, ihrer Mutter Hilfe zu leisten, leer aus. Bei Pflege von Angehörigen ist es also außerordentlich wichtig, feststellen zu lassen, ob ein Anspruch aus der sozialen oder einer privaten Pflegeversicherung besteht.

A war vom 1. 7. 1994 bis zum 30. 6. 1995 (12 Monate) versicherungspflichtig beschäftigt. Vom 1. 7. 1995 bis zum 30. 6. 1999 war er selbständiger Gastwirt. Am 1. 7. 1999 meldet er sich, nachdem er die selbständige Tätigkeit aufgegeben hat, wieder arbeitslos und beantragt die Gewährung von Arbeitslosengeld. Erfüllt er alle übrigen Voraussetzungen, hat er Anspruch auf solches. Die Rahmenfrist, die eigentlich die Zeit vom 1. 7. 1996 bis zum 30. 6. 1999 umfassen würde, verlängert sich wegen der selbständigen Tätigkeit auf 5 Jahre, umfaßt also die Zeit vom 1. 7. 1994 bis zum 30. 6. 1999. In dieser Zeit war A 12 Monate versicherungspflichtig beschäftigt.
Wäre A bis zum 31. 7. 1999 selbständig gewesen, hätte er die Anwartschaftszeit von 12 Monaten versicherungspflichtiger Beschäftigung in der höchstens 5-jährigen Rahmenfrist (1. 8. 1994 bis zum 31. 7. 1999) nicht erfüllt und somit keinen Anspruch auf Gewährung von Arbeitslosengeld.

bb) Verkürzung der Rahmenfrist

Um eine Doppelberücksichtigung anwartschaftsbegründender Zeiten zu verhindern, bestimmt § 124 Abs. 2 SGB III, daß eine Rahmenfrist nicht in eine *vorangegangene Rahmenfrist* hineinreicht, in der der Arbeitslose eine Anwartschaftszeit erfüllt hatte.

Beispiel: A meldete sich am 1. 3. 1999 arbeitslos und beantragte die Gewährung von Arbeitslosengeld. In der vorausgehenden 3-jährigen Rahmenfrist (1. 3. 1996–28. 2. 1999) war er durchgehend versicherungspflichtig beschäftigt. Dementsprechend gewährte ihm das Arbeitsamt ab 1. 3. 1999 Arbeitslosengeld. Am 1. 9. 1999 findet er wieder Arbeit, wird jedoch, da der Betrieb schließt, ab 1. 7. 2000, also bereits nach 10 Monaten, erneut arbeitslos. An diesem Tag meldet er sich auch wieder arbeitslos und beantragt Arbeitslosengeld. Würde man jetzt die Rahmenfrist nach der Regelvorschrift des § 124 Abs. 1 SGB III berechnen, müßte diese den Zeitraum 1. 7. 1997–30. 6. 2000 umfassen. In diesem wäre A, da dann nicht nur die Beschäftigungszeit *nach* der Arbeitslosigkeit (ab 1. 9. 1999 insgesamt 10 Monate) berücksichtigt würde, sondern auch diejenige *vor* Eintritt der Arbeitslosigkeit am 1. 3. 1999, mindestens 12 Monate versicherungspflichtig beschäftigt gewesen und hätte demzufolge am 1. 7. 2000 einen *neuen* Arbeitslosengeldanspruch erworben.

Dies würde allerdings bedeuten, daß die Zeiten vor Eintritt der Arbeitslosigkeit am 1. 3. 1999 zugunsten von A *doppelt* berücksichtigt würden, nämlich zunächst für den Anspruch, der am 1. 3. 1999 entstanden ist und dann noch einmal für einen Anspruch ab 1. 7. 2000.

Um dies zu vermeiden, bestimmt § 124 Abs. 2 SGB III, daß eine Rahmenfrist dann nicht in eine frühere solche hineinreichen darf, wenn der Arbeitslose aufgrund von Zeiten aus der früheren Rahmenfrist bereits einen Arbeitslosengeldanspruch erworben hat, die früheren Beschäftigungszeiten also bereits „*verbraucht*" sind.

Für A bedeutet dies im Beispielsfall, daß die Rahmenfrist, die für seine erneute Arbeitslosigkeit ab 1. 7. 2000 maßgebend ist, nur den Zeitraum 1. 3. 1999 (die Zeit davor ist „verbraucht") bis 30. 6. 2000 umfaßt. In diesem hat er jedoch keine 12 Monate versicherungspflichtig gearbeitet. Ein neuer Arbeitslosengeldanspruch konnte dementsprechend am 1. 7. 2000 nicht entstehen. Falls allerdings sein früherer, am 1. 3. 1999 entstandener Arbeitslosengeldanspruch noch nicht erschöpft ist, erhält er, da noch keine 4 Jahre vergangen sind (§ 147 Abs. 2 SGB III), jetzt die restlichen Leistungstage aus diesem ausbezahlt. Wurde der frühere Arbeitslosengeldanspruch demgegenüber vollständig ausgeschöpft, kommt jetzt allenfalls ein Anspruch auf Gewährung von Arbeitslosenhilfe in Betracht (§§ 190 ff. SGB III).

b) Standen Sie in einem Versicherungspflichtverhältnis?

Hauptfall eines Versicherungspflichtverhältnisses ist nach § 25 Abs. 1 SGB III die *versicherungspflichtige Beschäftigung* als
– Arbeitnehmer gegen Entgelt oder
– Auszubildender.

Bei *Wehr- oder Zivildienstleistenden,* denen nach gesetzlichen Vorschriften während ihrer Dienstleistung Arbeitsentgelt weiterzugewähren ist, gilt das Beschäftigungsverhältnis durch den Wehrdienst oder den Zivildienst als nicht unterbrochen (§ 25 Abs. 2 S. 1 SGB III). Die nicht nach dieser Vorschrift versicherungspflichtigen Wehr- und Zivildienstleistenden unterliegen der Versicherungspflicht dann, wenn sie für länger als drei Tage einberufen sind und unmittelbar vor Dienstantritt versicherungspflichtig waren, eine Entgeltersatzleistung nach dem SGB III (z.B. Arbeitslosengeld oder -hilfe, Unterhaltsgeld) bezogen oder eine versicherungspflichtige Beschäftigung gesucht haben (§ 26 Abs. 1 Nr. 2 SGB III). Diese Beschäftigungssuche weisen Sie nach durch Arbeitslosmeldung vor Dienstantritt (Bescheinigung vom Arbeitsamt erbitten). Für diejenigen, die zuvor eine Beschäftigung gesucht haben, tritt Versicherungspflicht jedoch nicht ein, wenn sie als Wehr- oder Zivildienstleistende in den letzten zwei Monaten vor Beginn des Dienstes eine Ausbildung an einer allgemeinbildenden Schule beendet oder ein Studium als ordentliche Studierende an einer Hochschule oder einer der fachlichen Ausbildung dienenden Schule unterbrochen und in den letzten zwei Jahren vor Beginn der Ausbildung weniger als 12 Monate in einem Versicherungspflichtverhältnis gestanden haben (§ 26 Abs. 4 SGB III).

Versicherungspflichtig sind auch
* *jugendliche Behinderte* in berufsfördernden, erwerbsbefähigenden Einrichtungen (§ 26 Abs. 1 Nr. 1 SGB III),
* *Gefangene* mit Arbeitsentgelt, Ausbildungsbeihilfe oder Ausfallentschädigung nach dem Strafvollzugsgesetz oder mit Berufsausbildungsbeihilfe nach dem SGB III (§ 26 Abs. 1 Nr. 4 SGB III) und

• Personen in der Zeit, für die sie von einem Leistungsträger *Kran-kengeld,* Versorgungskrankengeld, Verletztengeld oder von einem Träger der medizinischen Rehabilitation (z.B. Rentenversicherungsträger) Übergangsgeld oder von einem privaten Krankenversicherungsunternehmen Krankentagegeld beziehen, wenn sie unmittelbar vor Beginn der Leistung versicherungspflichtig waren (§ 26 Abs. 2 SGB III). Außer im Falle des Bezuges von Krankentagegeld reicht anstelle der Versicherungspflicht auch der Bezug einer Entgeltersatzleistung nach dem SGB III (z.B.: Arbeitslosengeld oder -hilfe; Unterhaltsgeld) unmittelbar vor Beginn der Leistung aus (§ 26 Abs. 2 Nr. 1 SGB III).

c) Welche Beschäftigungszeiten sind versicherungsfrei?

Trotz Beschäftigung besteht Versicherungsfreiheit z.B. bei:
• Zeiten einer Beschäftigung nach Erreichen des 65. Lebensjahres (§ 28 Nr. 3 SGB III),
• Zeiten der Beschäftigung als Beamter (§ 27 Abs. 1 Nr. 1 SGB III),
• Zeiten, in denen ein Arbeitnehmer während des Bezugs von Erwerbsunfähigkeitsrente gearbeitet hat (§ 28 Nr. 2 SGB III),
• Zeiten, während denen ein Arbeitnehmer gearbeitet hat, obwohl er wegen einer Minderung der Leistungsfähigkeit der Arbeitsvermittlung dauernd nicht mehr zur Verfügung stand (§ 28 Nr. 3 SGB III),
• Zeiten, in denen Arbeitnehmer während der Dauer ihrer Ausbildung an einer allgemeinbildenden Schule bzw. ihres Studiums als ordentliche Studierende einer Hochschule oder einer der fachlichen Ausbildung dienenden Schule eine Beschäftigung ausüben. Beitragspflichtig bleibt der Arbeitnehmer wenn er allgemeinbildende schulische Einrichtungen besucht, die der Fortbildung außerhalb der üblichen Arbeitszeit dienen, d.h. Abendschulen (§ 27 Abs. 4 S. 2 SGB III),
• Zeiten, in denen ein Arbeitnehmer geringfügig beschäftigt war (§ 27 Abs. 2 S. 1 SGB III i.V.m. § 8 SGB IV),
• Zeiten, in denen ein Arbeitnehmer unständig (d.h. jeweils weniger als 1 Woche bzw. 7 Tage) berufsmäßig beschäftigt ist (§ 27 Abs. 3 Nr. 1 SGB III),

- Zeiten eines Heimarbeiters, der zugleich Zwischenmeister ist und in dieser unternehmerischen Tätigkeit seinen Hauptverdienst erzielt (§ 27 Abs. 3 Nr. 2 SGB III),
- Zeiten eines Ausländers, der sich hier als Beschäftigter im Rahmen der Entwicklungshilfe beruflich aus- oder fortbildet, die Bundesrepublik Deutschland anschließend wieder verlassen muß und in dessen Heimatland ausländische Beitragszeiten keine Anwartschaft auf Arbeitslosengeld begründen (§ 27 Abs. 3 Nr. 3 SGB III).

d) Wodurch wird das Versicherungsverhältnis unterbrochen?

Wer für mehr als einen Monat zusammenhängend ohne Entgelt beschäftigt ist, z. B. weil er unbezahlten Urlaub nimmt oder mehr als einen Monat über den Lohnfortzahlungszeitraum hinaus arbeitsunfähig ist, der unterbricht damit seine Anwartschaft um diese Kalendertage einschließlich des ersten Monats (§ 24 Abs. 3 Nr. 2 S. 1 SGB II).

Dies gilt allerdings nicht für Personen, die zu ihrer Berufsausbildung unentgeltlich beschäftigt sind (§ 24 Abs. 3 Nr. 2 S. 2 SGB III). Diese stehen trotz Unentgeltlichkeit in einem Versicherungspflichtverhältnis.

Das Versicherungspflichtverhältnis besteht auch in den Zeiten fort, in denen Kurzarbeitergeld oder in der Schlechtwetterzeit Winterausfallgeld gezahlt wird (§ 24 Abs. 3 Nr. 1 SGB III).

e) Werden Sie saison- oder witterungsbedingt jährlich wiederkehrend arbeitslos?

Wenn Sie in der Regel jährlich wiederkehrend arbeitslos werden, sei es, daß der Betrieb, der Sie beschäftigt, die Produktion oder die Dienstleistungen regelmäßig jährlich einstellt oder Sie als Zusatzkraft nur befristet beschäftigt (z. B. in Gaststätten, Hotels oder Kaufhäusern) oder sei es aus Witterungsgründen (z. B. in Bauunternehmen, Forstbetrieben oder Gärtnereien), kommt Ihnen der Gesetzgeber wie folgt entgegen: Als Saisonarbeitnehmer erfüllen Sie die Anwartschaftszeit bereits dann, wenn Sie innerhalb der dreijährigen Rahmenfrist 6 Monate versicherungspflichtig beschäftigt waren (§ 123 S. 1 Nr. 3 SGB III).

Allerdings erwerben Sie in diesem Fall auch nur einen zeitlich geringeren Anspruch. Dieser beträgt nach § 127 Abs. 3 SGB III bei einer Beschäftigungsdauer von mindestens 6 Monaten 3 Monate, bei einer solchen von mindestens 8 Monaten 4 Monate.

f) Wann wirkt sich eine Sperrzeit auf die Anwartschaftszeit aus?

Lehnt ein Arbeitsloser z. B. eine zumutbare Arbeit ohne wichtigen Grund ab, so erhält er für 12 Wochen (Sperrzeit) kein Arbeitslosengeld – § 144 Abs. 1 Nr. 2 SGB III – (Einzelheiten hierzu unten IV. 6b, S. 118ff) Gibt er danach nochmals Anlaß für den Eintritt einer 12-wöchigen Sperrzeit, so erlischt der ihm noch zustehende Anspruch auf Arbeitslosengeld (§ 147 Abs. 1 Nr. 2 SGB III).

Ein zweiter Nachteil für den Arbeitslosen liegt darin, daß zwischenzeitliche Beschäftigungszeiten, die vor dem Tag liegen, an dem ein Anspruch auf Arbeitslosengeld wegen wiederholten Eintrittes von Sperrzeiten erloschen ist, nicht anwartschaftszeitbegründend sind (§ 123 S. 2 SGB III).

Beispiel: A wurde am 1. 9. 1998 arbeitslos und hatte an diesem Tag alle Voraussetzungen für 12 Monate Arbeitslosengeldbezug erfüllt. Danach geschah folgendes:

1. 9. bis 30. 11. 1998	3 Monate Arbeitslosengeldbezug
1. 12. 1998 bis 22. 2. 1999	12 Wochen Sperrzeit wegen Arbeitsablehnung
23. 2. bis 31. 12. 1999	312 Tage versicherungspflichtige und anwartschaftszeitbegründende Beschäftigung
1. 1. bis 31. 1. 2000	1 Monat nochmals Arbeitslosengeldbezug aus dem obigen Restanspruch von 9 Monaten
1. 2. 2000	Anlaß zu einer erneuten Sperrzeit wegen Ablehnung einer Arbeit ohne wichtigen Grund.

Der Restanspruch auf Arbeitslosengeld von 8 Monaten erlischt nach § 147 Abs. 1 Nr. 2 SGB III.

3. 3. bis 31. 8. 2000	182 Tage versicherungspflichtige und anwartschaftszeitbegründende Beschäftigung
1. 9. 2000	Arbeitslosmeldung und Antragstellung.

Hat A die Anwartschaftszeit erfüllt? Nein. Die neue Rahmenfrist, die nicht in eine vorangegangene Rahmenfrist hineinreichen darf (§ 124 Abs. 2 SGB III; siehe oben 5a bb, S. 41 f), begann am 1. 9. 1998 und lief bis 31. 8. 2000. In dieser Zeit hat A zwar mehr als 12 Monate versicherungspflichtig gearbeitet. Damit hätte er an sich erneut die Anwartschaft für einen Anspruch auf Arbeitslosengeld erworben. Die Zeit seiner Beschäftigung, die vor dem 1. 2. 2000, dem Tag also, an dem der Anspruch auf Arbeitslosengeld erloschen ist, liegt, dient jedoch nicht zur Erfüllung der Anwartschaftszeit (§ 123 S. 2 SGB III). Für die anwartschaftszeitbegründenden 182 Tage versicherungspflichtige Beschäftigung erhält A weder Arbeitslosengeld, weil er die notwendigen 12 anwartschaftszeitbegründenden Beschäftigungsmonate nicht erreicht hat (§ 123 S. 1 SGB III), noch Arbeitslosenhilfe, weil er für den Anspruch auf Arbeitslosenhilfe mindestens 8 Monate versicherungspflichtig hätte beschäftigt sein müssen (§ 191 Abs. 1 Nr. 2 SGB III).

6. Besonderheit für 58jährige und Ältere

a) Allgemeines

Wenn Sie arbeitslos werden und 60 Jahre oder älter sind, haben Sie unter bestimmten Voraussetzungen die Möglichkeit, anstelle von Leistungen aus der Arbeitslosenversicherung vorgezogene Altersrente ab Vollendung des 60. oder 63. Lebensjahres zu beziehen.

Zunächst steht Ihnen nach eingetretener Arbeitslosigkeit – liegen alle übrigen Voraussetzungen vor – allerdings das ganz normale Arbeitslosengeld bis zur Vollendung des 65. Lebensjahres zu. Je nach Länge der Beschäftigungsdauer kann dieses bis zu 32 Monaten gewährt werden (§ 127 Abs. 2 SGB III). Je nachdem, ob sie Vermögen oder anderweitiges Einkommen haben, besteht im Anschluß an diese Zeit ein Anspruch auf Arbeitslosenhilfe (s. unten B. III, S. 148 ff).

In der Praxis gehen Arbeitslose meist nach dem Bezug von Arbeitslosengeld zum frühestmöglichen Zeitpunkt zur Rente über und vermeiden dadurch die erwähnte Einkommens- und Vermögensanrechnung. Sie können aber auch bis 65 weiterhin Arbeitslosenhilfe beziehen, etwa dann, wenn weder *anrechenbares* eigenes Vermögen noch Vermögen oder Einkommen Ihres Ehegatten vorhanden ist (Freibeträge!). Ein später Rentenbeginn wäre für Sie gut, wenn Ihre Rente niedriger ist als die Arbeitslosenhilfe. Sprechen Sie gegebenenfalls mit einem Rentenberater, ab wann es sich für Sie lohnt, in Rente zu gehen.

Ein echtes „Wahlrecht" zwischen Arbeitslosenhilfe und Altersrente besteht allerdings nicht.

Erfüllen Sie nämlich in absehbarer Zeit wahrscheinlich die Voraussetzungen für den Anspruch auf Gewährung von Rente wegen Alters, wird Sie das Arbeitsamt auffordern, solche innerhalb eines Monats auch zu beantragen (§ 202 Abs. 1 S. 1 Hs. 1 SGB III).

Kommen Sie dem nach und haben Sie einen Anspruch auf Gewährung von Altersrente, so ruht Ihr Anspruch auf Arbeitslosenhilfe ab Rentenbeginn (§ 142 Abs. 1 Nr. 4 SGB III). Stellen Sie trotz entsprechender Aufforderung den Rentenantrag nicht, so ruht nach § 202 Abs. 1 S. 2 SGB III Ihr Anspruch auf Arbeitslosenhilfe vom Tage nach Ablauf der genannten Monatsfrist bis zu dem Tage, an dem Sie einen Altersrentenantrag stellen. Gleiches gilt bei Wegfall eines bereits zuerkannten Altersrentenanspruches, wenn dessen Voraussetzungen weiterhin erfüllt sind (§ 202 Abs. 1 S. 3 SGB III). Letzteres kann z. B. der Fall sein, wen Sie auf eine bereits zuerkannte Altersrente verzichten.

All dies gilt für die Altersrenten der §§ 36–40 SGB VI (siehe den Kasten unten) allerdings nur hinsichtlich der dort jeweils genannten Altersgrenzen, nicht jedoch für Altersrenten, die – bei gleichzeitigem versicherungsmathematischem Abschlag des Rentenzahlbetrages – vorzeitig in Anspruch genommen werden können (§ 41 Abs. 3 SGB VI).

Das Arbeitsamt kann Sie also nicht zwingen, von einer *freiwilligen* Wahlmöglichkeit, Altersrente vorzeitig in Anspruch zu nehmen, Gebrauch zu machen, wenn damit ein versicherungsmathematischer Abschlag des Rentenzahlbetrages verbunden ist.

Wann ist überhaupt Altersrente möglich?

Rentenart	Voraussetzungen
1. Vorzeitige Altersrente für *Arbeitslose ab 60*	12 Monate Arbeitslosigkeit innerhalb der letzten eineinhalb Jahre und 8 Jahre versicherungspflichtige Beschäftigung innerhalb der letzten 10 Jahre (§ 38 SGB VI). Der Zeitraum von 10 Jahren verlängert sich durch Nichtanrechnung bestimmter Zeiträume, z. B. durch Arbeitslosigkeit. Ferner muß die Wartezeit (Beitrags-, Ersatz- und Kindererziehungszeiten) von 15 Jahren erfüllt sein.
2. Vorzeitige Altersrente für *Frauen ab 60*	Mehr als 10 Jahre Pflichtbeitragszeiten nach Vollendung des 40. Lebensjahres. Erfüllung der Wartezeit von 15 Jahren – siehe 1 (§ 39 SGB VI).
3. Vorzeitige *Knappschaftsrente ab 60*	25 Jahre versicherungspflichtige Arbeit unter Tage (§ 40 SGB VI).
4. Flexible Altersrente für *Schwerbehinderte, Berufs- oder Erwerbsunfähige ab 60*	35 Jahre rentenrechtliche Zeiten (Beitrags-, Anrechnungs-, Zurechnungs- oder Ersatzzeiten). Anerkennung als Schwerbehinderter (§ 1 SchwbG) oder Vorliegen von Berufs- bzw. Erwerbsunfähigkeit (§§ 43 Abs. 2, 44 Abs. 2 SGB VI) bei Beginn der Altersrente (§ 37 SGB VI).
5. Flexible Altersrente für *langjährig Versicherte ab 63*	35 Jahre rentenrechtliche Zeiten – siehe 4 – (§ 36 SGB VI).
6. Regelaltersrente ab 65	5 Jahre Beitrags-, Kindererziehungs- und Ersatzzeiten (§ 35 SGB VI).

Im Hinblick auf die demographische Entwicklung und die damit verbundene Notwendigkeit einer langfristigen Sicherung der Renten hat der Gesetzgeber in § 41 SGB VI eine stufenweise Anhebung der Altersgrenzen ab dem Jahre 2001 normiert.

Ab diesem Zeitpunkt wird die Altersgrenze von 60 Jahren bei Altersrenten wegen Arbeitslosigkeit und für Frauen für die Versicherten, die nach dem 31. 12. 1940 geboren sind, schrittweise bis zur sogenannten Regelaltersgrenze (Vollendung des 65. Lebensjahres) angehoben (§ 41 Abs. 1 SGB VI).

Gleiches gilt nach § 41 Abs. 2 SGB VI hinsichtlich der Altersgrenze von 63 Jahren für langjährig Versicherte (§ 36 SGB VI).

Ab dem Jahre 2001 können Versicherte sodann bis zu 3 Jahre vor ihrer neuen – höheren – Altersgrenze Altersrente in Anspruch nehmen (§ 41 Abs. 3 SGB VI).

Dies ist allerdings mit einem Rentenabschlag von 0,3 % je Monat, um den die Rente vorzeitig in Anspruch genommen wird, verbunden.

b) Bezug von Arbeitslosengeld unter erleichterten Voraussetzungen

Für Arbeitslose, die *spätestens am 31. 12. 2000* 58 Jahre alt werden, besteht die Möglichkeit, Arbeitslosen*geld* auch dann zu beziehen, wenn sie *nicht arbeitsbereit* sind (zur „Arbeitsbereitschaft" siehe oben I 3 b cc, S. 19 f) und nicht alle Möglichkeiten nutzen bzw. nutzen wollen, um ihre Beschäftigungslosigkeit zu beenden (§ 428 Abs. 1 S. 1 SGB III). Voraussetzung ist allerdings, daß alle *übrigen Voraussetzungen* für den Bezug von Arbeitslosengeld (§ 117 SGB III; siehe oben I, S. 2 ff.) vorliegen und der Anspruch spätestens am 31. 12. 2000 entsteht.

Beispiel: A wird am 31. 12. 2000 58 Jahre alt. Sein langjähriges Beschäftigungsverhältnis endet am 30. 11. 2000. Meldet sich A am 1. 12. 2000 arbeitslos, kann er, wenn alle übrigen Voraussetzungen vorliegen, Arbeitslosengeld auch dann erhalten, wenn er nicht „arbeitsbereit" ist.
Besteht das Beschäftigungsverhältnis bis zum 31. 12. 2000 oder meldet sich A erst nach dem 31. 12. 2000 arbeitslos oder wird er erst im Jahr 2001 58 Jahre alt, kommen für ihn die erleichterten Voraussetzungen für den Bezug von Arbeitslosengeld nach § 428 Abs. 1 SGB III nicht (mehr) in Betracht.

Beziehen Sie Arbeitslosengeld nach § 428 SGB III, können Sie im übrigen solches auch während der Zeit eines Studiums an einer Hochschule oder an einer der fachlichen Ausbildung dienenden Schule weiter erhalten (§ 428 Abs. 1 S. 2 SGB III). Insofern gelten nicht die Beschränkungen des § 120 Abs. 2 SGB III (siehe oben I. 3 b ee β, S. 22 ff).

Haben Sie 3 Monate lang das Arbeitslosengeld unter den erleichterten Voraussetzungen des § 428 Abs. 1 SGB III bezogen und erfüllen Sie in absehbarer Zeit die Voraussetzungen für einen Anspruch auf Altersrente (siehe oben a, S. 46 ff), wird das Arbeitsamt Sie zwingen, solche innerhalb eines Monats auch zu beantragen (§ 428 Abs. 2 S. 1 SGB III). Kommen Sie dem nicht nach, ruht Ihr Anspruch vom Tage nach Ablauf der Monatsfrist bis zu dem Tage, an dem Sie die Altersrente beantragen (§ 428 Abs. 2 S. 2 SGB III). Hinsichtlich der weiteren *Einzelheiten* insofern gilt im übrigen dasselbe wie im Falle des Bezuges von Arbeitslosen*hilfe* nach § 202 SGB III (siehe oben a, S. 46 ff).

Liegen die Voraussetzungen für den Bezug von Arbeitslosengeld unter den erleichterten Voraussetzungen des § 428 Abs. 1 S. 1 SGB III bei Ihnen vor, müssen Sie also überlegen, ob Sie, falls Sie in absehbarer Zeit auch die Voraussetzungen für den Bezug von Altersrente erfüllen, lieber Ihren Arbeitslosengeldanspruch, der meist höher als die Altersrente ist, ausschöpfen wollen (dann müssen Sie auch „arbeitsbereit" bleiben), oder ob Sie lieber zum frühest möglichen Zeitpunkt Rentner werden wollen. Anders als bei der Arbeitslosenhilfe (siehe oben a, S. 46 ff), besteht beim Arbeitslosengeld insofern ein echtes „*Wahlrecht*".

II. Wie lange erhalten Sie Arbeitslosengeld (Anspruchsdauer)?

1. Anspruchsdauer

Wie lange Ihnen Arbeitslosengeld gezahlt wird, hängt zum einen von Ihrer Beschäftigungsdauer innerhalb der Rahmenfrist, zum anderen von Ihrem Lebensalter zum Zeitpunkt des Entstehens des Anspruches ab.

Waren Sie innerhalb der 3-jährigen Rahmenfrist 12 Monate versicherungspflichtig beschäftigt, so steht Ihnen Arbeitslosengeld für die Dauer von 6 Monaten zu. Je nachdem, wie lange Sie – haben Sie den beschriebenen Grundanspruch erfüllt – innerhalb einer auf 7 Jahre erweiterten Rahmenfrist versicherungspflichtig beschäftigt und wie alt Sie zum Zeitpunkt des Entstehens des Anspruches waren, verlängert sich die Anspruchsdauer bis auf 32 Monate (§ 127 Abs. 1 u. 2 SGB III).

Wie lange gibt es Arbeitslosengeld? (gültig seit 1. Januar 1998)

Ihr Lebensalter bei Antragstellung	Ihre Rahmenfrist (die zu rechnende Zeit vor der Entstehung des Anspruches)	Ihre versicherungspflichtige Beschäftigungszeit innerhalb der Rahmenfrist	Ihre Anspruchsdauer
jedes Alter		unter 5 Monaten	null; allenfalls Sozialhilfe
	1 Jahr (= Vorfrist für die Arbeitslosenhilfe)	5–12 Monate	null, jedoch Arbeitslosenhilfe wenn Bedürftigkeit vorliegt
	3 Jahre	6 Monate	3 Monate (jedoch nur für Saisonarbeitslose)
jedes Alter	3 Jahre	8 Monate	4 Monate (jedoch nur für Saisonarbeitslose)
		12 Monate	6 Monate
	7 Jahre	16 Monate	8 Monate
		20 Monate	10 Monate
		24 Monate	12 Monate
ab 45	7 Jahre	28 Monate	14 Monate
		32 Monate	16 Monate
		36 Monate	18 Monate
ab 47	7 Jahre	40 Monate	20 Monate
		44 Monate	22 Monate

Ihr Lebens-alter bei Antrag-stellung	Ihre Rah-menfrist (die zu rechnende Zeit vor der Entstehung des An-spruches)	Ihre versiche-rungspflichtige Beschäftigungszeit innerhalb der Rahmenfrist	Ihre Anspruchs-dauer
ab 52	7 Jahre	48 Monate	24 Monate
		52 Monate	26 Monate
ab 57	7 Jahre	56 Monate	28 Monate
		60 Monate	30 Monate
		64 Monate	32 Monate

Beispiel: A, 30 Jahre alt, erfüllt am 1. 7. 2000 alle Voraussetzungen für den Bezug von Arbeitslosengeld. Hat er in den drei Jahren zuvor mindestens 12 Monate versicherungspflichtig gearbeitet, erhält er für sechs Monate Arbeitslosengeld. Hat er länger gearbeitet, zum Beispiel mindestens 24 Monate, so erhält er für 12 Monate Arbeitslosengeld, jedoch nicht mehr, selbst wenn er im letzten Jahrzehnt ununterbrochen gearbeitet hätte. Hätte A zum Beispiel drei Jahre versicherungspflichtige Beschäftigungen vorzuweisen, so gilt nicht mehr das Verhältnis 2 : 1 (Beschäftigungszeit zu Anspruchsdauer), sondern es bleibt bei der Höchstanspruchsdauer von 12 Monaten. Anders wäre es, wenn A zum Beispiel 57 Jahre alt wäre: Hat er in den letzten 7 Jahren zum Beispiel 64 Monate gearbeitet, so stehen ihm 32 Monate Arbeitslosengeld zu (Höchstanspruchsdauer für Arbeitslose ab 57 Jahren).

Werden Sie kurz vor Erreichen einer höheren Altersstufe arbeitslos – also zum Beispiel eine Woche bevor Sie 45 Jahre alt werden –, so können Sie den Arbeitslosengeld-Antrag bis zu Ihrem Geburtstag hinausschieben. Dann gibt es zwar bis zum Tag der Antragstellung kein Arbeitslosengeld, dafür aber bis zu sechs Monaten länger.

Das Arbeitslosengeld wird für die Woche berechnet und für Kalendertage geleistet, wobei auf jeden Kalendertag $1/7$ des wöchentlichen Arbeitslosengeldes entfällt (§ 139 SGB III).

Die Dauer eines neu entstandenen Anspruches auf Arbeitslosengeld erhöht sich bis zu dem Höchstanspruch von 12 (ab

45 Jahren auf 18, ab 47 Jahren auf 22, ab 52 Jahren auf 26 und ab 57 Jahren auf 32) Monate, soweit aus früherer Arbeitslosigkeit noch ein *Restanspruch* unverbraucht ist. Der frühere Anspruch auf Arbeitslosengeld muß allerdings innerhalb der letzten sieben Jahre vor der Entstehung des neuen Anspruches entstanden sein (§ 127 Abs. 4 SGB III).

Beispiel: A, 30 Jahre alt, hat am 15. 10. 1999 aus einer versicherungspflichtigen Beschäftigung von 12 Monaten einen Anspruch auf Arbeitslosengeld von 6 Monaten erworben. Außerdem hat er aus einem am 1. 5. 1997 entstandenen Anspruch noch einen Restanspruch von 8 Monaten. Dieser Restanspruch ist noch gültig, da noch nicht 7 Jahre vergangen sind. Er wird bei dem neuen Anspruch berücksichtigt, jedoch beschränkt auf höchstens 12 Monate, da A das 45. Lebensjahr noch nicht erreicht hat.

Beispiel: Wie zuvor, jedoch mit dem Unterschied, daß der frühere Anspruch nicht am 1. 5. 1997 sondern bereits am 15. 10. 1992 entstanden ist. Ist auch hier der Restanspruch noch gültig? Ja, gerade noch: Wäre jedoch der alte Anspruch einen Tag früher, am 14. 10. 1992 entstanden, so wäre er erloschen, denn er läge um einen Tag weiter zurück als der Tag vor 7 Jahren, der das gleiche Tages- und Monatsdatum hat wie der Entstehungstag des neuen Anspruches.

2. Wodurch mindert sich die Anspruchsdauer?

Es versteht sich, daß für jeden Tag, für den Arbeitslosengeld gezahlt wird, sich die restliche Dauer des Anspruches entsprechend mindert (§ 128 Abs. 1 Nr. 1 SGB III); dies gilt auch für die Tage einer Leistungsfortzahlung bei Arbeitsunfähigkeit bis zur Dauer von sechs Wochen (§ 126 Abs. 1 S. 1 SGB III).

Von dieser Minderung der Dauer des Anspruchs gibt es jedoch eine Ausnahme. Hat der Arbeitslose nämlich innerhalb der letzten 2 Jahre vor der Entstehung des Anspruches *Teilarbeitslosengeld* (§ 150 SGB III, siehe unten III. 17, S. 86 ff) bezogen, führt dieses nur zur hälftigen Minderung des Arbeitslosengeldanspruches (§ 128 Abs. 1 Nr. 2 SGB III).

Beispiel: A hat – nach Beendigung von zwei versicherungspflichtigen Beschäftigungen – ab 1. 6. 1999 einen Teilarbeitslosengeldanspruch erworben. Solches bezieht er für die Dauer von 4 Monaten (bis 30. 9.

1999). Der 30. 9. 1999 ist gleichzeitig der letzte Tag des zweiten versicherungspflichtigen Beschäftigungsverhältnisses. Ab dem 1. 10. 1999 ist er (vollständig) arbeitslos und hat ab diesem Tage auch Anspruch auf (normales) Arbeitslosengeld (§ 117 SGB III). Die Anspruchsdauer beträgt 12 Monate. Da A jedoch innerhalb der letzten 2 Jahre vor dem 1. 10. 1999 4 Monate lang Teilarbeitslosengeld bezogen hat, mindert sich die Dauer des am 1. 10. 1999 neu entstandenen Arbeitslosengeldanspruches jetzt um 2 Monate. A hat ab 1. 10. 1999 statt 12 Monate lang nur 10 Monate lang Anspruch auf Arbeitslosengeld.

Die Anspruchsdauer vermindert sich auch durch den Eintritt einer Sperrzeit (§ 128 Abs. 1 Nrn. 3 u. 4 SGB III). Ausführlich wird zur Sperrzeit unter IV. 6, S. 105 ff Stellung genommen. Hier sei nur erwähnt, daß bei Eintritt einer Sperrzeit einem Arbeitslosen der Bezug von Arbeitslosengeld für 12, 6 oder 3 Wochen gesperrt wird, weil er durch sein Verhalten arbeitslos wurde oder weil er bei der Beseitigung der bestehenden Arbeitslosigkeit nicht aktiv mitwirkt (vgl. § 144 SGB III). Während der Sperrzeit ruht mithin der Anspruch auf Arbeitslosengeld. Hinzu kommt, daß sich die gesamte Anspruchsdauer zumindest um die Tage der Sperrzeit mindert.

Im Hinblick darauf, daß die Anspruchsdauer für ältere Arbeitnehmer deutlich erhöht ist und der verlängerte Versicherungsschutz einen nicht unerheblichen Anreiz darstellen kann, ein Beschäftigungsverhältnis trotz des möglichen Eintrittes einer Sperrzeit aufzugeben, regelt § 128 Abs. 1 Nr. 4 SGB III, daß sich in den Fällen, in denen eine Sperrzeit infolge Arbeitnehmerkündigung ohne Vorliegen eines wichtigen Grundes oder infolge Arbeitgeberkündigung wegen vertragswidrigen Verhaltens eintritt (§ 144 Abs. 1 Nr. 1 SGB III), der Anspruch mindestens um *ein Viertel der Anspruchsdauer* mindert, die dem Arbeitslosen bei erstmaliger Erfüllung für den Anspruch auf Arbeitslosengeld nach dem Ereignis, welches die Sperrzeit begründet, zusteht.

Dies bedeutet, daß sich ein Arbeitslosengeld-Anspruch im Einzelfall (bei einer Anspruchsdauer von 32 Monaten) um bis zu 8 Monaten mindern kann.

Beispiel: Der 57jährige A, der in den letzten 10 Jahren ununterbrochen beitragspflichtig beschäftigt war, kündigt ohne wichtigen Grund sein Arbeitsverhältnis zum 31. 12. 1999, meldet sich am 2. 1. 2000 arbeitslos und beantragt Arbeitslosengeld.

Im Hinblick auf die mehr als 64-monatige versicherungspflichtige Beschäftigung des A innerhalb der auf 7 Jahre erweiterten Rahmenfrist und sein Lebensalter, erwirbt er am 2. 1. 2000 den Höchstanspruch von 32 Monaten (§ 127 Abs. 2 SGB III).

Allerdings ist wegen seiner Kündigung ohne wichtigen Grund eine Sperrzeit von 12 Wochen eingetreten (§ 144 Abs. 1 Nr. 1 SGB III). Gleichzeitig mindert sich sein Leistungsanspruch nicht nur um 12 Wochen bzw. 84 Leistungstage, sondern um ein Viertel seines Leistungsanspruches, also um 8 Monate.

Die Anspruchsdauer für den Bezug von Arbeitslosengeld mindert sich entsprechend in den anderen Sperrzeitfällen des § 144 SGB III, z. B. Kündigung des Arbeitgebers wegen arbeitsvertragswidrigen Verhaltens, Ablehnung oder Nichtantritt einer durch das Arbeitsamt angebotenen zumutbaren Arbeit, Weigerung, an einer Trainingsmaßnahme oder an einer Maßnahme zur beruflichen Ausbildung, Fortbildung und Umschulung sowie zur beruflichen Rehabilitation teilzunehmen, Abbruch der Teilnahme an einer solchen Maßnahme oder Ausschluß daraus wegen maßnahmewidrigen Verhaltens. Die Minderung der Dauer des Anspruchs auf Arbeitslosengeld entfällt in den Fällen der eigenen Kündigung, der Kündigung durch den Arbeitgeber wegen arbeitsvertragswidrigen Verhaltens, des Abbruchs einer beruflichen Eingliederungsmaßnahme bzw. des Ausschlusses aus einer solchen wegen maßnahmewidrigen Verhaltens, wenn das Ereignis, das eine Sperrzeit begründet, bei Erfüllung der Voraussetzungen für den Anspruch auf Arbeitslosengeld – d. h. in der Regel bei Arbeitslosmeldung und Beantragung von Arbeitslosengeld – länger als ein Jahr zurückliegt (§ 128 Abs. 2 S. 2 SGB III).

Auf die weiteren Varianten einer Minderung der Anspruchsdauer, z. B. wegen Meldepflichtversäumnis (§ 145 SGB III), Versäumnis von Mitwirkungspflichten (§ 66 SGB I) und Nichtbefolgen einer Aufforderung zur Hinterlegung des Sozialversicherungsausweises (§ 100 Abs. 1 S. 4 SGB IV), wird im Zusammenhang mit den Melde- und sonstigen Mitwirkungspflichten des Arbeitslosen eingegangen (vgl. dazu § 128 Abs. 1 Nrn. 5 u. 6 SGB III sowie unten IV. 7 und V, S. 123 ff und 126 ff).

Wer sich ohne wichtigen Grund vom Arbeitslosengeldbezug vorübergehend abmeldet (etwa um einem zumutbaren saisongebundenen Arbeitsplatzangebot auszuweichen), riskiert eine Verminderung der Bezugsdauer um bis zu 4 Wochen (§ 128 Abs. 1 Nr. 7, Abs. 2 S. 1 SGB III).

III. Wie errechnet sich Ihr Arbeitslosengeld?

Arbeitslosengeld ist ein Ersatz für den Entgeltausfall. Es richtet sich in der Regel nach dem zuletzt erzielten, in Ausnahmefällen nach dem zukünftig erzielbaren Arbeitsentgelt oder nach einem Bruchteil des zukünftig erzielbaren Arbeitsentgelts. Das Arbeitslosengeld beträgt 67 % des pauschal ermittelten Nettoentgeltes (Leistungsentgelt) für Arbeitslose, die mindestens ein Kind im steuerrechtlichen Sinn haben (§ 129 Nr. 1 SGB III), für die übrigen Arbeitslosen 60 % (§ 129 Nr. 2 SGB III).

Zum Nachweis eines Kindes im steuerrechtlichen Sinne legen Sie dem Arbeitsamt Ihre Steuerkarte vor. Die steuerrechtliche Berücksichtigung eines Kindes reicht allerdings zeitlich über das ganze Jahr, wenn an einem Tag im Kalenderjahr die Voraussetzungen für den Eintrag eines Kindes erfüllt waren. Demgegenüber wird bei der Frage, ob Sie 67 % oder 60 % Arbeitslosengeld erhalten, ein Kind nur dann und nur so lange berücksichtigt, wie tatsächlich die Voraussetzungen für die Eintragung auf der Steuerkarte vorliegen.

Beispiel: A stellt am 10. Mai einen Antrag auf Arbeitslosengeld. Auf ihrer Lohnsteuerkarte ist ein Kinderfreibetrag eingetragen. Das Kind ist 22 Jahre alt, beendet am 31. Juli die Lehre und beginnt am 1. August in seinem Beruf. A erhält vom 10. Mai bis zum 31. Juli 67 %, vom 1. August an jedoch nur noch 60 % Arbeitslosengeld.
Steuer- und Arbeitslosenrecht berücksichtigen Kinder bis zum Ende der Berufsausbildung, maximal bis zum vollendeten 27. Lebensjahr, bei erwerbsunfähig Behinderten auch darüber hinaus.

Der Arbeitslose erhält auch dann 67 % Arbeitslosengeld, wenn sein nicht getrennt von ihm lebender und ebenfalls unbeschränkt einkommen- bzw. lohnsteuerpflichtiger Ehegatte ein Kind im Sinne des § 32 Abs. 1, 3 bis 5 Einkommensteuergesetz hat (leibliche Kinder, Adoptivkinder und Pflegekinder, jedoch nicht „Kostkinder", die lediglich aus finanziellen Gründen im Haushalt des Arbeitslosen leben).

Das pauschalierte Nettoentgelt (Leistungsentgelt) ist das im Bemessungszeitraum erzielte Bemessungsentgelt (Bruttoentgelt, welches der Erhebung der Beiträge zur Arbeitslosenversicherung zugrunde lag) abzüglich der bei Arbeitnehmern *gewöhnlich* anfallenden Entgeltabzüge (insbesondere Steuern und Beiträge zur Sozial- und Arbeitslosenversicherung).

Zu den gewöhnlichen Abzügen zählt auch noch der Kirchensteuerabzug, obwohl – insbesondere nach der Wiedervereinigung – ein erheblicher Teil der Bundesbürger keine Kirchensteuer bezahlt. Zu den gewöhnlich anfallenden gesetzlichen Abzügen zählen seit 1995 weiter diejenigen für die Pflegeversicherung sowie der Solidaritätszuschlag.

Individuelle Abzüge bzw. Steuerfreibeträge (z. B. für Schwerbehinderte) dürfen nicht berücksichtigt werden. Daher wird in einzelnen Fällen das Arbeitslosengeld 67 % bzw. 60 % des früher erzielten tatsächlichen Nettoverdienstes nicht erreichen. Sie können Ihr Arbeitslosengeld aus der auf Anforderung vom Arbeitsamt auszuhändigenden bzw. dort aushängenden Leistungstabelle ablesen, die der Bundesminister für Arbeit und Sozialordnung jedes Jahr neu aufstellt (§ 151 Abs. 2 Nr. 2 SGB III). Ehe Sie nun Ihr Arbeitslosengeld berechnen oder überprüfen, sind mehrere Vorfragen zu beantworten:

1. Welche Steuerklasse steht auf Ihrer Steuerkarte?
2. Welcher der fünf Leistungsgruppen gehören Sie aufgrund der Steuerklasse und des Familienstandes an?
3. Was bedeutet ein Wechsel der Steuerklasse?
4. Nach welchem Zeitraum vorausgegangener Beschäftigung bemißt sich Ihr zugrundeliegendes Arbeitsentgelt (sogenannter Bemessungszeitraum)?
5. Bemessung bei alsbaldiger erneuter Arbeitslosigkeit?
6. Erzielen Sie Entgelt oberhalb der Leistungs- und Beitragsbemessungsgrenze?
7. Welches Bemessungsentgelt kommt in Frage (z. B. auch einmalige Zuwendungen, Weihnachtsgeld)?
8. Wie berechnet sich Ihr Bemessungsentgelt im einzelnen?

1. Bedeutung der Steuerklasse

Da es sechs Steuerklassen gibt, ergeben sich auch je nach Steuerklassen verschiedene Nettoentgelte, dementsprechend auch verschiedene Arbeitslosengeldbeträge.

Steuerklasse I:　Alleinstehende – Ledige, Verwitwete (siehe jedoch zunächst Steuerklasse III), Geschiedene und dauernd getrennt Lebende – jeweils ohne Kind.

Steuerklasse II:　Alleinstehende wie Klasse I – wenn auf der Lohnsteuerkarte die Zahl der Kinder mindestens mit 1 einzutragen ist.

Steuerklasse III:　Verheiratete, deren Ehegatten keinen Arbeitslohn beziehen oder sich für Steuerklasse V entschieden haben und Verwitwete im Todesjahr ihres Ehegatten und im Folgejahr.

Steuerklasse IV:　Verheiratete, die beide verdienen und die gleiche Steuerklasse gewählt haben.

Steuerklasse V:　Verheiratete, deren Ehegatten die günstigere Steuerklasse III besitzen.

Steuerklasse VI:　Arbeitnehmer mit einer zweiten oder weiteren Steuerkarte zur Vorlage für den Arbeitgeber, bei dem sie z. B. den niedrigeren Arbeitslohn beziehen.

Wie erinnerlich, begünstigt der Gesetzgeber steuerlich Verheiratete (Steuerklassen III–V) gegenüber Alleinstehenden (Klassen I und II), wobei er, wenn ein Kind vorhanden ist, den steuerlichen Nachteil des Alleinstehens durch Freibeträge etwas abmildert. Das wirkt sich dann auch auf das Arbeitslosengeld aus. Je besser die Steuerklasse, desto höher das Arbeitslosengeld. Am höchsten ist es bei Steuerklasse III, entsprechend dem höchsten Nettoentgelt bei dieser Steuerklasse.

2. Welcher der fünf Leistungsgruppen gehören Sie aufgrund Ihrer Steuerklasse und Ihres Familienstandes an?

Je nachdem, ob Sie verheiratet oder alleinstehend (ledig, geschieden oder verwitwet) sind, ob Sie als Alleinstehende(r) ein

Kind im Sinne des Steuerrechtes versorgen und welche Lohnsteuerklasse für Sie zutrifft oder – bei Eheleuten – von Ihnen gewählt wurde, werden Sie einer der fünf Leistungsgruppen zugeordnet oder, mit anderen Worten, bedeuten bei Ihnen die 67 % bzw. 60 % des pauschalierten Nettoentgeltes (Leistungsentgelt) mehr oder weniger Arbeitslosengeld.

In Anlehnung an das Steuerrecht erhalten nach § 137 Abs. 2 SGB III:

Leistungsgruppe A: Arbeitslose in Steuerklasse I und IV.

Leistungsgruppe B: Arbeitslose in Steuerklasse II.

Leistungsgruppe C: Arbeitslose in Steuerklasse III.

Leistungsgruppe D: Arbeitslose in Steuerklasse V.

Leistungsgruppe E: Arbeitslose in Steuerklasse VI.

Maßgebend bei der Zuordnung ist im Regelfall die Steuerklasse, die *zu Beginn des Jahres,* in dem der Anspruch entsteht, auf der Steuerklasse eingetragen ist (§ 137 Abs. 3 S. 1 SGB III).

Der Familienstand ergibt sich aus den Spalten „Familienstand" und „Zahl der Kinder" auf der Lohnsteuerkarte. Kinder (auch über 18 Jahre alt) werden unter den Voraussetzungen des § 32 Abs. 1, 3 bis 5 Einkommensteuergesetz berücksichtigt.

Aus den Tabellen über die Höhe der Leistungssätze sind dem jeweils auf 10 Deutsche Mark gerundeten Bruttoarbeitsentgelt die jeweiligen Leistungssätze für Arbeitslose mit mindestens einem Kind (erhöhter Leistungssatz) und für Arbeitslose ohne Kind (allgemeiner Leistungssatz) zu entnehmen.

Beispiel: Ein verheirateter Arbeitsloser mit einem Kind erzielte zuletzt vor Eintritt der Arbeitslosigkeit einen wöchentlichen Bruttolohn von 500 DM. Auf seiner Lohnsteuerkarte war zu Beginn des Jahres die Lohnsteuerklasse III bescheinigt; deshalb ist er der Leistungsgruppe C zuzuordnen. Weil er ein Kind hat, erhält er Arbeitslosengeld nach dem erhöhten Leistungssatz.
Bei einem wöchentlichen Bruttoarbeitsentgelt von 500 DM steht dem Arbeitslosen 1999 ein wöchentliches Arbeitslosengeld von 264,46 DM zu.
Ohne Kind wären es nur DM 236,81.

Brutto- Arbeitsentgelt	Tabelle Arbeitslosengeld/Erhöhter Leistungssatz für das Jahr 1999				
	Leistungsgruppe				
	A	B	C	D	E
	DM je Woche				
500,–	243,46	263,90	264,46	166,11	156,31

Beispiel: A, ledig, ohne Kind, Steuerklasse I, mithin zur Leistungs-gruppe A gehörig, verdiente vor Eintritt der Arbeitslosigkeit im Be-messungszeitraum wöchentlich 520 DM brutto und 370 DM netto. Ihm steht Arbeitslosengeld in Höhe von wöchentlich 224,– DM zu (aus der Tabelle abzulesen!). Falsch wäre es, aus dem Nettoverdienst von 370 DM 60 % (= 222,– DM) zu errechnen, weil hier individuelle Freibeträge etc. außer acht bleiben müssen.

Beispiel: Wäre A verheiratet und nicht getrennt lebend, so ergäben sich bei wiederum 520 DM Bruttoverdienst je nach der Steuerklasse unterschiedliche wöchentliche Arbeitslosengeld-Beträge:
Bei Steuerklasse III= Leistungsgruppe C: DM 246,26
Bei Steuerklasse IV= Leistungsgruppe A: DM 224,–
Bei Steuerklasse V = Leistungsgruppe D: DM 153,72.

Beispiel: Wäre A verheiratet, lebte aber von seiner Ehegattin dauernd getrennt, so beträgt das Arbeitslosengeld bei Steuerklasse I = Lei-stungsgruppe A: DM 224,–.

Beispiel: Wäre A geschieden, so beträgt das Arbeitslosengeld
bei Steuerklasse I   (ohne Kind) = Leistungsgruppe A: 224,– DM (60 %).
bei Steuerklasse II   (das Kind, für das er Unterhalt zahlt, ist auf seiner Steuerkarte eingetragen) = Leistungs-gruppe B (und 67 %!): 270,97 DM.

Beispiel: A, geschieden, unterhaltspflichtig für ein Kind, welches bei seiner geschiedenen Frau lebt, wird arbeitslos und erhält Arbeitslosen-geld. Gehört A zur Leistungsgruppe A oder B? Das kommt darauf an, auf wessen Steuerkarte das Kind eingetragen ist. Das Kind wird dem Elternteil zugeordnet, in dessen Wohnung es erstmals im Kalenderjahr mit Hauptwohnung gemeldet war (§ 32 Abs. 4 Einkommensteuer-gesetz). War dies die Wohnung der Kindesmutter, so fällt A in die schlechtere Steuerklasse I und damit in die schlechtere Leistungsgruppe A. Das Bundesverfassungsgericht hat dies verfassungsrechtlich nicht beanstandet (Beschluß vom 8. 3. 1983 – 1 BvL 21/80 – Familienrechtszeitschrift 1983 S. 788).

Bei Verheirateten können mithin alle fünf Leistungsgruppen in Betracht kommen:

Steuerklasse:	*Leistungsgruppe:*
I (dauernd getrennt lebend)	A
II (dauernd getrennt lebend und mit einem Kind)	B
III	C
IV	A
V	D
VI	E

Die Unterschiede im Arbeitslosengeld ergeben sich also daraus, daß je nach Familienstand und Steuerklasse die Lohnsteuer unterschiedlich hoch ist:

Tabelle Arbeitslosengeld (67 %) 1999 Auszug:

Arbeitsentgelt		Arbeitsentgelt	Wochensätze der Leistungsgruppe				
Woche bis	Monat bis	gerundet	A	B	C	D	E
DM	DM	DM	DM	DM	DM	DM	DM
674,99	2924,95	670	294,35	318,01	354,34	211,19	200,34

3. Wechsel der Steuerklasse

Wann ist ein Wechsel der Steuerklasse möglich und wann empfiehlt er sich? Für den Regelfall gilt für die Berechnung des Arbeitslosengeldes die Lohnsteuerklasse, die zu Beginn des Kalenderjahres eingetragen war, in dem der Anspruch auf Arbeitslosengeld entstanden ist. Spätere Änderungen – z.B. bei Heirat oder Geburt eines Kindes – werden mit Wirkung des Tages berücksichtigt, an dem erstmals die Voraussetzungen für die Änderungen vorgelegen haben – ggf. also auch rückwirkend, wenn Sie die Lohnsteuerkarte erst eine gewisse Zeit nach dem Ereignis ändern lassen (vgl. § 137 Abs. 3 SGB III).

Beispiel: A ist arbeitslos und bezieht Arbeitslosengeld nach der Leistungsgruppe A (Steuerklasse I). Er heiratet. Seine Frau ist weder erwerbstätig noch arbeitslos, sondern Hausfrau. A erhält vom Tage der Heirat an Arbeitslosengeld nach der Leistungsgruppe C (Steuerklasse III), wenn er sich die Heirat und die damit verbundene Änderung der Steuerklasse auf der Lohnsteuerkarte hat bescheinigen lassen. Wäre die Ehefrau berufstätig, so hätten die Eheleute die freie Wahl zwischen den Steuerklassen-Kombinationen III/V, V/III und IV/IV, an die sich das Arbeitsamt halten muß. Denn ein Steuerklassen-*Wechsel* liegt nicht vor, wenn die erstmals im Laufe des Jahres für beide Ehegatten ausgestellten Lohnsteuerkarten am gleichen Tag ausgestellt werden (BSG SozR 4100 § 113 Nr. 2).

Es geht jedoch nicht nur um den Steuerklassen-*Wechsel,* sondern auch um die Steuerklassen*wahl* vor der Arbeitslosigkeit, zum Beispiel, wenn im November bekannt wird, daß Sie zum 1. Februar arbeitslos werden. In diesem Fall können die Ehegatten vor Beginn des Anspruchs auf Arbeitslosengeld ihre Steuerkarten nach Wunsch ändern. Die Steuerklassenänderung darf aber nicht erst mit Beginn der Arbeitslosigkeit (1. Februar), sondern muß zu Jahresbeginn, also zum 1. Januar wirksam werden. Das Arbeitsamt ist an die getroffene Wahl gebunden, ganz gleichgültig, ob diese vom Steuerrecht her gesehen zweckmäßig ist oder nicht. (Vgl. auch BSG, Urteil vom 10. 12. 1980 – 7 RAr 14/78.)

Im übrigen wird ein Steuerklassen-Wechsel anläßlich oder nach der Arbeitslosigkeit zwischen Ehegatten vom Arbeitsamt *zugunsten* des Arbeitslosen nur berücksichtigt, wenn der Wechsel auch ohne die Arbeitslosigkeit objektiv zweckmäßig wäre (§ 137 Abs. 4 S. 1 Nr. 1 SGB III). Denn die Höhe des Arbeitslosengeldes soll nicht allein vom Willen des Arbeitslosen und seines Ehegatten abhängen. Im Interesse einer Verhinderung des Mißbrauchs steuerrechtlicher Gestaltungsmöglichkeiten zu Lasten der Versicherungsgemeinschaft ist ein Steuerklassen-Wechsel zwischen Ehegatten leistungsrechtlich zugunsten des Arbeitslosen nur dann beachtlich, wenn die ursprüngliche Steuerklassen-Kombination zum Zeitpunkt des Wechsels steuerlich gesehen nicht zweckmäßig war. Wechseln die Ehegatten in diesem Fall die Steuerklassen, so wird der arbeitslose Ehegatte der Steuerklasse und damit auch der Leistungsgruppe zugeordnet, die steuerlich im Verhältnis beider Arbeitslöhne die günstigste wäre. Ohne diese Voraussetzungen ist durch den Wechsel der Steuerklassen kein höheres Arbeitslosengeld zu erreichen (BSG SozR 4100 § 113 Nr. 5).

Trennen Sie sich im Laufe eines Jahres, in dem Sie arbeitslos werden, von Ihrem Ehegatten für dauernd, so berechtigt Sie die Trennung selbst nicht zur Änderung der Lohnsteuerklasse z. B. in Klasse I. Der übliche Wechsel zwischen III/V, V/III und IV/IV bleibt steuerrechtlich möglich, ist jedoch je nach Ihren beiden Einkommen arbeitslosenrechtlich unbeachtet (vgl. dazu BSG, Breithaupt 1986 S. 716).

Wird zwischen Ehegatten, die beide Sozialleistungen beziehen, während des Leistungsbezugs ein Steuerklassenwechsel vorgenommen, ist eine Hochrechnung der bezogenen Sozialleistungen auf das ihnen zugrundeliegende Bemessungsentgelt im Regelfall ein geeigneter Weg zur Feststellung, ob der Wechsel der Steuerklassen nach § 137 Abs. 4 S. 1 Nr. 1 SGB III offensichtlich nicht dem Verhältnis der monatlichen Arbeitslöhne beider Ehegatten entspricht.

Dies gilt allerdings nicht für den Bezug lohnsteuerfreier Entgeltersatzleistungen, die auf dem Ausfall von Arbeitsentgelt beruhen (z. B.: Mutterschafts-, Erziehungsgeld etc.). Diese Leistungen bleiben bei der Berechnung der von beiden Ehegatten erzielten Arbeitslöhne außer Betracht (§ 137 Abs. 4 S. 2 SGB III).

Die Steuerklassen-Kombination IV/IV ist in der Regel dann günstiger, wenn der Arbeitslohn des einen Ehegatten ungefähr 60 % und weniger und der des anderen Ehegatten ungefähr 40 % und mehr des gemeinsamen Arbeitslohnes beträgt, und dies vermutlich während des ganzen Kalenderjahres, wobei das Arbeitsamt eine Abweichung der Tabellenzahlen von weniger als 10 % hinnehmen muß. Dabei sind Freibeträge, die auf den Lohnsteuerkarten nicht eingetragen sind, nicht zu berücksichtigen (LSG Niedersachsen, Urt. v. 27. 6. 1989 – L 7 Ar 346/88 SGb 1989, 473). Nicht entscheidend ist, was Sie und Ihr Ehegatte verdienen könnten, sondern nur, was Sie tatsächlich verdienen (BSG SozR 4100 § 113 Nr. 11). Andernfalls ist die

Steuerklasse III für den höher verdienenden Ehegatten und die Steuerklasse V für den geringer verdienenden Ehegatten zweckmäßig und wird vom Arbeitsamt für die in Betracht kommende Leistungsgruppe zugrundegelegt. War also zu Beginn des Jahres den Ehegatten die für sie zweckmäßige Steuerklassen-Kombination auf den Steuerkarten bescheinigt worden, so hat ein späterer Wechsel der Steuerklassen auf die Höhe des Arbeitslosengeldes zugunsten des Arbeitslosen keinen Einfluß. Welche Steuerklassen-Kombination zweckmäßig ist, zeigt die nachstehende Tabelle zur Steuerklassenwahl 1996, welche für die Zuordnung zu Leistungsgruppen nach § 137 Abs. 4 S. 1 Nr. 1 SGB III maßgebend ist.

Wenn bisher immer davon die Rede war, ob sich ein Steuerklassenwechsel *zugunsten des Arbeitslosen* auswirken kann (§ 137 Abs. 4 S. 1 Nr. 1 SGB III), so muß nunmehr besonders darauf hingewiesen werden, daß ein Steuerklassenwechsel nach § 137 Abs. 4 S. 1 Nr. 2 SGB III *immer beachtlich* ist, wenn er zu einem niedrigeren Arbeitslosengeld führt.

Beispiel: Ehepaar A hatte zu Beginn des Jahres, in dem der Ehemann arbeitslos wurde, die Steuerklassenkombination III/V. Diese Kombination war steuerrechtlich zweckmäßig. Im Laufe des Jahres wechseln sie zur Kombination IV/IV oder V/III. Da die frühere Kombination zweckmäßig war, ist der Wechsel nicht zweckmäßig. Da nach dem Wechsel das Arbeitslosengeld des Ehemannes sich jedoch nach einer ungünstigeren Leistungsgruppe berechnet, muß das Arbeitsamt diesen Wechsel *zu Ungunsten* berücksichtigen (§ 137 Abs. 4 S. 1 Nr. 2 SGB III). Der Ehemann erhält dementsprechend ab dem Zeitpunkt des Steuerklassenwechsels weniger Arbeitslosengeld (Leistungsgruppe A oder D anstelle von C). In einem solchen Fall sollte das Ehepaar einen erneuten Steuerklassenwechsel in Betracht ziehen, falls keine anderen wesentlichen Umstände dem entgegenstehen. Höheres Arbeitslosengeld kann der Ehemann nach § 137 Abs. 4 S. 1 Nr. 1 SGB III allerdings erst wieder ab dem Zeitpunkt des neuerlichen – beachtlichen – Steuerklassenwechsels erhalten.

Tabelle zur Steuerklassenwahl 1996

Tabelle I bei Rentenversicherungspflicht des höherverdienenden Ehegatten

Monat-licher Arbeits-lohn A* DM	Monatlicher Arbeitslohn B* in DM bei Rentenversicherungs-pflicht des geringerver-dienenden Ehegatten	Monatlicher Arbeitslohn B* in DM bei Rentenversicherungs-freiheit des geringerver-dienenden Ehegatten
1	2	3
1400	4	4
1500	189	189
1600	270	270
1700	351	351
1800	427	427
1900	517	517
2000	598	598
2100	697	697
2200	801	801
2300	909	909
2400	1008	1008
2500	1116	1116
2600	1219	1219
2700	1345	1345
2800	1431	1746
2900	1480	2025
3000	1525	2304
3100	1660	2529
3200	1773	2718
3300	1858	2853
3400	1957	3024
3500	2083	3150
3600	2245	3271
3700	2407	3411
3800	2538	3532
3900	2929	3649
4000	3195	3762
4100	3271	3829

Monat-licher Arbeits-lohn A* DM	Monatlicher Arbeitslohn B* in DM bei Rentenversicherungs-pflicht des geringerver-dienenden Ehegatten	Monatlicher Arbeitslohn B* in DM bei Rentenversicherungs-freiheit des geringerver-dienenden Ehegatten
1	2	3
4200	3334	3888
4300	3393	3937
4400	3487	4018
4500	3546	4068
4600	3595	4108
4700	3685	4180
4800	3744	4225
4900	3807	4270
5000	3888	4333
5100	3946	4378
5200	4005	4423
5300	4009	4428
5400	4045	4455
5500	4045	4455
5600	4081	4482
5700	4099	4495
5800	4113	4504
5900	4144	4536
6000	4167	4549
6100	4185	4567
6200	4212	4585
6300	4284	4648
6400	4347	4702
6500	4419	4761
6600	4491	4824
6700	4558	4882
6800	4639	4954
6900	4707	5013
7000	4774	5076

Tabelle II bei Rentenversicherungsfreiheit des höherverdienenden Ehegatten

Monatlicher Arbeitslohn A* DM	Monatlicher Arbeitslohn B* in DM bei Rentenversicherungspflicht des geringerverdienenden Ehegatten	Monatlicher Arbeitslohn B* in DM bei Rentenversicherungsfreiheit des geringerverdienenden Ehegatten
1	2	3
1300	4	4
1400	207	207
1500	306	306
1600	405	405
1700	504	504
1800	607	607
1900	715	715
2000	819	819
2100	922	922
2200	1030	1030
2300	1138	1138
2400	1246	1246
2500	1354	1354
2600	1426	1701
2700	1435	1773
2800	1453	1876
2900	1462	1948
3000	1476	2011
3100	1489	2088
3200	1494	2128
3300	1503	2196
3400	1507	2268
3500	1548	2335
3600	1593	2407
3700	1638	2502
3800	1683	2574
3900	1728	2637
4000	1773	2713
4100	1795	2763
4200	1840	2835

Monatlicher Arbeitslohn A* DM	Monatlicher Arbeitslohn B* in DM bei Rentenversicherungspflicht des geringerverdienenden Ehegatten	Monatlicher Arbeitslohn B* in DM bei Rentenversicherungsfreiheit des geringerverdienenden Ehegatten
1	2	3
4300	1885	2898
4400	1930	2970
4500	1975	3042
4600	2083	3136
4700	2151	3204
4800	2245	3271
4900	2317	3343
5000	2385	3397
5100	2479	3469
5200	2551	3541
5300	2767	3613
5400	3078	3690
5500	3231	3793
5600	3316	3870
5700	3406	3951
5800	3496	4027
5900	3582	4095
6000	3676	4171
6100	3771	4243
6200	3865	4315
6300	3960	4387
6400	4068	4473
6500	4158	4545
6600	4243	4612
6700	4324	4680
6800	4396	4743
6900	4477	4810
7000	4554	4878

Die Tabellen gehen vom monatlichen Arbeitslohn A* des höherverdienenden Ehegatten aus. Dazu wird jeweils der monatliche

* Nach Abzug etwaiger Freibeträge.

Arbeitslohn B* des geringerverdienenden Ehegatten angegeben, der bei einer Steuerklassenkombination III (für den Höherverdienenden) und V (für den Geringerverdienenden) nicht überschritten werden darf, wenn der geringste Lohnsteuerabzug erreicht werden soll. Übersteigt der monatliche Arbeitslohn des geringerverdienenden Ehegatten den nach den Spalten 2 bzw. 3 der Tabelle in Betracht kommenden Betrag, so führt die Steuerklassenkombination IV/IV für die Ehegatten zu einem geringeren oder zumindest nicht höheren Lohnsteuerabzug als die Steuerklassenkombination III/V.

Beispiel: Ein Doppelverdiener-Ehepaar (beide rentenversicherungspflichtig) verdient monatlich (nach Abzug etwaiger Freibeträge) 3000 DM und 1500 DM. Da der Verdienst des geringer verdienenden Ehegatten den in Spalte 2 der Tabelle I ausgewiesenen Betrag von 1525,– DM nicht übersteigt, führt in diesem Fall die Steuerklassen-Kombination III/V zur geringsten Lohnsteuer. Hatten die Ehepartner bisher die – unzweckmäßige – Kombination IV/IV, und wechseln sie die Steuerklassen, nachdem der Ehemann arbeitslos geworden ist, nach III/V, so ist der Wechsel zweckmäßig, mit der Folge, daß jener ab Wirksamwerden des Wechsels (Eintragung in die Steuerkarten) Arbeitslosengeld nach der günstigeren Leistungsgruppe C anstelle von A erhält (§ 137 Abs. 4 S. 1 Nr. 1 SGB III).
Wechseln die Ehepartner zur Kombination V/III, so ist dieser steuerlich zwar unzweckmäßig; da sich aufgrund der neu eingetragenen Lohnsteuerklassen jetzt ein geringeres Arbeitslosengeld errechnet, muß das Arbeitsamt diesen Wechsel beachten (§ 137 Abs. 4 S. 1 Nr. 2 SGB III). Statt nach Leistungsgruppe A erhält der Ehemann Arbeitslosengeld jetzt nur nach Leistungsgruppe D.

Ganz unabhängig von der Problematik beim Wechsel von Steuerklassen ist jedoch die Steuerklasse, die zu Beginn des Kalenderjahres auf der Lohnsteuerkarte eines Ehegatten eingetragen war, in dem der Anspruch auf Arbeitslosengeld entstanden ist, für die Höhe des Arbeitslosengeldes auch dann maßgebend, wenn die auf den Lohnsteuerkarten der Ehegatten zu Beginn des Kalenderjahres eingetragenen Steuerklassen offensichtlich nicht den Verhältnissen der monatlichen Arbeitsentgelte beider Ehegatten entsprachen (BSG SozR 4100 § 113 Nr. 6).

4. Nach welchem Zeitraum Ihrer zuletzt ausgeübten Beschäftigung bemißt sich Ihr Arbeitsentgelt (sogenannter Bemessungszeitraum)?

Bemessungszeitraum sind die beim Ausscheiden des Arbeitnehmers abgerechneten Entgeltabrechnungszeiträume der letzten 52 (bei Saisonarbeitern 26) Wochen vor Entstehen des Anspruches, in denen Versicherungspflicht (nicht notwendigerweise ein versicherungspflichtiges Beschäftigungsverhältnis) bestand (§ 130 Abs. 1 u. 3 SGB III).

Beispiel: A meldet sich am 1. 9. 1999 arbeitslos und beantragt Arbeitslosengeld. Zuvor war er vom 1. 3. 1998 bis zum 31. 12. 1998 als Gefangener versicherungspflichtig (§ 26 Abs. 1 Nr. 4 SGB III). Vom 1. 1. 1999 bis zum 31. 8. 1999 war er versicherungspflichtig beschäftigt. Zum Zeitpunkt des Ausscheidens aus dem Beschäftigungsverhältnis war der Monat August noch nicht abgerechnet. Hier umfaßt der Bemessungszeitraum die abgerechneten Entgeltabrechnungszeiträume 1. 8. 1998 bis 31. 7. 1999. Die Zeit vom 1. 8. 1998 bis 31. 12. 1998 wird eingerechnet, weil A als Gefangener versicherungspflichtig war; der Monat August 1999 kann deshalb nicht berücksichtigt werden, weil er zum 31. 8. 1999 noch nicht abgerechnet war.

Enthält der Bemessungszeitraum weniger als 39 (bei Saisonarbeitern 20) Wochen ($^3/_4$-Jahr) mit Anspruch auf *Entgelt,* so verlängert er sich um weitere Entgeltabrechnungszeiträume, bis 39 Wochen mit Anspruch auf Entgelt erreicht sind (§ 130 Abs. 2 S. 1, Abs. 3 SGB III). Im Beispielsfall wäre solches anzunehmen, wenn A in der Zeit vom 1. 8. 1997 bis 31. 12. 1997 nicht Gefangener gewesen wäre sondern Krankengeldbezieher. Auch als solcher wäre er – allerdings ohne Entgeltanspruch – pflichtversichert gewesen (§ 26 Abs. 2 Nr. 1 SGB III). Damit müßte sich der Bemessungszeitraum so lange nach vorne verschieben, bis 39 Wochen mit Entgeltanspruch zusammenkommen.

5. Bemessung bei alsbaldiger erneuter Arbeitslosigkeit

Wird der Arbeitslose nach einer Zwischenbeschäftigung von weniger als 12 Monaten erneut arbeitslos, so hat er keine neue

Anwartschaft für den Bezug von Arbeitslosengeld erworben. Hat er jedoch – wie häufig – aus der vorigen Anwartschaft noch eine Rest-Anspruchsdauer und sind seit der Entstehung dieses Anspruches noch keine 4 Jahre vergangen (§ 147 Abs. 2 SGB III), so erhält er Arbeitslosengeld für die noch unverbrauchten Tage auf der Basis seines früheren (meist besseren) Bemessungsentgeltes, ggf. nach § 138 SGB III angepaßt. Im Anschluß daran kann, falls Bedürftigkeit vorliegt, Arbeitslosenhilfe bezogen werden.

Anders liegt der Fall, wenn die Zwischenbeschäftigung, nach der Sie erneut arbeitslos werden, 12 Monate oder länger gedauert hat. In diesem Fall erwerben Sie eine neue Anwartschaft auf den Bezug von Arbeitslosengeld, wobei sich allerdings das Bemessungsentgelt nach den zuletzt abgerechneten Entgeltabrechnungszeiträumen von 52 Wochen richtet, was häufig zu einem geringeren Arbeitslosengeld führen wird. (Bei unbilliger Härte siehe unten 9, S. 75 ff). Dagegen erweitert sich die Anspruchsdauer um die (innerhalb der letzten 7 Jahre entstandene) Rest-Anspruchsdauer aus der vorigen Arbeitslosigkeit bis zu der dem Lebensalter zugeordneten Höchstdauer (§ 127 Abs. 4 SGB III).

Eine wichtige Neuregelung zugunsten des Arbeitslosen enthält § 133 Abs. 1 SGB III. Danach ist als Bemessungsentgelt eines neu entstandenen Arbeitslosengeldanspruches dann, wenn der Arbeitslose innerhalb der letzten 3 Jahre davor Arbeitslosengeld oder -hilfe bezogen hat, *mindestens* das Entgelt heranzuziehen, nach dem das Arbeitslosengeld bzw. die Arbeitslosenhilfe zuletzt bemessen wurde.

Beispiel: A bezog bis 31. 7. 1997 Arbeitslosenhilfe nach einem Bemessungsentgelt von 600,– DM/Woche (2600,– DM/Monat). Um nicht länger arbeitslos zu sein, entschließt er sich, am 1. 8. 1997 eine Beschäftigung aufzunehmen, bei der er lediglich 1950,– DM/Monat (450,– DM/Woche) verdient. Mit Ablauf des 31. 5. 2000 wird er wieder arbeitslos. Am 1. 6. 2000 beantragt er die Gewährung von Arbeitslosengeld. Normalerweise würde sich dieses, da A aufgrund der mehr als 12 monatigen Beschäftigung einen neuen Arbeitslosengeldanspruch erworben hat, jetzt nach dem in den letzten 52 Wochen erzielten Entgelt (450,– DM/Woche) richten. Da er aber innerhalb der letzten 3 Jahre vor dem 1. 6. 2000 Arbeitslosengeld auf der Grundlage eines höheren Bemessungsentgeltes bezogen hat (600,– DM/Woche), ist dieses auch für den neuen Anspruch maßgebend.

Mit dieser Regelung soll erreicht werden, daß ein Arbeitsloser eher bereit ist, auch eine geringfügig entgoltene (auch eine Teilzeit-) Beschäftigung aufzunehmen – er muß nicht befürchten, nach erneut eintretender Arbeitslosigkeit innerhalb von 3 Jahren nur noch einen wesentlich geringeren Leistungsanspruch zu haben.

6. Erzielen Sie Entgelt oberhalb der Leistungs- und Beitragsbemessungsgrenze?

Die Leistungs- und Beitragsbemessungsgrenze erhöht sich von Jahr zu Jahr. Sei betrug 1999 monatlich brutto in den alten Bundesländern 8500,– DM, in den neuen Bundesländern 7200,– DM. Wer mehr monatlich brutto verdient, erhält weder 67 bzw. 60 % seines Nettogehaltes als wöchentliches Arbeitslosengeld noch muß er Beiträge, berechnet von seinem Bruttogehalt, bezahlen. Vielmehr ist die Leistungs- und Beitragsbemessungsgrenze für ihn maßgebend (§§ 136 Abs. 2 S. 2 Nr. 8, 341 Abs. 4 SGB III).

·7. Welches Bemessungsentgelt kommt in Frage?

Nach § 132 Abs. 1 SGB III ist Bemessungsentgelt i. S. d. § 129 SGB III alles, was im Bemessungszeitraum zum durchschnittlich in der Woche erzielten Entgelt gehört, für welches Beiträge zur Arbeitslosenversicherung zu zahlen waren. Dazu zählen z. B. Provisionen, vermögenswirksame Leistungen, Zuschläge (auch Mehrarbeits- und Nachtzuschläge) sowie z. B. Sachbezüge für Verpflegung und Unterkunft.

Arbeitsentgelte, die der Arbeitslose wegen der Beendigung des Arbeitsverhältnisses erhält, sowie einmalig gezahlte Arbeitsentgelte – beispielsweise Weihnachtsgratifikation, Gewinnbeteiligung, Treueprämien, zusätzliches Urlaubsgeld oder Jubiläumsgelder – werden nicht berücksichtigt (§ 134 Abs. 1 S. 3 SGB III). Hinsichtlich der Nichtberücksichtigung von „Einmalzahlungen" sind allerdings Verfahren beim Bundesverfassungsgericht anhängig. Bescheide des Arbeitsamtes, die – der Gesetzeslage entsprechend – Einmalzahlungen bei der Ermittlung des Bemessungsentgeltes nicht berücksichtigen, sollten daher mit dem Rechtsbehelf des Widerspruches angefochten und gleichzeitig das Ruhen des Widerspruchsverfahrens bis zur Entscheidung des Bundesverfassungsgerichtes beantragt werden.

Berücksichtigt wird im übrigen Arbeitsentgelt nur dann, wenn es *erzielt* wurde (§ 134 Abs. 1 S. 1 SGB III). Darunter ist zu verstehen, daß es – nach Abrechnung – entweder ausbezahlt wurde oder es nur noch des technischen Überweisungsvorganges bedarf. Als *erzielt gelten* allerdings auch Arbeitsentgelte, auf die der Arbeitslose beim Ausscheiden aus dem Beschäftigungsverhältnis Anspruch hatte, wenn diese (später) zugeflossen oder nur wegen Zahlungsunfähigkeit nicht zugeflossen sind (§ 134 Abs. 1 S. 2 SGB III).

Beispiel: A, der ein laufendes Monatsentgelt von 3000,– DM bezieht, ist der Meinung, er müsse aufgrund der von ihm verrichteten Tätigkeit tariflich höher eingruppiert werden und habe Anspruch auf 3200,– DM/Monat. Nachdem sein Arbeitgeber dies strikt abgelehnt hat, klagt A vor dem Arbeitsgericht. Dies veranlaßt den Arbeitgeber zur Kündigung. A meldet sich arbeitslos und beantragt die Gewährung von Arbeitslosengeld. Solches erhält er auf der Grundlage seines zuletzt erzielten Entgeltes (3000,– DM/Monat = gerundet 690,– DM/Woche). 5 Monate später stellt das Arbeitsgericht fest, A habe tatsächlich einen Anspruch auf 3200,– DM/Monat während der letzten 6 Monate seines Arbeitsverhältnisses gehabt. Sein Arbeitgeber zahlt ihm daraufhin den Differenzbetrag nach. Hier erhöht sich – rückwirkend – das Bemessungsentgelt entsprechend dem Nachzahlungsbetrag im Bemessungszeitraum und damit auch das Arbeitslosengeld von A. Da A beim Ausscheiden aus dem Beschäftigungsverhältnis für 6 Monate einen höheren Entgeltanspruch hatte, beträgt das Bemessungsentgelt jetzt 3100,– DM/Monat (6 × 3000,– DM + 6 × 3200,– DM : 12) bzw. 720,– DM/Woche.

Gleiches dürfte im übrigen auch dann gelten, wenn sich A und sein früherer Arbeitgeber vor dem Arbeitsgericht auf ein höheres – rückwirkendes – Arbeitsentgelt geeinigt hätten (Vergleich) und der Differenzbetrag aufgrund des Vergleiches auch ausbezahlt wird.

8. Wie berechnet sich Ihr Bemessungsentgelt im einzelnen?

Nach § 132 Abs. 2 S. 1 SGB III errechnet sich das (wöchentliche) Bemessungsentgelt, indem das Entgelt im Bemessungszeitraum durch die Zahl der Wochen geteilt wird, für die es gezahlt wurde.

Einfach ist dies, wenn Sie in den letzten 52 Wochen vor Ihrer Arbeitslosigkeit durchgehend *Arbeitsentgelt* bezogen haben.

Beispiel: A, der sich am 1. 4. 1999 arbeitslos gemeldet hat, hat im Bemessungszeitraum (1. 4. 1998 – 31. 3. 1999) wie folgt Entgelt erzielt: April–Oktober 1998: 3800,– DM/Monat, November 1998 bis Februar 1999: 4000,– DM/Monat und im März 1999: 4100,– DM. Während der gesamten 12 Monate bzw. 52 Wochen hat er somit 46 700,– DM erzielt. Teilt man diesen Betrag durch 52 Wochen, so errechnet sich ein wöchentliches Entgelt von 898,– DM. A hat also Anspruch auf Gewährung von Arbeitslosengeld auf der Grundlage eines – gerundeten – Bemessungsentgeltes von 900,– DM/Woche.

Etwas anders stellt sich die Situation dar, wenn während des Bemessungszeitraumes nicht nur Arbeitsentgelt sondern auch Sozialleistungen (z. B. Krankengeld, Verletztengeld, Übergangs-geld, Krankentagegeld etc.; § 26 Abs. 2 SGB III; siehe oben I. 5 b, S. 42 f) bezogen wurden. In diesen Fällen ist für die entsprechenden Bezugszeiten das Entgelt zugrunde zu legen, welches der Bemessung der (anderen) Sozialleistung zugrunde gelegt wurde, mindestens jedoch das Entgelt, das der Beitragsbemessung zugrunde zu legen war (§ 135 Nr. 5 SGB III). Im Falle des Bezuges von Krankentagegeld orientiert sich das anzusetzende Entgelt an der Jahresarbeitsverdienstgrenze der gesetzlichen Krankenversicherung (1999 in den alten Bundesländern: 76 500,– DM, im Beitrittsgebiet: 64 800,– DM).

Auch für versicherungspflichtige Beschäftigungen als *Wehr- oder Zivildienstleistender* (§ 25 Abs. 2 S. 1 SGB III; siehe oben I. 5 b, S. 42 f), als *jugendlicher Behinderter* in berufsfördernden, erwerbs-befähigenden Einrichtungen (§ 26 Abs. 1 S. 1 Nr. 1 SGB III; siehe oben I. 5 b, S. 42 f) und als *Gefangener* (§ 26 Abs. 1 S. 1 Nr. 2 SGB III; siehe oben I 5 b, S. 42 f) gelten besondere Entgelte hinsichtlich der Berechnung des Bemessungsentgeltes (§ 135 Nr. 1–3 SGB III).

Bei *jugendlichen Behinderten* wird ein Entgelt in Höhe von 20 % der monatlichen Bezugsgröße (1999 in den alten Bundesländern: 882,– DM, im Beitrittsgebiet: 742,– DM herangezogen.

Bei *Wehr- oder Zivildienst* ist ein Entgelt in Höhe des durchschnittlichen Bemessungsentgeltes aller Bezieher von Arbeitslosengeld am 1. Juli vor der Entstehung des Anspruches maßgebend.

Bei *Gefangenen* muß die Bundesanstalt für Arbeit schließlich das tarifliche Entgelt derjenigen Beschäftigung ansetzen, auf die die Vermittlungsbemühungen in erster Linie zu erstrecken sind.

In einigen Fällen ist – abweichend vom Regelfall – *nicht das tatsächlich* aus einer versicherungspflichtigen Beschäftigung *erzielte Entgelt* bei der Berechnung des Bemessungsentgeltes heranzuziehen.

So wird bei einer Beschäftigung beim *Ehegatten* bzw. bei *Verwandten* in gerader Linie (Eltern, Kinder) höchstens das Arbeitsentgelt angesetzt, welches familienfremde Arbeitnehmer hierfür gewöhnlich erhalten (§ 134 Abs. 2 Nr. 1 SGB III).

Beispiel: A erzielt im Betrieb seines Vaters für eine Tätigkeit, für die üblicherweise (tariflich) 3500,– DM/Monat bezahlt werden, ein Monatsentgelt von 5200,– DM. Hier würde sich – nach Eintritt von Arbeitslosigkeit – das Bemessungsentgelt an dem üblichen Entgelt für diese Tätigkeit (3500,– DM/Monat) orientieren, auch wenn aus 5200,–DM/ Monat Beiträge zur Arbeitslosenversicherung bezahlt wurden.
Hätte A nur 3300,– DM/Monat erzielt, wäre allerdings dieses tatsächlich erzielte Entgelt für die Berechnung des Bemessungsentgeltes heranzuziehen.

Für Zeiten, in denen der Arbeitslose in *Berufsausbildung* stand, wird, wenn er die Abschlußprüfung bestanden hat, zur Ermittlung des Bemessungsentgeltes ebenfalls das *Tarifentgelt* herangezogen, welches der Arbeitslose in der Beschäftigung erzielen kann, auf die sich die Vermittlungsbemühungen für ihn in erster Linie zu erstrecken haben. Dies wird in aller Regel der erlernte Beruf sein (§ 134 Abs. 2 Nr. 2 SGB III).

Sonderregelungen bestehen nach § 134 Abs. 2 SGB III u.a. auch für Zeiten des Bezuges von *Kurzarbeitergeld* (Nr. 3), von *Teilrente wegen Alters* aus der gesetzlichen Rentenversicherung (Nr. 7) und *Teilarbeitslosengeld* (Nr. 8) sowie für Beschäftigungen im Rahmen eines freiwilligen *sozialen* bzw. *ökologischen Jahres* (Nr. 10).

9. Wie bemißt sich das Arbeitslosengeld bei Vorliegen einer unbilligen Härte?

Es kann bei der Berechnung des Arbeitslosengeldes deshalb zu Härtefällen kommen, weil ein Arbeitsloser in den letzten 2 Jahren vor dem Ende des Bemessungszeitraumes *überwiegend* ein Entgelt bezog, welches im Vergleich zum erzielten Entgelt im Bemessungszeitraum (52 Wochen) wesentlich höher war. Dies beispielsweise deshalb, weil er sich bei Auslaufen eines Arbeitsverhältnisses alsbald zur Überbrückung eine niedriger bezahlte Arbeitsstelle suchte und sodann bereits nach 10 Monaten aus diesem neuen Arbeitsverhältnis heraus arbeitslos wurde. Würde man in einem solchen Fall von dem im Bemessungszeitraum erzielten Arbeitsentgelt ausgehen, so wäre das ungerecht. Damit würde das Arbeitslosengeld seiner Funktion als sozial gerechter Lohnersatz nicht gerecht werden. Deswegen muß nach § 131 Abs. 1 SGB III in solchen Härtefällen der Bemessungszeitraum auf diese 2 Jahre *erweitert* werden. Voraussetzung ist allerdings, daß der Arbeitslose dies ausdrücklich *verlangt* und die zur Bemessung im erweiterten Bemessungszeitraum erforderlichen Unterlagen (in der Regel: Arbeitsbescheinigungen) vorlegt. Von einer unbilligen Härte geht man im allgemeinen aus, wenn der Arbeitslose im Vergleich zu dem Entgelt, welches sich für den Regelbemessungszeitraum (52 Wochen) errechnet, in den letzten 2 Jahren vor dem Ende des Bemessungszeitraumes überwiegend mindestens 10 % mehr verdiente.

Beispiel: A erzielte vom 1. 4. 1996 bis zum 30. 9. 1998 ein Arbeitsentgelt von 3800,– DM/Monat. Um nicht arbeitslos zu werden nahm er am 1. 10. 1998 eine Stelle an, bei der er nur noch 3100,– DM verdiente. Wegen Betriebsstillegung wurde er mit Ablauf des 30. 4. 1999 arbeitslos. Meldet sich A nunmehr zum 1. 5. 1999 arbeitslos und verlangt er nicht ausdrücklich die Berechnung seines Arbeitslosengeldes nach der Härtevorschrift des § 131 Abs. 1 SGB III, wird das Arbeitsamt von einem Bemessungsentgelt von 780,– DM/Woche ausgehen. A hat nämlich im Regelbemessungszeitraum (1. 5. 1998–30. 4. 1999) 5 Monate lang (1. 5. 1998–30. 9. 1998) 3800,– DM/Monat, insgesamt also 19 000,– DM und 7 Monate lang (1. 10. 1998–30. 4. 1999) 3100,– DM/Monat, insgesamt also 21 700,– DM verdient. Daraus errechnet sich für den Bemessungszeitraum ein Gesamtverdienst von 40 700,– DM oder, berechnet auf die Woche (40 700,– DM : 52 Wochen), ein Verdienst von 782,69 DM. Da das Bemessungsentgelt auf den nächsten durch zehn teilbaren DM-Betrag zu runden ist (§ 132 Abs. 3 SGB III), errechnet sich ein Bemessungsentgelt von 780,– DM/Woche.

Beantragt A die Anwendung der Härtevorschrift und legt er hierzu alle für die Bemessung maßgeblichen Unterlagen vor, errechnet sich im maßgeblichen Bemessungszeitraum von 2 Jahren ein Bemessungsentgelt von 830,– DM/Monat (17 Monate × 3800,– DM = 64600,– DM + 7 Monate × 3100 DM = 21700 DM, insgesamt also 86300,– DM : 104 Wochen = 829,80 DM/Woche bzw. gerundet 830,– DM/Woche).

Der Bemessungszeitraum berechnet sich im übrigen dann in gleicher Weise, wenn der Regelbemessungszeitraum Zeiten von *Wehr- oder Zivildienst* umfaßt. Auch hier müssen Sie die Anwendung der Härtevorschrift ausdrücklich verlangen und alle für die Bemessung erforderlichen Unterlagen vorlegen.

10. Sonderfälle bei der Bemessung

Kann der Arbeitslose wegen tatsächlicher (z. B.: Betreuung der Kinder am Nachmittag) oder rechtlicher (z. B.: geringfügiges Beschäftigungsverhältnis) *Bindungen* oder wegen *Einschränkung seines Leistungsvermögens* (z. B.: Krankheit) nicht mehr die Zahl von Arbeitsstunden leisten, die er im Bemessungszeitraum (52 Wochen vor Entstehen des Anspruches) durchschnittlich gearbeitet hat, so vermindert sich für die Zeit, in der die Bindungen bzw. die Leistungsminderung bestehen, auch das Bemessungsentgelt im entsprechenden Verhältnis (§ 133 Abs. 3 S. 1 SGB III).

Beispiel: A hat im Bemessungszeitraum durchschnittlich 40 Stunden/Woche gearbeitet. Sie bezieht Arbeitslosengeld auf der Grundlage eines Bemessungsentgeltes von 720,– DM/Woche. Da ihre Mutter künftig die Kinder von A nicht mehr – wie bisher – umfassend betreuen kann, kommt für A nur noch eine Beschäftigung im Umfang von 25 Stunden/Woche in Betracht. Solange dies so ist, kann A nur noch auf der Grundlage eines Bemessungsentgeltes von 450,– DM/Woche ($25/40$ oder $5/8$ des bisherigen Bemessungsentgeltes von 720,– DM) Arbeitslosengeld erhalten.
Läßt sich im Bemessungszeitraum eine durchschnittliche wöchentliche Arbeitszeit von A nicht ermitteln, wird die tarifliche Arbeitszeit für Angestellte im öffentlichen Dienst herangezogen (§ 133 Abs. 3 S. 2 SGB III).
Eine Verminderung des Bemessungsentgeltes wegen Einschränkung des Leistungsvermögens kommt allerdings in den Fällen des Bezuges

von „Leistungsfortzahlung bei Arbeitsunfähigkeit" für die Dauer von 6 Wochen (§ 126 SGB III; siehe oben I. 3 b ff, S. 27 f) bzw. bei „Nahtlosigkeit" (§ 125 SGB III; siehe oben I. 3 gg, S. 28 ff) nicht in Betracht (§ 133 Abs. 3 S. 3 SGB III). In diesen Fällen bleibt das Bemessungsentgelt für die Dauer des Leistungsbezuges unverändert hoch.

Es kann vorkommen, daß weder im Regelbemessungszeitraum von 52 Wochen (§ 130 Abs. 1 SGB III) noch in einem auf 3 Jahre verlängerten Bemessungszeitraum (§ 130 Abs. 2 SGB III) mindestens 39 Wochen mit Anspruch auf Entgelt enthalten sind (vgl. oben 4, S. 70). In diesem Fall ist Bemessungsentgelt das tarifliche Entgelt der Beschäftigung, auf die das Arbeitsamt seine Vermittlungsbemühungen in erster Linie zu erstrecken hat (§ 133 Abs. 4 SGB III).

Beispiel: A war vom 1. 1. 1996 bis zum 31. 3. 1996 (13 Wochen) versicherungspflichtig beschäftigt. Danach war sie vom 1. 4. 1996 bis zum 31. 3. 1997 (12 Monate) auf Weltreise. Nach weiterer Beschäftigung von 13 Wochen (1. 4. 1997–30. 6. 1997) und krankheitsbedingter 6 wöchiger Lohnfortzahlung wurde sie wegen Betriebsstillegung arbeitslos und bezog jetzt weiter Krankengeld bis 15. 11. 1998. Vom 16. 11. 1998 bis zum 31. 12. 1998 fand sie ein von vornherein befristetes versicherungspflichtiges Beschäftigungsverhältnis als Industriekauffrau (ihr gelernter Beruf). Zum 1. 1. 1999 meldet sich A arbeitslos und beantragt die Gewährung von Arbeitslosengeld.
Hier hat A, da sie auch während des Krankengeldbezuges pflichtversichert war (§ 26 Abs. 2 Nr. 1 SGB III) die Anwartschaftszeit erfüllt (§ 123 SGB III) und somit ab 1. 1. 1999 einen Anspruch auf Gewährung von Arbeitslosengeld. Da sie jedoch weder innerhalb des Bemessungszeitraumes von 52 Wochen (1. 1. 1998–31. 12. 1998) noch innerhalb eines auf 3 Jahre erweiterten Bemessungszeitraumes (1. 1. 1996–31. 12. 1998) 39 Wochen lang Anspruch auf Entgelt hatte, erhält sie Arbeitslosengeld nicht auf der Grundlage ihrer Arbeitsverdienste sondern auf der Grundlage des Tarifentgeltes für die Tätigkeit einer Industriekauffrau.

11. Wann wird das Bemessungsentgelt „angepaßt"?

Um auch Arbeitslose an der Erhöhung des allgemeinen Lohnniveaus teilnehmen zu lassen, regelt § 138 Abs. 1 S. 1 SGB III, daß das Bemessungsentgelt, das sich vor der Rundung ergibt, jeweils nach Ablauf eines Jahres seit dem Ende des Bemessungszeitraumes (in der Regel der letzte Arbeitstag) angepaßt wird. Diese jährliche Anpassung orientiert sich ihrer Höhe nach an der Veränderung der Bruttolohn- und -gehaltssumme je durchschnittlich beschäftigten Arbeitnehmer vom vorvergangenen zum vergangenen Kalenderjahr. Der Anpassungsfaktor wird jeweils zum 30. 6. eines Kalenderjahres vom Bundesministerium für Arbeit und Sozialordnung durch Rechtsverordnung bestimmt (§ 151 Abs. 2 Nr. 1 SGB III).

Beispiel: A, der die Anspruchsvoraussetzungen auf Arbeitslosengeld ab 1. 8. 1999 erfüllt, hat im Bemessungszeitraum vom 1. 8. 1998 bis 31. 7. 1999 ein wöchentliches Arbeitsentgelt (Bemessungsentgelt) von DM 500 brutto erzielt. Wann ist das Arbeitslosengeld anzupassen und welches erhöhte Bemessungsentgelt kommt dann in Frage? Der letzte Tag des Bemessungszeitraums gilt als der Anpassungstag und ist hier der 31. 7. 1999. Danach läuft das erste Jahr vom 1. 8. 1999 bis 31. 7. 2000. Anpassungstag ist der 1. 8. 2000, von dem ab das höhere Arbeitslosengeld zu zahlen ist. Da die letzte Anpassung dann am 30. 6. 1999 vorgenommen worden sein wird, erhöht sich das Arbeitslosengeld des A. am 1. 8. 2000 um den am 30. 6. 1999 bestimmten Anpassungsfaktor.

Nach dem Zukunftsprogramm 2000 der Bundesregierung ist – abweichend von der beschriebenen Anpassungsregelung – beabsichtigt, das Arbeitslosengeld in den Jahren 2000 und 2001 nur in Höhe der Inflationsrate zu erhöhen.

12. In welcher Höhe ist Nebeneinkommen anrechnungsfrei?

Üben Sie während der Zeit, in der Sie Arbeitslosengeld beanspruchen, eine *geringfügige,* also versicherungsfreie Beschäftigung (§ 27 Abs. 2 S. 1 SGB III) aus, so wird das Arbeitsentgelt, welches Sie aus der Beschäftigung erzielen, auf Ihr Arbeitslosengeld angerechnet (§ 141 Abs. 1 S. 1 SGB III). Dies geschieht, indem vom Arbeitsentgelt zunächst die Steuern und die Werbungskosten (z. B.: Fahrkosten, Kosten für Arbeitskleidung) abgezogen werden. Sodann wird weiter ein Freibetrag in Höhe von 20 % des monatlichen Arbeitslosengeldes abgezogen. Nur der jetzt verbleibende Betrag wird auf das Arbeitslosengeld des Monats angerechnet, in dem die Beschäftigung ausgeübt wurde.

Beispiel: A bezieht laufend Arbeitslosengeld in Höhe von 600,– DM/ Woche (= 2600,– DM/Monat). Am 1. 4. nimmt er eine geringfügige Beschäftigung auf und erzielt hieraus ein regelmäßiges Entgelt von 800,– DM/Monat. Nach Abzug von Steuern und Werbungskosten verbleiben ihm monatlich 650,– DM. Von diesen 650,– DM werden jetzt 20 % des monatlichen Arbeitslosengeldes als 520,– DM abgezogen (Freibetrag), so daß ein Anrechnungsbetrag von 130,– DM/Monat verbleibt. Umgerechnet auf die Woche errechnet sich hieraus ein Anrechnungsbetrag von 30,– DM (130,– DM × 3 Monate : 13 Wochen – das Vierteljahr hat 13 Wochen). A werden also ab 1. 4. laufend 30,– DM vom wöchentlichen Arbeitslosengeld abgezogen. Er erhält nur noch 570,– DM/Woche (= 2470,– DM/Monat) ausbezahlt.

Anders würde sich die Sachlage darstellen, wenn A beispielsweise nur 300,– DM/Woche (= 1300,– DM/Monat) Arbeitslosengeld erhält. Unterschreitet nämlich der 20 %ige Freibetrag (im Beispiel jetzt: 260,– DM/Monat) den Betrag von 315,– DM, so wird letzterer als Freibetrag herangezogen. Im Beispiel würden von den 650,– DM/ Monat also nicht nur 260,– DM/Monat abgezogen sondern 315,– DM/ Monat. Der Anrechnungsbetrag betrüge dann 335,– DM/Monat (= 77,30 DM/Woche). A erhielte ab 1. 4. wöchentlich Arbeitslosengeld in Höhe von 222,70 DM (= 965,03 DM/Monat) ausbezahlt.

Der Gesetzgeber verfolgt mit dieser Regelung mehrere Ziele: Einerseits wird für kleinere Nebentätigkeiten ein Anreiz dafür geschaffen, daß der Arbeitslose, der eine Vollzeitbeschäftigung nicht erhalten kann, jedenfalls eine Nebentätigkeit ausübt. Negative psychologische Auswirkungen der Arbeitslosigkeit können dadurch gemildert und Versicherungsleistungen eingespart werden. Andererseits soll ein Arbeitsloser mit dem Nebenverdienst und dem Arbeitslosengeld zusammen kein so hohes Gesamteinkommen erzielen, daß er an der Aufnahme einer Vollzeitbeschäftigung nicht mehr interessiert wäre.

Der Bezug von *Erziehungsgeld* ist kein Nebeneinkommen und wird daher nicht nach § 141 SGB III angerechnet.

Nur das Nebeneinkommen in Geld oder Geldeswert (Sachbezüge) ist anzurechnen, das aus einer oder mehreren selbständigen oder unselbständigen Tätigkeit(en) herrührt. Einkünfte ohne Arbeitsleistung wie z. B. Mieteinnahmen oder eine Schenkung, eine Erbschaft, ein Totogewinn sowie Zinsen von Sparverträgen und sonstige Vermögenseinkünfte sind nicht anzurechnen. Ebensowenig ist anrechenbar, was der Ehegatte oder die Angehörigen des Arbeitslosen verdienen, solange es um Arbeitslosengeld und nicht um Arbeitslosenhilfe geht.

Angerechnet wird nur Einkommen, das aus einer Nebenbeschäftigung erzielt wird, die während der Bezugszeit von Arbeitslosengeld ausgeübt wird. Ruht der Anspruch auf Arbeitslosengeld oder wird er zeitweilig versagt, so ist das in dieser Zeit erzielte Einkommen anrechnungsfrei.

Für den Arbeitslosen ist jede Nebentätigkeit nachteilig, die nicht mehr geringfügig i. S. d. §§ 27 Abs. 2 S. 1 SGB III, 8 SGB IV ist (siehe oben I. 2 c, S. 3 ff). Ist dies der Fall, so liegt keine Arbeitslosigkeit mehr vor, was zur Folge hat, daß ihm überhaupt kein Arbeitslosengeld für diese Zeit zusteht. Man kann diesen Sachverhalt aber auch anders betrachten: Wenn der Arbeitslose von vornherein eine kurzfristige Vollzeitstelle oder auch nur eine ³/₄-Stelle annimmt und wenn er nach der vereinbarten Zeit wieder arbeitslos wird, so hat er währende der Zeit, in der er beschäftigt war, seinen Arbeitslosengeldanspruch nicht weiter verbraucht. Das lohnt sich dann, wenn man erheblich mehr als 15 Stunden in der Woche kurzfristig arbeiten kann.

Nebeneinkommen müssen Sie dem Arbeitsamt ohne Aufforderung *melden*. Dies geschieht auf einem Vordruck für die Bescheinigung von Nebeneinkommen durch den Arbeitgeber. Falls Sie Ihrem Arbeitgeber einen solchen Vordruck nicht vorlegen, um das erzielte Einkommen eintragen zu lassen, ist das Arbeitsamt berechtigt, Ihnen die bewilligte Leistung ganz oder teilweise zu versagen.

13. Wird Arbeitslosengeld im Krankheitsfall weitergezahlt?

Tritt während des Bezuges von Arbeitslosengeld eine Arbeitsunfähigkeit infolge von Krankheit ein, so wird das Arbeitslosengeld für längstens 6 Wochen (42 Kalendertage) weitergezahlt; das gleiche gilt bei Arbeitsunfähigkeit infolge einer nicht rechtswidrigen Sterilisation oder eines nicht rechtswidrigen bzw. straffreien Schwangerschaftsabbruches durch einen Arzt (§ 126 Abs. 1 SGB III). Der kalendermäßige Ablauf des Sechs-Wochen-Zeitraums wird durch die Gewährung von Übergangsgeld an den Arbeitslosen nicht unterbrochen (BSG SozR 4100 § 105b Nr. 7). Außerdem wird das Arbeitslosengeld bis zu einer Dauer von 10 Tagen, bei alleinerziehenden Arbeitslosen bis zu einer Dauer von 20 Tagen im Kalenderjahr weitergezahlt, wenn der Arbeitslose ein erkranktes Kind beaufsichtigen, betreuen oder pflegen muß. Voraussetzung dafür ist, daß der Arzt die Notwendigkeit der Beaufsichtigung, Betreuung oder Pflege des erkrankten Kindes bescheinigt, daß eine andere Person, die im Haushalt des Arbeitslosen lebt, diese Aufgabe nicht wahrnehmen kann und daß das Kind das 12. Lebensjahr noch nicht vollendet hat (§ 126 Abs. 2 S. 1 SGB III). Leben mehrere Kinder im Haushalt des Arbeitslosen, so besteht – bei Vorliegen der genannten Voraussetzungen – der Fortzahlungsanspruch für jedes einzelne Kind je Kalenderjahr; allerdings ist dies je Kalenderjahr auf eine Höchstdauer von 25 Tagen, bei Alleinstehenden auf eine solche von 50 Tagen begrenzt (§ 126 Abs. 2 S. 2 SGB III).

Die Arbeitsunfähigkeit muß dem Arbeitsamt unverzüglich, also i.d.R. am Tage der Erkrankung, gemeldet und vor Ablauf des 3. Kalendertages nach Eintritt der Arbeitsunfähigkeit durch Vorlage einer ärztlichen Bescheinigung nachgewiesen werden (§ 311 S. 1 SGB III). Dies gilt auch für Folgebescheinigungen des Arztes über weitere Arbeitsunfähigkeit. Ebenso sollte ohne Zögern dem Arbeitsamt mitgeteilt werden, daß der Arbeitslose wieder gesund ist. Dauert die Erkrankung nicht länger als 6 Wochen, so bedarf es keines neuen Antrages auf Arbeitslosengeld. Für die Weiterzahlung des Arbeitslosengeldes genügt die Mitteilung des Arbeitslosen, daß er wieder gesund ist. Ab der 7. Woche der Erkrankung wird durch die zuständige Krankenkasse Krankengeld gezahlt. Grundlage für die Zahlung des Krankengeldes ist ein Aufhebungsbescheid, den das Arbeitsamt dem Arbeitslosen erteilt.

Gesundet der Arbeitslose, nachdem er Krankengeld durch die Krankenkasse bezogen hat, so muß er, um Nachteile zu vermeiden, sofort einen *neuen Antrag* beim Arbeitsamt auf Gewährung von Arbeitslosengeld stellen. Um hier keinen Leerraum zwischen Krankengeld und Arbeitslosengeld entstehen zu lassen, wird jedem Arbeitslosen empfohlen, den neuen Antrag auf Arbeitslosengeld *persönlich* und spätestens *am ersten Tag der Gesundung* beim Arbeitsamt zu stellen.

14. Wird Arbeitslosengeld im Falle einer Berufs- oder Erwerbsunfähigkeit gezahlt?

Für Arbeitslose, die wegen einer Minderung ihrer Leistungsfähigkeit für die Dauer von mehr als 6 Monaten der Arbeitsvermittlung nicht zur Verfügung stehen und deshalb an sich keinen Anspruch auf Arbeitslosengeld haben, hat der Gesetzgeber bis zur Entscheidung über die Frage von Berufs- oder Erwerbsunfähigkeit die Zahlung von Arbeitslosengeld im Sinne einer sogenannten „Nahtlosigkeit" geregelt (§ 125 SGB III). Damit wird die Übergangszeit, bis zu der der Rentenversicherungsträger – gegebenenfalls auf Veranlassung des Arbeitsamtes – über die Frage des Vorliegens von Berufs- oder Erwerbsunfähigkeit entschieden hat, überbrückt. Dies gilt sowohl dann, wenn die Leistungsfähigkeit nur gemindert ist, als auch dann, wenn sie völlig aufgehoben ist. Sie erfaßt auch die Fälle, in denen – z.B. hinsichtlich der Dauer der Arbeitszeit – eine Beschäftigung des in seiner Leistungsfähigkeit geminderten Arbeitslosen unter den üblichen Bedingungen des allgemeinen Arbeitsmarktes nicht mehr möglich ist.

Beispiel: A kann wegen eines gutachtlich festgestellten Bandscheibenleidens nur noch 12 Stunden wöchentlich arbeiten. Er hat eine Erwerbsunfähigkeitsrente beantragt. Die Entscheidung des Rentenversicherungsträgers ist in Kürze zu erwarten. Unter den üblichen Bedingungen des Arbeitsmarktes für männliche Arbeitskräfte steht A dauernd nicht zur Verfügung, da er nur noch geringfügig in der Woche arbeiten kann. Bis zur Feststellung der Berufs- bzw. Erwerbsunfähigkeit erhält A aufgrund der Nahtlosigkeitsregelung Arbeitslosengeld. Erhält A später ein Übergangsgeld aus der gesetzlichen Rentenversicherung oder eine Rente wegen Berufs- und Erwerbsunfähigkeit rückwirkend zuerkannt, so geht sein Anspruch auf diese Leistungen für die Zeit und für die Höhe, in der das Arbeitsamt nach der Nahtlosigkeitsregelung Arbeitslosengeld gezahlt hat, auf die Bundesanstalt über (§ 125 Abs. 3 SGB III).

Das sogenannte Nahtlosigkeits-Arbeitslosengeld richtet sich nicht danach, was der Arbeitslose aufgrund der Minderung seiner Leistungsfähigkeit künftig verdienen könnte, sondern danach, was er zuletzt im Bemessungszeitraum als Voll- Erwerbstätiger verdient hatte (§ 133 Abs. 2 S. 3 SGB III). Der Arbeitslose, der aufgrund der Nahtlosigkeitsregelung Arbeitslosengeld erhält, wird vom Arbeitsamt aufgefordert, innerhalb eines Monats nach Zugang des Aufforderungsschreibens Maßnahmen zur Rehabilitation oder zur beruflichen Eingliederung Behinderter zu beantragen. Unterläßt er diesen Antrag, so ruht der Anspruch auf Arbeitslosengeld vom Tage nach Ablauf der Monatsfrist bis zu dem Tage, an dem er eine solche Maßnahme oder Rente wegen Berufs- oder Erwerbsunfähigkeit beantragt (§ 125 Abs. 2 SGB III).

Hat der Rentenversicherungsträger eine Entscheidung getroffen, entfällt die Möglichkeit der Gewährung von Arbeitslosengeld nach § 125 SGB III (Nahtlosigkeit). Ob ein Anspruch auf Arbeitslosengeld besteht oder nicht, richtet sich jetzt alleine danach, ob der Arbeitslose trotz seines Gesundheitszustandes der Arbeitsvermittlung zur Verfügung steht.

Hat der Rentenversicherungsträger Erwerbsunfähigkeit festgestellt, so steht der Arbeitslose auch dann, wenn daraus keine Rentenzahlung folgt (z. B. weil er die rentenrechtlich erforderliche Wartezeit nicht erfüllt hat – §§ 44 Abs. 1 Nr. 3, 50 Abs. 1 S. 1 Nr. 2 SGB VI), der Arbeitsvermittlung nicht mehr zur Verfügung.

Ist der Arbeitslose sozialmedizinisch noch in der Lage, 15 Stunden oder mehr pro Woche einer Beschäftigung nachzugehen und bezieht er keine Erwerbsunfähigkeitsrente (dies wäre bei Verschlossenheit des Teilzeitarbeitsmarktes möglich), so muß er sich – will er Arbeitslosengeld beziehen – insoweit auch der Arbeitsvermittlung zur Verfügung stellen.

Beispiel: A ist der Auffassung, er könne aus gesundheitlichen Gründen allenfalls noch 10 Stunden/Woche einer Beschäftigung nachgehen. Das sozialmedizinische Gutachten bescheinigt ihm demgegenüber Leistungsfähigkeit noch für 25 Stunden/Woche. Erwerbsunfähigkeitsrente wird nicht gewährt, weil es für A, was gegenwärtig allerdings die Ausnahme sein dürfte, einen funktionierenden Teilzeitarbeitsmarkt gibt.
Will A, der bis zur Entscheidung des Rentenversicherungsträgers Arbeitslosengeld nach § 125 SGB III (Nahtlosigkeit) bezogen hat, weiter Arbeitslosengeld beziehen, muß er sich, auch wenn er das sozialmedizinische Gutachten für falsch hält, jetzt im darin festgestellten Umfang der Arbeitsvermittlung zur Verfügung stellen.
Er sollte dies im übrigen auch dann tun, wenn er die Entscheidung des Rentenversicherungsträgers mit dem Widerspruch oder der Klage

anficht. Es trifft zwar zu, daß das Verhalten gegenüber dem Rentenversicherungsträger (Geltendmachen von nur geringer Leistungsfähigkeit) dann im Widerspruch zum Verhalten gegenüber dem Arbeitsamt
(Bereitschaft zur Aufnahme von Tätigkeiten in zeitlich höherem Umfang) steht; für die sozialmedizinische Beurteilung der Leistungsfähigkeit, die objektiv zu erfolgen hat, spielt die subjektive Erklärung des
Arbeitslosen gegenüber dem Arbeitsamt jedoch keine Rolle. Der Arbeitslose muß also nicht befürchten, deshalb im Verfahren gegenüber
dem Rentenversicherungsträger Nachteile zu erleiden (vgl. hierzu
auch oben I.3 gg, S. 28 ff).

15. Erhöht das Arbeitslosengeld die Steuerschuld?

An sich sind Arbeitslosengeld und -hilfe (jedenfalls noch) steu-
erfrei. Beziehen Sie das ganze Jahr keinerlei Einkommen, sondern
nur Arbeitslosengeld oder -hilfe, so sind keine Steuern zu entrichten. Darüber hinaus mindern Werbungskosten aus dem Jahr
der Arbeitslosigkeit – Kosten für Stellenanzeigen, Vorstellungsgespräche und Bewerbungen, Fortbildungsmaßnahmen oder Gewerkschaftsbeiträge – das zu versteuernde Einkommen aus dem
Vorjahr, wodurch Ihnen Steuern zurückerstattet werden. Waren
Sie jedoch während eines Teiles des Jahres lohn- oder einkom-
mensteuerpflichtig erwerbstätig, so zahlen Sie indirekt höhere
Steuern, weil die Leistungen des Arbeitsamtes zunächst zu Ihren
zu versteuernden Einkünften dazugerechnet werden; danach wird
aus der progressiven Steuertabelle der höhere Steuerprozentsatz
entnommen. Anschließend wird die Leistung des Arbeitsamtes
vom Einkommen wieder abgezogen und von der verbleibenden
Summe der erhöhte Steuersatz errechnet. Verschweigen gegenüber dem Finanzamt kann Steuerhinterziehung sein. Denn wer
Arbeitslosengeld oder Arbeitslosenhilfe bezogen hat, ist auch
dann verpflichtet, dem Finanzamt eine Steuererklärung einzureichen, wenn übliche „Veranlagungsgründe" nicht vorliegen, aber
der Ehegatte im Vorjahr in Steuerklasse III gewesen ist. Dagegen
kann der nicht arbeitslos gewesene Ehegatte auf Jahreslohnsteuerausgleich (samt Ehegattensplitting) verzichten. Das Arbeitsamt
erteilt Ihnen zu Beginn eines Jahres eine Zwischenbescheinigung
über Leistungen im Vorjahr für das Finanzamt, wenn Sie Arbeits-

losengeld über den Jahreswechsel hinaus auch im neuen Jahr weiter beziehen. Ansonsten ergeben sich die Angaben zur Vorlage beim Finanzamt aus dem am Ende eines Bezuges von Arbeitslosengeld vom Arbeitsamt übersandten Leistungsnachweis.

Beispiel: Angenommen, ein Alleinstehender erzielte in neun Beschäftigungsmonaten 20 000 DM an zu versteuerndem Einkommen (Werbungskosten und Sonderausgaben also schon abgezogen). Darauf werden 3496 DM Steuer fällig, das sind 17,5 % von 20 000 DM. Durch die Hinzurechnung seines (auf brutto hochgerechneten) Arbeitslosengeldes von 3550 DM aus den verbleibenden drei Monaten erhöht sich sein Einkommen auf 23 550 DM mit der Folge, daß nunmehr eigentlich 4455 DM Steuern fällig würden. Das sind 18,9 % von 23 550 DM. Und mit diesen 18,9 % – statt mit 17,5 % – wird nun das steuerpflichtige Einkommen von 20 000 DM belastet. Das ergibt 3780 DM. Das Arbeitslosengeld hat die Steuerschuld damit um 284 DM erhöht.

16. Teilarbeitslosengeld

Eine völlig neue Leistungsart hat der Gesetzgeber in § 150 SGB III eingeführt.

Danach hat Anspruch auf Gewährung von Teilarbeitslosengeld, wer – so Abs. 1 der gen. Vorschrift –
– teilarbeitslos ist,
– sich teilarbeitslos gemeldet hat und
– die Anwartschaftszeit für Teilarbeitslosengeld erfüllt hat.

Grundsätzlich gelten alle Vorschriften über das Arbeitslosengeld auch für das Teilarbeitslosengeld, allerdings mit folgenden *Abweichungen:*

a) Wann sind Sie teilarbeitslos?

Teilarbeitslos ist nach § 150 Abs. 2 Nr. 1 SGB III, wer eine von mehreren nebeneinander ausgeübten versicherungspflichtigen Beschäftigungen verliert und eine versicherungspflichtige Beschäftigung sucht.

Beispiel: A war mit 20 Stunden/Woche vormittags als Kassiererin in einem Supermarkt beschäftigt. Nachmittags arbeitete sie arbeitstäglich 3¹/₂ Stunden, insgesamt also weitere 17,5 Stunden/Woche, als

Packerin bei einem Versandhandel. Unverschuldet verliert sie die
Vormittagsbeschäftigung. Sie meldet sich teilarbeitslos und stellt sich
der Arbeitsvermittlung für vormittägliche Beschäftigungen von mindestens 15, höchstens 20 Stunden/Woche zur Verfügung. Außerdem
bewirbt sie sich regelmäßig auf entsprechende Stellenangebote in der
örtlichen Tagespresse.
Hier ist A teilarbeitslos.
Anders stellt sich die Sachlage dar, wenn A aufgrund einer wirksamen
Änderungskündigung seitens ihres Arbeitgebers vormittags statt bisher
20 Stunden/Woche künftig nur noch 10 Stunden/Woche arbeiten
kann.
A ist hierdurch jetzt zwar vormittags nicht mehr versicherungspflichtig
beschäftigt; sie hat durch die Änderungskündigung jedoch keine versicherungspflichtige Beschäftigung „verloren" i. S. d. § 150 Abs. 2 Nr. 1
SGB III (so jedenfalls die Begründung zum Gesetzentwurf).

**b) Wann haben Sie die Anwartschaftszeit für das Teilarbeitslo-
sengeld erfüllt?**

§ 150 Abs. 2 Nr. 2 SGB III sieht insofern eine Teilarbeitslosen-
geld-*Rahmenfrist von 2 Jahren* vor (zur Rahmenfrist siehe oben
I. 5 a, S. 37 ff).
In dieser Zeit müssen Sie neben der weiterhin ausgeübten versicherungspflichtigen Beschäftigung mindestens 12 Monate lang eine weitere versicherungspflichtige Beschäftigung ausgeübt haben.

Beispiel: A ist seit 1. 4. 1997 vormittag im Umfang von 20 Stunden/
Woche beschäftigt. Am 1. 2. 1998 nimmt sie zusätzlich eine Beschäftigung nachmittags im Umfang von 18 Stunden/Woche an. Mit Ablauf
des 31. 1. 1999 verliert sie unverschuldet eine der Beschäftigungen. Sie
meldet sich am 1. 2. 1999 arbeitslos und beantragt die Gewährung von
Arbeitslosengeld.
Hier umfaßt die Rahmenfrist den Zeitraum 1. 2. 1997 bis 31.1. 1999.
In diesem hat sie *neben* der Vormittagsbeschäftigung 12 Monate lang
(1. 2. 1998–31. 1. 1999) eine weitere versicherungspflichtige Beschäftigung ausgeübt. Sie hat also die Anwartschaftszeit für Teilarbeitslosengeld erfüllt.

c) Wie lange können Sie Teilarbeitslosengeld beziehen?

Anders als beim Arbeitslosengeld, bei dem die Anspruchsdauer
auch von der Dauer der Beschäftigung und vom Lebensalter ab-

hängt, sieht § 150 Abs. 2 Nr. 3 SGB III eine *einheitliche Höchstdauer* für alle Bezieher von Teilarbeitslosengeld vor. Sie beträgt
6 Monate.

d) Wann erlischt der Anspruch auf Teilarbeitslosengeld?

§ 150 Abs. 2 Nr. 5 SGB III regelt 3 Fälle, in denen der Anspruch
auf Teilarbeitslosengeld erlischt. Zunächst erlischt er dann, wenn
Sie eine Beschäftigung, selbständige Tätigkeit oder Tätigkeit als
mithelfender Familienangehöriger für *mehr als 2 Wochen* oder
mit einer Arbeitszeit von *mehr als 5 Stunden/Woche* aufnehmen.
Es führt also nicht nur eine neue versicherungspflichtige Beschäftigung sondern auch eine geringfügige Beschäftigung bzw. Tätigkeit zum Anspruchsverlust, wenn die gen. Dauer bzw. Arbeitszeit
überschritten wird.

Der Anspruch erlischt sodann auch, wenn ein „normaler" Arbeitslosengeldanspruch entsteht.

Diese wäre beispielsweise dann der Fall, wenn A im Beispielsfall unter b, S. 87) nach dem 1. 2. 1999 (Beginn ihres Anspruches
auf Teilarbeitslosengeld) auch die andere versicherungspflichtige
Teilzeitbeschäftigung unverschuldet verliert und aufgrunddessen
jetzt alle Voraussetzungen für die Gewährung von „normalem"
Arbeitslosengeld erfüllt.

Schließlich erlischt der Anspruch auf Teilarbeitslosengeld spätestens nach Ablauf eines Jahres seit seiner Entstehung.

Beispiel: A hat am 1. 4. 1998 einen Anspruch auf Teilarbeitslosengeld
erworben. Solches bezieht er für 4 Monate, also bis Ende Juli 1998.
Vom 1. 8. 1998 bis zum 28. 2. 1999 will er keine weitere versicherungspflichtige Beschäftigung aufnehmen, was er dem Arbeitsamt
auch mitteilt. Da A in dieser Zeit nicht teilarbeitslos ist (er sucht keine
versicherungspflichtige Beschäftigung; § 150 Abs. 1 Nr. 1, Abs. 2 Nr. 1
SGB III), erhält er auch kein Teilarbeitslosengeld. Am 1. 3. 1999 meldet er sich wieder teilarbeitslos und erfüllt jetzt auch wieder alle Anspruchsvoraussetzungen. Dementsprechend gewährt ihm das Arbeitsamt Teilarbeitslosengeld wieder ab 1. 3. 1999, allerdings nur noch bis
zum 31. 3. 1999. Am 1. 4. 1999 erlischt nämlich der Anspruch, da seit
seiner Entstehung 1 Jahr vergangen ist. A hat also 1 Monat Anspruchsdauer verloren.

IV. In welchen Fällen ruht der Anspruch auf Arbeitslosengeld?

1. Arbeitskämpfe und § 146 SGB III

Bei Arbeitskämpfen hat sich die Bundesanstalt für Arbeit neutral zu verhalten. Aus diesem Grund gewährt sie für Arbeitnehmer, die am Arbeitskampf beteiligt sind, kein Arbeitslosengeld. So heißt es in § 146 Abs. 1 S. 1 SGB III, daß durch die Gewährung von Arbeitslosengeld nicht in Arbeitskämpfe eingegriffen werden darf. Wird der Arbeitnehmer durch Beteiligung an einem inländischen Arbeitskampf arbeitslos, so ruht der Anspruch auf Arbeitslosengeld bis zum Ende des Arbeitskampfes (§ 146 Abs. 2 SGB III). Davon erfaßt werden Streiks, auch wilde Streiks, Aussperrungen, kollektive Arbeitsniederlegungen, Sympathiestreiks und politische Streiks. Sollten infolge eines Bummelstreiks oder eines Dienstes nach Vorschrift die Arbeitnehmer von Zulieferbetrieben oder Abnehmerbetrieben zeitweilig arbeitslos werden, so erhalten auch diese kein Arbeitslosengeld. Es kommt nicht darauf an, ob die Kampfmaßnahme zulässig oder rechtswidrig ist. Erfaßt werden auch Arbeitnehmer, die mittelbar durch den Arbeitskampf arbeitslos wurden. So kann beispielsweise der Fall eintreten, daß infolge eines Schwerpunktstreiks Arbeitnehmer, die nicht streiken und auch nicht gewerkschaftlich organisiert sind, nicht weiter beschäftigt werden können. Auch in diesem Fall besteht kein Anspruch auf Arbeitslosengeld. Dabei kam es allerdings bis Mai 1986 darauf an, daß entweder der Arbeitskampf auf eine Änderung der Arbeitsbedingungen in dem Betrieb, in dem der Arbeitnehmer zuletzt beschäftigt war, abzielt oder daß die Gewährung von Arbeitslosengeld den Arbeitskampf beeinflussen würde.

Beispiel: Die Firma F streikt mit der Folge, daß die Abnehmerfirma A die notwendigen Produkte zur Weiterverarbeitung nicht erhält und infolgedessen ihre Mitarbeiter nicht mehr weiter beschäftigen kann. Gehören beide Firmen derselben Branche und demselben Tarifbezirk an, so würde die Bezahlung von Arbeitslosengeld an die Mitarbeiter der Abnehmerfirma den Arbeitskampf beeinflussen. Gehört jedoch die

Abnehmerfirma einer anderen Branche oder einem anderen Tarifbezirk an, so erhalten die mittelbar betroffenen Arbeitnehmer Arbeitslosengeld. In Härtefällen können der Verwaltungsrat der Bundesanstalt oder – wenn es sich nur um den Bereich eines Landesarbeitsamtes handelt – der Verwaltungsausschuß des jeweiligen Landesarbeitsamtes bestimmten Gruppen von Arbeitnehmern Arbeitslosengeld gewähren (§ 146 Abs. 4 SGB III). Im Mai 1971 machte der Verwaltungsrat der Bundesanstalt von diesem Recht Gebrauch und beschloß, den infolge des Arbeitskampfes der Metallindustrie in Baden-Württemberg in anderen Tarifbezirken derselben Branche arbeitslos gewordenen Arbeitslosen Arbeitslosengeld zu bezahlen. Praktisch bedeutet dies, daß ein nur mittelbar von Arbeitskämpfen betroffener Arbeitsloser ggf. auf Sozialhilfe angewiesen ist. Gehört er nämlich derselben Branche, in der gestreikt wird, an und fällt er lediglich unter einen anderen Tarifbezirk, so liegt es in dem Entscheidungsermessen der Bundesanstalt bzw. des Verwaltungsausschusses des jeweiligen Landesarbeitsamtes, Arbeitslosengeld zu gewähren oder zu versagen.

Musterprozeß zum IG Metall-Streik 1984

Anläßlich des Streikes der IG Metall im Mai 1984 wies der damalige Präsident der Bundesanstalt für Arbeit die Arbeitsämter durch einen Erlaß an, den indirekt vom Streik betroffenen Arbeitnehmern außerhalb der bestreikten Tarifgebiete Nordwürttemberg-Nordbaden und Hessen unter Hinweis auf § 4 der inzwischen aufgehobenen Neutralitätsanordnung keinen Lohnersatz (Arbeitslosengeld, Arbeitslosenhilfe, Kurzarbeitergeld) zu zahlen. Begründung: Bundesweit werde nach Art und Umfang die gleiche Forderung erhoben und bundesweit sollen die gleichen Arbeitsbedingungen durchgesetzt werden. Gemeint war die 35-Stunden-Woche bei vollem Lohnausgleich.

Diese Entscheidung war rechtswidrig, weil § 116 AFG in der damals geltenden Fassung für nur mittelbar von einem Arbeitskampf betroffene Arbeitnehmer die gesetzgeberische Grundentscheidung enthielt, daß die Gewährung von nach dem AFG begründeten Leistungen die Regel, ihr Ruhen demgegenüber die Ausnahme ist (BSG SozR 3-4100 § 116 Nr. 1).

Mit dem „Gesetz zur Sicherung der Neutralität der Bundesanstalt für Arbeit bei Arbeitskämpfen" vom 15. Mai 1986 hat der

Gesetzgeber § 116 AFG neu gefaßt. Die Vorschrift des § 146 SGB III entspricht § 116 AFG a. F. und besagt im wesentlichen, daß Arbeitnehmer, die infolge eines Streikes kurzarbeiten müssen oder arbeitslos werden, unter folgenden Voraussetzungen kein Kurzarbeitergeld bzw. kein Arbeitslosengeld erhalten:

1. Ihr Beschäftigungsbetrieb gehört dem räumlichen und fachlichen Geltungsbereich des umkämpften Tarifvertrages an (§ 146 Abs. 3 S. 1 Nr. 1 SGB III).

2. Es wird in einem anderen räumlichen Geltungsbereich des Tarifvertrages, dem der Betrieb fachlich zuzuordnen ist, eine Forderung erhoben, die einer Hauptforderung des Arbeitskampfes nach Art und Umfang gleich ist, ohne mit ihr übereinstimmen zu müssen, und das Ergebnis des Arbeitskampfes wird aller Voraussicht nach in dem nicht umkämpften Tarifgebiet übernommen werden (§ 146 Abs. 3 S. 1 Nr. 2 SGB III).

Beispiel: Der Kfz-Mechaniker K in München wird durch einen Streik der IG Metall in Baden-Württemberg, der eine kürzere Arbeitszeit zum Ziel hat, infolge Zulieferausfälle in seinem metallverarbeitenden Betrieb arbeitslos und beantragt Arbeitslosengeld, wofür er formal alle Voraussetzungen nach § 117 SGB III erfüllt. Für den Fall, daß der Streik erfolgreich ist, steht zu erwarten, daß die kürzere Arbeitszeit auch in Bayern eingeführt wird. Während K nach § 146 Abs. 3 S. 1 Nr. 2 SGB III vom Bezug von Arbeitslosengeld ausgeschlossen ist, hat sein Kollege, in dessen kunststoffverarbeitendem Betrieb wegen des Streikes ebenfalls nicht mehr gearbeitet werden kann, Anspruch auf solches.

Dieses Ergebnis ist verfassungsrechtlich nicht zu beanstanden. Zur gleichlautenden Vorschrift des § 116 Abs. 3 S. 1 AFG a. F. hat nämlich das Bundesverfassungsgericht (BVerfG SozR 3-4100 § 116 Nr. 3) entschieden, daß diese nicht gegen das Grundgesetz verstößt.

Art. 3 des Grundgesetzes sei deshalb nicht verletzt, weil der Teilhabegedanke sachlicher Differenzierungsgrund für die Ungleichbehandlung von Arbeitnehmern verschiedener Branchen in nicht umkämpften Bezirken sei. Auch Art. 14 des Grundgesetzes sei nicht verletzt. Selbst dann, wenn angenommen werden könne, auch Kurzarbeitergeld sei von dieser Norm geschützt, handle es sich bei § 116 Abs. 3 Satz 1 AFG a. F. um eine insofern zulässige Inhaltsbestimmung.

2. Anspruch auf restliches Arbeitsentgelt

Ihr Anspruch auf Arbeitslosengeld ruht in der Zeit, für die Sie noch Arbeitsentgelt erhalten oder zu beanspruchen haben (§ 143 Abs. 1 SGB III). Ruhen heißt, daß Ihnen zeitweilig kein Arbeitslosengeld gezahlt wird; dies bedeutet in diesem Fall aber nicht, daß die Anspruchsdauer um die Zeit des Ruhens kürzer wird; ein langfristig Arbeitsloser kann somit am Ende gleichwohl sein volles Arbeitslosengeld für z. B. ein Jahr in Anspruch nehmen.

Beispiel: A wird am 2. 8. gekündigt. Der Arbeitgeber verzichtet für die Dauer der Kündigungsfrist auf ihre Arbeitsleistung, zahlt aber das Gehalt bis zu der am 30. 9. laufenden Kündigungsfrist für die ordentliche Kündigung weiter. Am 3. 8. meldet sich A arbeitslos und beantragt Arbeitslosengeld. An sich sind alle Voraussetzungen für den Bezug von Arbeitslosengeld erfüllt, gleichwohl ruht der Anspruch bis zum 30. 9.; für diese Zeit erhält A kein Arbeitslosengeld. Denn wer Lohn bzw. Gehalt bekommt, soll nicht gleichzeitig „Lohnersatz" in Form des Arbeitslosengeldes erhalten. Bei dieser Fallgestaltung, in der der Arbeitgeber – bei Freistellung des Arbeitnehmers von der Arbeit – weiterzahlt, sollte der Antrag auf Gewährung von Arbeitslosengeld allerdings erst mit Wirkung des 1. Tages von Arbeitslosigkeit ohne Lohn- oder Gehaltszahlung gestellt werden. Soziale Absicherung (Entgelt, Kranken-, Renten-, Unfall- und Arbeitslosenversicherungsschutz) besteht bis zum Ende des Arbeitsverhältnisses. Möglicherweise bewirken aber die restlichen Arbeitstage vor dem dann erst später entstehenden Anspruch, daß – z. B. bei Vollendung des 45. Lebensjahres (§ 127 Abs. 2 SGB III) – ein längerer Anspruch entsteht. Diese Wirkung tritt dann nicht ein, wenn Sie sich sofort bei Eintritt tatsächlicher Arbeitslosigkeit arbeitslos melden, jetzt ein Anspruch auf Arbeitslosengeld geringerer Dauer entsteht, dieser dann ruht und die Voraussetzungen für den Anspruch auf Arbeitslosengeld von längerer Dauer erst am Ende des Arbeitsverhältnisses vorlägen.

Beispiel: Angenommen, A wird ohne Einhaltung einer Kündigungsfrist zum 2. 8. gekündigt, und zwar, ohne daß vertragswidriges Verhalten vorliegt. Darüber wird vor dem Arbeitsgericht allerdings gestritten, nachdem A Kündigungsschutzklage eingereicht hat. Auch hier ruht – unterstellt die Kündigung war rechtswidrig – ihr Anspruch auf Arbeitslosengeld. Doch wird – weil A noch nichts in den Händen hat – zunächst Arbeitslosengeld gezahlt (§ 143 Abs. 3 SGB III). Allerdings geht der Anspruch von A gegen ihren Arbeitgeber auf Entgeltzahlung insoweit auf die Bundesanstalt für Arbeit über (§ 115 SGB X).

3. Anspruch auf Urlaubsabgeltung

Ihr Anspruch auf Arbeitslosengeld ruht auch für die Zeit des abgegoltenen Urlaubs, wenn Sie wegen Beendigung Ihres Arbeitsverhältnisses noch eine Urlaubsabgeltung (z. B. für nicht genommenen Urlaub, der Ihnen zusteht) tatsächlich erhalten oder beanspruchen können (§ 143 Abs. 2 SGB III). Der Ruhenszeitraum schließt sich an das Ende des Arbeitsverhältnisses an.

Beispiel: A wurde fristgemäß zum 30. 9. gekündigt. Ihr stehen noch 800 DM Urlaubsabgeltung für nicht genommenen Urlaub bis zum 15. 10. zu, die ihr beim Ausscheiden ausgezahlt werden. A meldet sich am 1. 10. arbeitslos und beantragt Arbeitslosengeld. Da der Anspruch auf Arbeitslosengeld wegen der Urlaubsabgeltung ruht, steht ihr Arbeitslosengeld erst ab 16. 10. zu. Wer Urlaubsabgeltung bekommt oder zu beanspruchen hat, kann nicht gleichzeitig „Lohnersatz" erhalten.

4. Anspruch auf Abfindung, Entschädigung oder ähnliche Leistungen (Entlassungsentschädigung)

a) Allgemeines

Haben Sie wegen der Beendigung des Arbeitsverhältnisses eine Abfindung, Entschädigung oder eine ähnliche Leistung (Entlassungsentschädigung) erhalten oder zu beanspruchen und ist das Arbeitsverhältnis ohne Einhaltung einer der ordentlichen Kündigungsfrist des Arbeitgebers entsprechenden Frist beendet worden, so ruht der Anspruch auf Arbeitslosengeld, und zwar für den Zeitraum vom Ende des Arbeitsverhältnisses bis längstens zu dem Tag, an dem das Arbeitsverhältnis bei Einhaltung der der ordentlichen Kündigungsfrist entsprechenden Frist geendet hätte, höchstens jedoch ein Jahr (§ 143a Abs. 1 und 2 S. 1 SGB III).

Ihr Anspruch ruht also dann nicht, wenn das Arbeitsverhältnis mit einer Frist beendet worden ist, welche der ordentlichen Kündigungsfrist des Arbeitgebers entspricht, oder wenn das Arbeitsverhältnis von vornherein befristet war und mit dem vereinbarten Fristende beendet wird. Ferner ruht Ihr Anspruch nicht über den Tag hinaus, an dem der Arbeitgeber das Arbeitsverhältnis aus wichtigem Grund ohne Einhaltung einer Kündigungsfrist hätte kündigen können (wobei dann wohl in der Regel auch keine Entlassungsentschädigung in Frage kommen wird).

Zu beachten ist jedoch, daß auch bei Einhaltung der ordentlichen Kündigungsfrist eine Sperrzeit infrage kommen kann, wenn Sie selbst kündigen oder einvernehmlich einen Auflösungsvertrag mit Entlassungsentschädigung schließen.

Steht Ihnen eine Abfindung, eine Entschädigung oder eine ähnliche Leistung zwar zu, ohne daß Sie sie derzeit erhalten haben, so gewährt das Arbeitsamt Arbeitslosengeld übergangsweise auch für die Zeit, in welcher der Anspruch auf Arbeitslosengeld ruht (§ 143 a Abs. 4 SGB III). In diesem Fall geht jedoch Ihr Anspruch auf die Abfindung oder Entschädigung oder ähnliche Leistung auf die Bundesanstalt für Arbeit über, und zwar in der Höhe, in der für den Zeitraum des Ruhens Arbeitslosengeld gezahlt worden ist (§ 115 SGB X).

Die Anspruchsdauer für den Bezug von Arbeitslosengeld wird hierdurch nicht gekürzt; vielmehr wird der Beginn der Zahlung von Arbeitslosengeld hinausgeschoben.

Beispiel: Dem Arbeitnehmer A wird ordnungsgemäß und fristgemäß zum 30. 9. gekündigt. Beim Ausscheiden erhält er eine Entlassungsentschädigung von 5000 DM. Liegen alle übrigen Voraussetzungen vor, so steht A, obgleich er eine Entlassungsentschädigung erhalten hat, zum 1. 10. Arbeitslosengeld zu. Sein Anspruch auf Arbeitslosengeld ruht also nicht, da die ordentliche Kündigungsfrist eingehalten wurde.

Beispiel: A einigt sich mit Arbeitgeber G auf einen vorzeitigen Auflösungstermin zum 1. 5. Regulär hätte das Arbeitsverhältnis bis 31. 12. laufen müssen. Beim Ausscheiden zahlt G 20 000 DM als Entlassungsentschädigung. Ruht der Anspruch auf Arbeitslosengeld? Ja, weil die Kündigungsfrist nicht eingehalten wurde und weil die Entschädigung wegen der Beendigung des Arbeitsverhältnisses gezahlt wurde.

Beispiel: Der Arbeitgeber hat wegen häufiger Unpünktlichkeit beim Kommen und Gehen dem Arbeitnehmer fristlos gekündigt und zahlt beim Ausscheiden – wozu er verpflichtet ist – noch Lohnrückstand und Gewinnbeteiligung aus. Hier ruht der Anspruch nicht, da es sich bei den Zahlungen nicht um eine Abfindung, Entschädigung oder ähnliche Leistung handelt, wohl aber tritt eine Sperrzeit nach § 144 Abs. 1 Nr. 1 SGB III von 12 Wochen oder in Härtefällen von 6 Wochen ein, wenn das Arbeitsamt nach Befragung von Arbeitgeber und Arbeitnehmer sich der Auffassung des Arbeitgebers anschließt. Im umgekehrten Fall, wenn das Arbeitsamt dem Arbeitnehmer rechtgeben sollte, ist Arbeitslosengeld von Anfang an zu zahlen.

b) Welche Rolle spielt die Kündbarkeit und die Kündigungsfrist bei Entlassungsentschädigungen?

Warum führt überhaupt eine Entlassungsentschädigung zum Ruhen des Arbeitslosengeldes? Entlassungsentschädigungen werden vielfach als Entschädigung für den Verlust des sozialen Besitzstandes in Form von Aufstockungsbeträgen in Sozialplänen oder als Treuegelder gezahlt. Sie bezwecken häufig, älteren Arbeitnehmern das vorzeitige Ausscheiden annehmbarer zu machen. Zum Teil wird ihnen vom Arbeitgeber die Unkündbarkeit oder die Schwerkündbarkeit „abgekauft".

Scheidet ein Arbeitnehmer unter Einhaltung der ordentlichen Kündigungsfrist aus, so kann er die Entlassungsentschädigung anrechnungsfrei behalten, d. h. er bezieht daneben sofort nach seinem Ausscheiden Arbeitslosengeld, wenn er sich arbeitslos meldet, die Anwartschaftszeit erfüllt und Arbeitslosengeld beantragt hat. Bei langfristiger Personalplanung konnten somit Arbeitgeber und Arbeitnehmer jede „Anrechnung" einer Entlassungsentschädigung auf das Arbeitslosengeld vermeiden, indem die ordentliche Kündigungsfrist eingehalten wurde.

Eine Kommission im Bundesministerium für Arbeit und Soziales hat deshalb bereits 1981 angeregt, Entlassungsentschädigungen in jedem Fall – wenn auch nicht voll – auf das Arbeitslosengeld „anzurechnen". Mit der Normierung von § 115a AFG a. F. bzw. § 140 SGB III a. F. wurde dies zwar ab 1. 4. 1997 in die Tat umgesetzt, mit Wirkung ab 1. 4. 1999 jedoch wieder rückgängig gemacht. Nach wie vor wird daher darauf abgestellt, ob der ausgeschiedene Arbeitnehmer überhaupt kündbar ist oder nicht, ob er nur mit einer Entlassungsentschädigung kündbar ist und wenn er – so oder so – kündbar ist, ob die ordentliche Kündigungsfrist eingehalten bzw. warum sie nicht eingehalten wurde. Selbst der Teil der Entlassungsentschädigung, der rechnerisch gesehen Lohnersatz für die verkürzte Kündigungsfrist ist, bleibt zum Teil anrechnungsfrei, und zwar umso mehr, je länger der Arbeitslose im Betrieb war und je älter er ist.

Der Gesetzgeber hat das Verhältnis von Kündbarkeit bzw. Kündigungsfrist einerseits und Entlassungsentschädigung andererseits wie folgt geregelt:

– Arbeitnehmern, die – etwa aufgrund eines Tarifvertrages – unkündbar beschäftigt sind, wird zur „Anrechnung" von Entlassungsentschädigungen eine fiktive Kündigungsfrist von 18 Monaten zugeordnet (§ 143a Abs. 1 S. 3 Nr. 1 SGB III).

Beispiel: A kann nach Tarifvertrag nicht mehr ordentlich (sondern nur noch bei Vorliegen eines wichtigen Grundes – z. B.: Betriebsstillegung – außerordentlich) gekündigt werden. Durch Vereinbarung und Zahlung einer Entlassungsentschädigung wird das Arbeitsverhältnis am 30. 4. 1998 mit Wirkung zum Ende dieses Tages gelöst. Das bedeutet, daß eine fiktive Kündigungsfrist läuft, die am 1. 5. 1998 beginnt und am 31. 10. 1999 endet. Für diesen Zeitraum wird ein Teil der Entlassungsentschädigung zum Ruhen des Arbeitslosengeldes „verrechnet".

Beispiel: Wie oben, jedoch wird die fiktive Kündigungsfrist von 18 Monaten eingehalten, d. h. der Personalchef und A vereinbaren am 30. 4. 1998, daß A zum 31. 10. 1999 ausscheidet. Jede dazugezahlte Abfindung kann A, wenn er anschließend arbeitslos ist und Arbeitslosengeld beantragt, „anrechnungsfrei" behalten.

Die Notwendigkeit, bei unkündbaren Arbeitnehmern die 18-monatige Kündigungsfrist einzuhalten, um das Ruhen des Arbeitslosengeld-Anspruchs auszuschließen, besteht auch, wenn der Arbeitgeber bei einer Betriebsstillegung aus wichtigem Grund, aber eben nicht fristlos kündigen kann (BSG, Urteil vom 8. 12. 1987 – 7 RAr 42/86, info also 3/1988 S. 141).

Mit Vorlage-Beschluß v. 13. 3. 1990 (11 RAr 107/89) an das Bundesverfassungsgericht sah das Bundessozialgericht in § 117 Abs. 2 und 3 AFG a. F. einen Verstoß gegen das Grundrecht auf Gleichheit: „Der Senat sieht es als gleichheitswidrig an, daß das Arbeitslosengeld bei einem Arbeitnehmer, der ordentlich zu einem bestimmten Tag gekündigt werden kann, nur bis zu diesem Tage ruht, während bei einem Arbeitnehmer, der zu diesem Tage aus wichtigem Grund mit Frist gekündigt werden darf, das Arbeitslosengeld auch über diesen Tag hinaus ruhen kann. Der durch Unkündbarkeit bewirkte höhere soziale Besitzstand führt insoweit dazu, daß die Entschädigung dem Arbeitslosen in einem geringeren Umfang verbleibt, als sie im Falle der Kündbarkeit verbleiben würde. Dies widerspricht insbesondere unter Berücksichtigung der Entscheidung des Bundesverfassungsgerichtes zur früheren Fassung des § 117 AFG dem Gleichheitssatz."

Mit Wirkung vom 1. 1. 1993 dürfte dieses Problem durch das Gesetz gelöst worden sein. § 117 Abs. 2 Satz 3 Nr. 2 AFG a. F. (jetzt: § 143 a Abs. 1 S. 3 Nr. 2 SGB III) bestimmt nämlich nunmehr, daß bei Vorliegen der Voraussetzungen für eine fristgebundene Kündigung aus wichtigem Grund die Kündigungsfrist gilt, die ohne den Ausschluß der ordentlichen Kündigung maßgebend gewesen wäre. Es gilt also nicht die bisher vom Bundessozialgericht angewandte 18-monatige Frist.

– Arbeitnehmern, denen – wiederum aufgrund von Tarifverträgen und Sozialplänen – nur noch bei Zahlung einer Entlassungsentschädigung ordentlich gekündigt werden kann, wird eine fiktive Kündigungsfrist von einem Jahr zugeordnet (§ 143 a Abs. 1 S. 4 SGB III).

Beispiel: Arbeitnehmer A und Arbeitgeber B vereinbaren am 30. 4. 1998, daß A zum 31. 5. 1998 ausscheidet und die im Sozialplan vorgesehene Abfindung von 30 000 DM erhält, obwohl der Tarifvertrag für diesen Arbeitnehmer nur noch die außerordentliche Kündigung vorsieht. Hier gilt die fiktive Kündigungsfrist von einem Jahr, die am 1. 5. 1998 beginnt und am 30. 4. 1999 endet.

– Für Arbeitnehmer, bei denen die ordentliche Kündigung für eine begrenzte Zeit ausgeschlossen ist – z. B. bei Mitgliedern des Betriebsrats (§ 15 Kündigungsschutzgesetz), bei Schwerbehinderten (§ 12 Schwerbehindertengesetz) oder bei werdenden Müttern (§ 9 Mutterschutzgesetz) – und denen der Arbeitgeber gleichwohl unter Einhaltung der ordentlichen Kündigungsfrist und Zahlung einer Entlassungsentschädigung kündigt, dürfen diese „anrechnungsfrei" behalten.

Beispiel: Wegen Arbeitsmangels wird einem Betriebsratsmitglied unter Einhaltung der ordentlichen Kündigungsfrist gekündigt, obwohl er während der Dauer der Zugehörigkeit zum Betriebsrat nach § 15 Kündigungsschutzgesetz nicht kündbar ist. Zu einem Prozeß kommt es nicht, weil der gekündigte Arbeitnehmer eine Entlassungsentschädigung von 20 000 DM akzeptiert. Der Anspruch auf Arbeitslosengeld ruht hier nicht, die Entlassungsentschädigung bleibt anrechnungsfrei, weil der Arbeitgeber die ordentliche Kündigungsfrist eingehalten hat (§ 143a Abs. 1 S. 3 Nr. 2 SGB III).

– Bei Arbeitnehmern, denen vorzeitig gekündigt wird oder deren Arbeitsverhältnis durch Vereinbarung vorzeitig endet und denen wegen der Kündigung oder Auflösung eine Entlassungsentschädigung gezahlt wird, ohne daß die ordentliche Kündigungsfrist eingehalten wurde, ruht der Anspruch auf Arbeitslosengeld von dem Ende des Arbeitsverhältnisses bis zu dem Tage, an dem das Arbeitsverhältnis bei Einhaltung der ordentlichen Kündigungsfrist geendet hätte. Diese Frist beginnt mit der Kündigung, die der Beendigung des Arbeitsverhältnisses vorausgegangen ist, bei Fehlen einer solchen Kündigung mit dem Tage der Vereinbarung über die Beendigung des Arbeitsverhältnisses. Diese Frist gilt auch, wenn das Arbeitsverhältnis im gegenseitigen Einvernehmen beendet wird (§ 143a Abs. 1 S. 1 und 2 SGB III).

Beispiel: Der Fuhrunternehmer F kündigt A am 30. 6. fristlos, obwohl er ihm ordentlich erst zum 30. 9. kündigen könnte. Zugleich zahlt F an A wegen der Kündigung als Entlassungsentschädigung 4000 DM. Am 1. 7. meldet sich A beim Arbeitsamt arbeitslos und beantragt Arbeitslosengeld. Ruht sein Anspruch auf Arbeitslosengeld? Ja, und zwar vom 1. 7. bis 30. 9., soweit der anrechnungspflichtige Teil der Entlassungsentschädigung dafür ausreicht (siehe dazu die Berechnungsbeispiele unten).

c) Wieviel Prozent der Entlassungsentschädigung bleiben Ihnen uneingeschränkt erhalten?

Nur ein bestimmter prozentualer Anteil Ihrer Abfindung, Entschädigung oder ähnlichen Leistung führt zum zeitweiligen Ruhen des Arbeitslosengeldes. Der andere Teil bleibt Ihnen voll erhalten. Im einzelnen kommt es darauf an,

– wie alt Sie am Tag des Ausscheidens sind und
– wieviel Jahre Sie dem Betrieb oder Unternehmen angehört haben.

Je nachdem bleiben Ihnen mindestens 40 %, höchstens 75 % der Entschädigungssumme unangetastet erhalten. Jedem Arbeitnehmer bleiben 40 %. Hinzu kommen sowohl für je 5 Jahre des Arbeitsverhältnisses in demselben Betrieb oder Unternehmen als auch für je 5 Lebensjahre nach Vollendung des 35. Lebensjahres weitere 5 %; höchstens jedoch bleiben dem Arbeitnehmer 75 % einer Entlassungsentschädigung anrechnungsfrei (vgl. § 143 a Abs. 2 S. 2 Nr. 1, S. 3 SGB III).

Beispiel: Angenommen, Sie werden mit 57 Jahren nach 32jähriger Betriebszugehörigkeit ohne Einhaltung einer Kündigungsfrist entlassen und wegen des Ausscheidens mit 20 000 DM abgefunden. Was bleibt Ihnen voll erhalten, und was wird mit Arbeitslosengeld verrechnet bzw. führt zum zeitweiligen Ruhen des Arbeitslosengeldes? Ihnen bleiben – unabhängig von Alter und Betriebszugehörigkeit – zunächst 40 %; sodann kommen hinzu: für das Lebensalter 57 (57 – 35 = 22 : 5 = 4, ...) 4 mal 5 % = 20 % „Altersfreiquote"; ferner für 32 Firmenjahre (32 : 5 = 6,...) 6 mal 5 = 30 % Freiquote, ergibt zusammen (40 % + 20 % + 30 %) 90 %, höchstens jedoch 75 % von 20 000 DM = 15 000 DM frei verfügbare Entlassungsentschädigung. Ergebnis: 25 % = 5000 DM werden für das zeitweilige Ruhen des Arbeitslosengeldes zugrundegelegt.

Beispiel: Die Brauerei B kündigt dem 57jährigen, unkündbaren A wegen Betriebsstillegung. Sein letztes Monatsgehalt betrug 3736,– DM, seine Entlassungsentschädigung 63 498,40 DM. A beantragt für die folgenden 4 Monate Arbeitslosengeld. Der Antrag ist erfolglos. Aufgrund seines Alters und seiner Betriebszugehörigkeit von 41 Jahren kann er zwar den Höchstsatz von 75 % der Entlassungsentschädigung anrechnungsfrei behalten, die restlichen 25 % (= 15 874,60 DM) müssen jedoch durch das kalendertägliche Arbeitsentgelt von 124,53 DM geteilt werden (§ 143 a Abs. 2 S. 2 Nr. 1 SGB III). Hierdurch ergibt sich ein Ruhenszeitraum von 127 Kalendertagen, so daß für die beantragten 4 Monate kein Arbeitslosengeld zu zahlen ist.

Dementsprechend ergibt sich für den zu berücksichtigenden Anteil der Abfindung, Entschädigung o. ä. Leistung der maßgebende Anteil nach folgender Tabelle:

	Lebensalter am Ende des Arbeitsverhältnisses					
zu berücksichtigender Anteil der Abfindung, Entschädigung oder ähnlichen Leistung →	unter 40 Jahre	ab 40 Jahre	ab 45 Jahre	ab 50 Jahre	ab 55 Jahre	ab 60 Jahre
	vH	vH	vH	vH	vH	vH
weniger als 5 Jahre	60	55	50	45	40	35
5 und mehr Jahre	55	50	45	40	35	30
10 und mehr Jahre	50	45	40	35	30	25
15 und mehr Jahre	45	40	35	30	25	25
20 und mehr Jahre	40	35	30	25	25	25
25 und mehr Jahre	35	30	25	25	25	25
30 und mehr Jahre		25	25	25	25	25
35 und mehr Jahre			25	25	25	25
Betriebs- oder Unternehmenszugehörigkeit						

d) Welche Leistungen des Arbeitgebers führen zum Ruhen des Arbeitslosengeldes?

Zu berücksichtigen sind nur solche Entlassungsentschädigungen, die Ihnen *wegen* der Beendigung des Arbeitsverhältnisses zustehen. Deshalb muß zwischen der Beendigung des Arbeitsverhältnisses und der Entstehung des Anspruches auf die Entlassungsentschädigung ein ursächlicher Zusammenhang bestehen. Derartige Leistungen werden z. B. gewährt aufgrund eines Sozialplanes, eines arbeitsgerichtlichen Vergleichs bzw. Urteils oder zum Ausgleich des Verlustes des Arbeitsplatzes. Nach Auffassung des Bundessozialgerichtes ist es unerheblich, ob in einem Prozeß wegen einer rechtsunwirksamen fristlosen Kündigung durch den Arbeitgeber das Arbeitsverhältnis durch gerichtlichen Vergleich oder ein sog. Gestaltungsurteil beendet wird; löst also das Arbeitsgericht auf Antrag des Arbeitnehmers nach §§ 9, 10, 13 KSchG das Arbeitsverhältnis zum Zeitpunkt der fristlosen Kündigung auf und verurteilt den Arbeitgeber zur Zahlung einer Entlassungsentschädigung , so kommt es zu deren Anrechnung auf das Arbeitslosengeld.

Zu den Abfindungen, Entschädigungen oder ähnlichen Leistungen (Entlassungsentschädigungen) gehören nicht solche Leistungen, die der Arbeitnehmer ohnedies, also auch ohne die Beendigung des Arbeitsverhältnisses hätte beanspruchen können. Hierzu zählen z. B. rückständige Teile des Arbeitslohnes, anteiliges Weihnachtsgeld, Gewinnbeteiligungen, Jubiläumszuwendungen, Beihilfen, Erfindervergütungen oder Karenzentschädigungen wegen eines vertraglichen Wettbewerbsverbots (z. B. § 74 HGB).

e) Wie lange ruht der Anspruch auf Arbeitslosengeld?

Ob und wie lange der Anspruch auf Arbeitslosengeld ruht, richtet sich

– nach Kündbarkeit, Kündigungsfrist und ggf. auch nach dem Kündigungsgrund;
– nach der Anzahl der Kalendertage, die zwischen dem tatsächlichen Arbeitsende und dem Ende des Arbeitsverhältnisses bei ordentlicher Kündigungsfrist bzw. fiktiver Kündigungsfrist liegen (§ 143 a Abs. 1 SGB III);
– nach dem längsten Ruhenszeitraum: dieser beträgt 1 Jahr (§ 143 a Abs. 2 S. 1 SGB III);
– nach der Höhe der Entlassungsentschädigung;
– nach Ihrem Lebensalter;
– nach der Dauer Ihrer Betriebszugehörigkeit;
– nach dem Arbeitsentgelt der letzten Beschäftigungszeit;
– und danach, ob Sie unmittelbar nach Ende Ihres Arbeitsverhältnisses oder erst zu einem späteren Zeitpunkt Arbeitslosengeld beantragen.

Wer beispielsweise nach dem Ende seines Arbeitsverhältnisses für 1 Jahr aus dem Arbeitsleben ausscheidet und sich erst dann arbeitslos meldet, kann seine Entlassungsentschädigung anrechnungsfrei behalten, d. h. er erhält Arbeitslosengeld ohne Kürzung.

Beispiel: Sie vereinbaren kurzfristig mit dem Arbeitgeber am 15. 2. einen Aufhebungsvertrag zum 31. 3. Hierfür zahlt Ihnen dieser eine hohe Entlassungsentschädigung. Eine ordentliche Kündigung des Arbeitsverhältnisses wäre nach der tarifvertraglichen Regelung nicht mehr zulässig. Wenn Sie nunmehr aus dem Arbeitsleben für längere Zeit ausscheiden und sich beispielsweise erst am 10. 4. des folgenden Jahres arbeitslos melden, so erhalten Sie unverkürzt Arbeitslosengeld.

Für die Ruhenswirkung nach § 143a Abs. 1 SGB III ist es jedoch unerheblich, von wann ab innerhalb des vom Gesetz bestimmten (kalendermäßig festgelegten) Ruhenszeitraumes der Arbeitslosengeld-Anspruch erhoben wird. Das gilt grundsätzlich auch dann, wenn dies erst nach Ablauf einer Zwischenbeschäftigung geschieht. Der Arbeitslosengeld-Anspruch ruht in solchen Fällen vom Zeitpunkt seiner Entstehung bis zum jeweiligen Ende des Ruhenszeitraumes (BSG SozR 4100 § 117 Nr. 17).

Vom Ruhen des Anspruchs auf Arbeitslosengeld nach § 143a Abs. 1 SGB III sind nicht die Fälle ausgenommen, in denen die Partner des Arbeitsverhältnisses irrtümlich von einer kürzeren als der von Rechts wegen richtigen ordentlichen Kündigungsfrist des Arbeitgebers ausgegangen sind (BSG SozR 4100 § 117 Nr. 26).

In welchem Umfang eine Entlassungsentschädigung zum Ruhen des Anspruches auf Arbeitslosengeld führt, sei an folgendem Beispiel erläutert:

Beispiel: A, 55 Jahre, wird nach 30jähriger Betriebszugehörigkeit am 1. 3. ohne Einhaltung der tarifvertraglich vereinbarten Kündigungsfrist von 3 Monaten zum Vierteljahresschluß zum 31. 3. gekündigt. In einem außergerichtlichen Vergleich erhält sie eine Entlassungsentschädigung von 6400 DM (unter Einschluß von 400 DM Lohnrückstand) zugesprochen. Außerdem erhält sie für nicht genommenen Urlaub eine Urlaubsabgeltung für 14 Kalendertage in Höhe von 1400 DM. Im letzten Monat ihrer Beschäftigung verdiente sie ein monatliches Gehalt von 3000 DM brutto. Einen Tag nach ihrem Ausscheiden, am 1. 4. meldet sie sich arbeitslos und beantragt Arbeitslosengeld. Ruht der Anspruch auf Arbeitslosengeld wegen Abfindung, und wenn ja, für welche Zeit? Bei ordentlicher Kündigung hätte das Beschäftigungsverhältnis nicht am 31. 3., sondern erst am 30. 6. geendet. Dies ist eine Differenz von 3 Monaten. Für diese Zeit könnte der Anspruch auf Arbeitslosengeld längstens ruhen. Die tatsächliche Abfindungssumme beträgt 6000 DM (Lohnrückstand steht dem Arbeitnehmer rechtlich voll zu). Davon sind anrechnungsfrei: 40 % in jedem Fall, + 20 % (4 × 5 %) altersbedingt, + 30 % (6 × 5 %) wegen 30jähriger Betriebszugehörigkeit, zusammen 90 %, höchstens jedoch 75 % = 4500 DM. Der Rest von 25 % = 1500 DM ist anrechungspflichtig. Der tägliche Arbeitsverdienst (bei Monatsgehältern $1/_{30}$ des Monatsgehaltes, sonst siehe Arbeitsbescheinigung) beträgt hier 100 DM (3000 DM : 30 Tage = 100 DM). 1500 DM Abfindung : 100 DM arbeitstäglicher Verdienst ergibt 15 Ruhenstage wegen bezahlter Entlassungsentschädigung. Hinzu kommen 14 Ruhenstage wegen Urlaubsabgeltung (vgl. § 143 Abs. 1 SGB III). Somit ruht der Anspruch auf Arbeitslosengeld für 29 Kalendertage, hier also für die Zeit vom 1. 4. bis 29. 4.

f) Welche Fälle führen nicht zum Ruhen des Anspruches auf Arbeitslosengeld?

Beispiel: Bauunternehmer B vereinbart mit A ein sofortiges Ausscheiden. B hätte A wegen eines Vorfalles auch aus wichtigem Grund fristlos kündigen können. Zahlt nun B wegen langer Betriebszugehörigkeit dem A eine Entlassungsentschädigung aus, so kann jener diese anrechnungsfrei behalten (§ 143 a Abs. 2 S. 2 Nr. 3 SGB III). Der Anspruch auf Arbeitslosengeld ruht mithin wegen Zahlung einer Entlassungsentschädigung *nicht.* Allerdings kann nach § 144 Abs. 1 Nr. 1 SGB III eine Sperrzeit von 12 Wochen, in Härtefällen von 6 Wochen wegen vorzeitiger Auflösungsvereinbarung eintreten.

Beispiel: Der Arbeitgeber vereinbart mit Ihnen – obwohl laut Tarifvertrag eine ordentliche Kündigung nicht mehr möglich ist – am 31. 3. ein Ausscheiden zum 30. 9. des nächsten Jahres und zahlt Ihnen 30 000 DM Entlassungsentschädigung. Da hier die fiktive Kündigungsfrist von 18 Monaten genau eingehalten wird, ruht der Anspruch auf Arbeitslosengeld *nicht.*

Beispiel: Der Arbeitgeber kündigt Ihnen innerhalb der ordentlichen Kündigungsfrist und zahlt – auf Ihre Kündigungsschutzklage wegen sozial ungerechtfertigter Kündigung und gemäß Verurteilung durch das Arbeitsgericht – eine Entlassungsentschädigung von 6000 DM. Die ordentliche Kündigungsfrist wurde eingehalten; daher ruht der Anspruch auf Arbeitslosengeld *nicht.* Sie erhalten Arbeitslosengeld neben der Abfindung (vgl. § 143 a Abs. 1 S. 1 SGB III).

Beispiel: Ein bis zum 30. 6. befristetes Beschäftigungsverhältnis wird infolge Arbeitsmangels genau zu diesem Zeitpunkt aufgelöst. Der Arbeitgeber zahlt dem Arbeitnehmer eine Entlassungsentschädigung von 3000 DM. Hier ruht der Anspruch auf Arbeitslosengeld *nicht,* weil das Fristende für das Beschäftigungsverhältnis eingehalten worden ist (§ 143 a Abs. 2 S. 2 Nr. 2 SGB III).

Steht die Entlassungsentschädigung nicht im ursächlichen Zusammenhang mit der vorzeitigen Beendigung des Arbeitsverhältnisses, dann ruht der Anspruch auf Arbeitslosengeld nicht.

Beispiel: Das mit Ihnen bestehende Arbeitsverhältnis endet auf Grund der ausgesprochenen arbeitgeberseitigen betriebsbedingten Kündigung zum 30. September 1999.

Aus Anlaß des Verlustes des Arbeitsplatzes und zur Vermeidung eines Kündigungsschutzprozesses zahlt der Arbeitgeber Ihnen gemäß §§ 9, 10 Kündigungsschutzgesetz eine einmalige Entlassungsentschädigung in Höhe von DM 44820.

Gleichzeitig wird Ihnen zugesichert, daß Sie – falls sie dies wünschen – auch bereits zu einem früheren Zeitpunkt als dem 30. September 1999 Ihr Arbeitsverhältnis beenden können, um ggf. eine neue Arbeitsstelle antreten zu können. Die Höhe der Ihnen zustehenden Abfindung wird durch vorstehenden Tatbestand nicht berührt.

Das Hess. LSG lehnt bei dieser Vereinbarung ein Ruhen ab:

„1. Eine Abfindung oder ähnliche Leistung führt nur dann zum Ruhen des Anspruchs auf Arbeitslosengeld nach § 117 Abs. 2 AFG, wenn diese wegen der vorzeitigen Beendigung des Arbeitsverhältnisses gezahlt wird.

2. An einem solchen, die Regelvermutung des § 117 Abs. 2 AFG begründeten Ursachenzusammenhang fehlt es, wenn nach einer fristgerechten Auflösung des Arbeitsverhältnisses gegen Abfindung das auslaufende Arbeitsverhältnis wegen eines neuen Arbeitsverhältnisses doch noch vorzeitig beendet wird" (Urteil v. 18. 7. 1990 – L 6 Ar 603/89, Informationen zum Arbeitslosenrecht 1990, 209).

5. Anspruch auf Sozialleistungen

§ 142 SGB III zählt eine Reihe von Leistungen anderer Sozialleistungsträger auf, die entweder Lohnersatzfunktion haben oder zur Bestreitung des Lebensunterhaltes dienen. Um Doppelleistungen zu vermeiden, führen solche Leistungen zum Ruhen des Anspruches auf Arbeitslosengeld. Der Anspruch auf Arbeitslosengeld ruht während der Zeit, für die dem Arbeitslosen ein Anspruch auf eine der folgenden Leistungen zusteht (§ 142 Abs. 1 SGB III):

– Berufsausbildungsbeihilfen nach § 59 SGB III;

– Unterhaltsgeld nach § 153 SGB III;

– Krankengeld, Versorgungskrankengeld nach dem Bundesversorgungsgesetz, Verletztengeld aus einer Unfallversicherung, Mutterschaftsgeld, Übergangsgeld nach dem SGB III oder einem anderen Gesetz oder Sonderunterstützung nach dem Mutterschutzgesetz;

– Rente wegen Erwerbsunfähigkeit aus der gesetzlichen Rentenversicherung;
– Altersrente aus der gesetzlichen Rentenversicherung oder Knappschaftsausgleichsleistung oder ähnliche Leistungen öffentlichrechtlicher Art.

Zu den Leistungen, die zum Ruhen des Arbeitslosengeldes führen, gehören auch: die Altersrente wegen Arbeitslosigkeit und die Altersrente für Frauen (jeweils nach Vollendung des 60. Lebensjahres) und die sog. flexible Altersrente (nach Vollendung des 63. Lebensjahres).

Der Anspruch auf Arbeitslosengeld ruht ferner während der Zeit, für die der Arbeitslose wegen seines Ausscheidens aus dem Erwerbsleben Vorruhestandsgeld oder eine vergleichbare Leistung des Arbeitgebers mindestens in Höhe von 65 % des Bemessungsentgeltes (§ 142 Abs. 5 SGB III) erhält.

Bei denjenigen Ruhegehältern, neben denen der Rentner uneingeschränkt eine Arbeitstätigkeit aufnehmen kann, ohne daß hierdurch das Ruhegeld gekürzt wird, ruht ggf. auch der Anspruch auf Arbeitslosengeld nur teilweise. Soweit nämlich der Anspruch auf Arbeitslosengeld höher ist als die Rentenleistungen, wird der überschießende Betrag als Arbeitslosengeld gewährt. Ruhegehälter, neben denen eine uneingeschränkte Arbeitsaufnahme möglich ist, sind z.B. Ruhegehälter der Beamten wegen Vollendung des 63. Lebensjahres und Ruhegelder für Polizeibeamte nach Vollendung des 60. Lebensjahres.

Bei Renten wegen Erwerbsunfähigkeit wird zunächst Arbeitslosengeld gewährt. Der Anspruch ruht erst mit dem Beginn der laufenden Rentenzahlung (§ 142 Abs. 2 Nr. 1 SGB III).

6. Sperrzeit

a) Beendigung des Arbeitsverhältnisses

Das Bundessozialgericht sieht den Sinn und Zweck der Sperrzeit darin, daß sich die Versichertengemeinschaft gegen Risiken wehren muß, deren Eintritt der Versicherte selbst zu vertreten hat oder zu deren Behebung er unbegründet nicht mithilft. Damit das Risiko der Arbeitslosigkeit nicht manipuliert wird, sind dem Ar beitslosen die Aufwendungen teilweise aufzubürden, die er der Versichertengemeinschaft durch sein Verhalten verursacht (BSG SozR 4100 § 119 Nr. 14).

Beispiel: A vereinbart mit seinem Arbeitgeber eine Herabsetzung der Arbeitszeit von 18 auf 14 Stunden. Damit ist er – weil unter 15 Stunden arbeitend – arbeitslos; er beantragt Arbeitslosengeld. Es tritt eine Sperrfrist ein (BSG a. a. O.).

Werden Sie durch eigene Schuld arbeitslos, so wird das Arbeitslosengeld für zwölf oder (in Härtefällen) für sechs Wochen gesperrt. Während der Sperrzeit ruht der Anspruch auf Arbeitslosengeld; anschließend wird das Arbeitslosengeld gezahlt, jedoch wird die Dauer Ihres Anspruches durch die Sperrzeit verringert (§ 128 Abs. 1 Nrn. 3 und 4 SGB III). § 144 Abs. 1 Nr. 1 und Abs. 3 S. 1 SGB III lauten:

„Hat der Arbeitslose das Beschäftigungsverhältnis gelöst oder durch ein arbeitsvertragswidriges Verhalten Anlaß für die Lösung des Beschäftigungsverhältnisses gegeben und hat er dadurch vorsätzlich oder grob fahrlässig die Arbeitslosigkeit herbeigeführt, (Sperrzeit wegen Arbeitsaufgabe), ohne für sein Verhalten einen wichtigen Grund zu haben, so tritt eine Sperrzeit von zwölf Wochen ein … Würde eine Sperrzeit von zwölf Wochen für den Arbeitslosen nach den für den Eintritt der Sperrzeit maßgebenden Tatsachen eine besondere Härte bedeuten, so umfaßt die Sperrzeit sechs Wochen.“

Beispiel: A beendete nach einem Streit mit seinem Arbeitgeber über die Gewährung von unbezahltem Sonderurlaub fristlos sein Arbeitsverhältnis, um an den Weltmeisterschaftsspielen im Fußball als Zuschauer teilnehmen zu können. Er hoffte, nach seiner Rückkehr sofort wieder Arbeit zu finden. Das war jedoch nicht der Fall. Er meldet sich daher nach seiner Rückkehr arbeitslos und beantragt Arbeitslosengeld. Steht ihm dies zu? Ja, aber erst nach einer Sperrzeit von zwölf Wochen; denn der Arbeitslose hat die Arbeitslosigkeit zwar nicht unbedingt gewollt, aber doch ganz bewußt in Kauf genommen und damit zumindest grob fahrlässig herbeigeführt. Eventuell kann bei dieser Fallgestaltung sogar von Vorsatz ausgegangen werden.

Beispiel: Die in einem Lebensmittelgeschäft tätige A wurde mehrmals beobachtet, wie sie bei Lebensmitteln die Verpackung beschädigte, um so die Waren gegen ein geringes Entgelt mit nach Hause nehmen zu können. Daraufhin kündigte ihr Arbeitgeber wegen vertragswidrigen Verhaltens das Arbeitsverhältnis. Führt dies zu einer Sperrzeit? Ja, denn A führte die Arbeitslosigkeit grob fahrlässig herbei. Dies führt zum Ruhen des Anspruches auf Arbeitslosengeld für die Dauer von 12 Wochen wegen Eintritts einer Sperrzeit.

Eine Sperrzeit entfällt, wenn Sie für Ihr Verhalten einen wichtigen Grund hatten (z. B. tätlicher Angriff gegen Sie, u. U. auch Beleidigung) und daher ein weiteres Verbleiben an dieser Arbeitsstelle für Sie unzumutbar geworden war.

Gegen die Feststellung des Eintrittes einer Sperrzeit durch das Arbeitsamt ließe sich einwenden, daß § 144 SGB III gegen das Grundgesetz verstoßen könnte. Nach Art. 12 GG sind die freie Wahl des Berufes, des Arbeitsplatzes und der Ausbildungsstätte grundgesetzlich garantiert. Ist durch den Eintritt einer Sperrzeit das Freiheitsrecht des Art. 12 GG unzulässig eingeschränkt? Das Bundessozialgericht hat zur Vereinbarkeit des Grundrechts auf freie Wahl des Arbeitsplatzes mit einer Sperrzeit festgestellt: „Artikel 12 GG sichert – wie allgemein anerkannt ist – nur die Ausübung dieses Rechts, bewahrt jedoch nicht vor etwaigen ungünstigen Folgen, die im Einzelfall aus seiner Ausübung erwachsen können. Wer den Versicherungsfall durch eigene Handlung auslöst, muß gegebenenfalls auch die Nachteile in Kauf nehmen, die durch spezielle Rechtsnormen hieran geknüpft sind. Mithin ist auch nicht zu beanstanden, daß der Gesetzgeber im Interesse der Beitragsgemeinschaft, welche die Mittel der Arbeitslosenversicherung aufbringt, die Leistung von bestimmten Dingen abhängig macht."

Auch die Verlängerung der Sperrzeit von früher 8 auf 12 Wochen führt nicht zu deren Verfassungswidrigkeit (BSG SozR 3-4100 § 119a Nr. 1).

„Die Unterstützung einer verfassungsfeindlichen, aber nicht für verfassungswidrig erklärten politischen Partei rechtfertigt im Falle des Arbeitsplatzverlustes allein aus diesem Grunde nicht den Eintritt einer Sperrzeit nach § 144 SGB III. Das gilt jedoch nicht, wenn diese Unterstützung zu einer vermeidbaren Verletzung arbeitsvertraglicher Pflichten führt" (BSGE 58, 97).

Eine grob fahrlässige Herbeiführung von Arbeitslosigkeit liegt nicht vor, wenn der Arbeitnehmer ohne eigenes Verschulden verspätet aus dem Urlaub zurückkehrt und aus diesem Grund seinen Arbeitsplatz verliert.

Beispiel: Das SG Frankfurt (Urteil vom 5. 1. 1984 – S 19 Ar 527/83 – in: info also 3/85 S. 26) hat in folgendem Fall in der verspäteten Rückkehr des Arbeitslosen aus dem Urlaub kein Verschulden erblickt: „Eine Woche vor Urlaubsende hatte er einen Linienflug für die rechtzeitige Rückkehr buchen wollen, der Flug war jedoch schon ausgebucht; der nächste planmäßige Flug ging erst einige Tage nach seinem Urlaubsende".

Vertragswidrig verhält sich zum Beispiel, wer häufig zu spät kommt, seine Arbeit fehlerhaft macht oder Anordnungen mißachtet, überhaupt, wer gegen den Arbeitsvertrag einschließlich gesetzlicher und tarifvertraglicher Pflichten sowie gegen die Betriebsordnung verstößt. In jedem Fall muß das Fehlverhalten des Arbeitnehmers vorsätzlich oder fahrlässig und damit vorwerfbar sein. Wer ehewidrige Beziehungen zur Ehefrau seines Arbeitgebers unterhält, setzt seinen Arbeitsplatz grobfahrlässig aufs Spiel und bekommt deshalb zwölf Wochen lang kein Arbeitslosengeld (LSG Schleswig-Holstein – L 1 Ar 57/81 –, Sammlung Breithaupt 1983 S. 263). Ein Fehler aus bloßer menschlicher Unzulänglichkeit genügt demgegenüber nicht.

So ist eine bloße Unmutsäußerung über einen Vorgesetzten in dessen Abwesenheit kein objektiv vertragswidriges Verhalten, das bei einer Kündigung durch den Arbeitgeber eine Sperrzeit rechtfertigt.

Beispiel: A hatte über seinen Chef in schwäbischer Mundart gesagt: „Zu dem Säckel gehe ich nicht mehr". Das SG Reutlingen sah hierin kein eine Sperrzeit begründendes vertragswidriges Verhalten. „Würde allen Vorgesetzten hinterbracht, was Untergebene in ihrer Abwesenheit über sie äußern, und würden alle Vorgesetzten wie der Verwaltungsleiter der Arbeitgeberin des Klägers reagieren, so wäre die Funktionsfähigkeit von Wirtschaft und Staat ernstlich beeinträchtigt" (Urteil vom 14. 5. 1985 – S 6 Ar 2130/84 in: info also 1/1986 S. 24).

Ob bei einer Kündigung durch den Arbeitgeber wegen *Alkoholmißbrauchs* der Arbeitnehmer vorsätzlich oder grob fahrlässig die Arbeitslosigkeit herbeigeführt hat, kann nur im Einzelfall entschieden werden.

Beispiel: Das Arbeitsverhältnis des als Kraftfahrer und Lagerarbeiter tätigen A wird wegen Alkoholmißbrauchs fristlos gekündigt. Das

Arbeitsamt stellt den Eintritt einer Sperrzeit fest, da er gegen seine arbeitsvertraglichen Pflichten verstoßen und damit seine Arbeitslosigkeit zumindest grob fahrlässig herbeigeführt habe. A wendet ein, er habe sich nicht schuldhaft verhalten, da er alkoholkrank sei. Bei der unstreitig vorliegenden Alkoholkrankheit des A sah das SG Hannover keine Berechtigung für den Vorwurf, sich vorsätzlich oder grobfahrlässig im Sinne von § 144 Abs. 1 Nr. 1 AFG verhalten zu haben, „denn das würde voraussetzen, daß er als Alkoholkranker vom Alkohol lassen könnte. Die Alkoholkrankheit selber ist dem Kläger nicht vorzuwerfen, denn das würde zum Vorwurf einer Lebensführungsschuld führen, weil er irgendwann einmal das erste Glas Alkohol getrunken hat und dann davon nicht wieder losgekommen ist." (Urteil vom 31. 7. 1985 – S 3 Ar 817/84 in: info also 2/1986 S. 73; vgl. hierzu auch BSGE 28, 114 und BSGE 46, 41).

Geht die Initiative zur Lösung des Arbeitsverhältnisses vom Arbeitslosen selbst aus, so führt dies zu einer Sperrzeit (die Schuldfrage spielt keine Rolle), es sei denn, der Arbeitslose hatte einen „wichtigen Grund" (dazu unten). Gleiches gilt, wenn Arbeitnehmer und Arbeitgeber einen *Aufhebungsvertrag* schließen.

Beispiel: Auch ein Fußballtrainer der Bundesliga darf nicht vorzeitig das befristete Arbeitsverhältnis zu seinem Verein auflösen und sich arbeitslos melden. Will er die Sperrzeit für den Arbeitslosengeldbezug vermeiden, muß er zumutbare Schritte gegen die drohende Arbeitslosigkeit unternehmen, z. B. ein Schlichtungsverfahren beim DFB beantragen (BSG, SozSich. 1984, 388).

Klagt ein Arbeitnehmer auf Feststellung, daß durch die Kündigung des Arbeitgebers das Arbeitsverhältnis nicht aufgelöst worden ist, so ist ihm während des arbeitsgerichtlichen Verfahrens ein vom Arbeitsamt angebotenes Beschäftigungsverhältnis zumutbar; er darf nicht das Ende des Prozesses abwarten (vgl. LSG Schleswig – L 1 Ar 91/78 –, Sammlung Breithaupt 1980 S. 984).

Geht die Beendigung des Arbeitsverhältnisses ausschließlich vom Arbeitgeber aus (Arbeitgeber-Kündigung) und liegt arbeitsvertragswidriges Verhalten des Arbeitnehmers nicht vor, tritt auch dann keine Sperrzeit ein, wenn die Kündigung rechtswidrig war, der Arbeitnehmer dies erkennt, er aber dennoch keine Kündigungsschutzklage erhebt. Die *Hinnahme einer rechtswidrigen* Kündigung führt ebensowenig zu einer Sperrzeit wie die Beendigung des Arbeitsverhältnisses durch einen arbeitsgerichtlichen Vergleich, in dem der durch die rechtswidrige Kündigung beabsichtigte Zeitpunkt der Beendigung des Arbeitsverhältnisses bestätigt wird.

Insofern hat allerdings der 11. Senat des BSG (Urteil vom 9. 11. 1995 – 11 RAr 27/95) – ohne daß dies für die Entscheidung des konkreten Falles erheblich war (insofern liegt eine verbindliche Entscheidung noch nicht vor) – folgendes angedeutet:

„... stellt sich die Frage, ob eine Sperrzeit dann eintritt, wenn der Arbeitnehmer eine offensichtlich rechtswidrige Kündigung im Hinblick auf eine zugesagte finanzielle Vergünstigung hinnimmt. Eine solche Rechtsfortbildung im Sinne eines offenen Lösungsbegriffes ist naheliegend ...“

Dem ist das Sozialgericht Freiburg (Urteil vom 22. 10. 1996 – 7 Ar 2507/95 –, Sammlung Breithaupt 1997, S. 481 ff.) mit der Begründung entgegengetreten, im Wege der Auslegung des Gesetzestextes sei ein solcher „offener Lösungsbegriff" nicht anzunehmen.

Wohin sich die höchstrichterliche Rechtsprechung in dieser Frage entwickeln wird, läßt sich gegenwärtig nicht absehen. Sie müssen daher vorsichtshalber in Erwägung ziehen, gegen offensichtlich rechtswidrige Kündigungen Klage zum Arbeitsgericht zu erheben.

Die Bundesanstalt für Arbeit geht aufgrund der Überlegungen des BSG in ihrer Dienstanweisung 1.113 zu § 144 SGB III (vgl. NZA 1997, 427) nunmehr auch in folgenden *3 Fällen* von einem „Lösen" im Sinne des § 144 Abs. 1 Nr. 1 SGB III aus.

- Es liegt eine *vorherige Absprache* über eine noch auszusprechende Arbeitgeber – Kündigung vor.
- Die Arbeitsvertragsparteien einigen sich *nachträglich* über eine ausgesprochene Arbeitgeber – Kündigung (dies soll allerdings nur dann gelten, wenn der Arbeitnehmer die Rechtswidrigkeit der Arbeitgeber – Kündigung erkannt hat).
- Der Arbeitnehmer nimmt im Hinblick auf eine vor Kündigungsausspruch *zugesagte* finanzielle Vergünstigung eine offensichtlich rechtswidrige Kündigung hin.

Dieser Auffassung ist für die in den *Fällen 1 und 3* genannten Sachverhalte *zustimmen*. Bei diesen Fallgestaltungen dürfte auch der Abschluß eines sogenannten Abwicklungsvertrages kein geeignetes Mittel sein, um die Rechtsfolgen des Eintrittes einer

Sperrzeit zu vermeiden. Lediglich der in *Fall 2* beschriebene Sachverhalt erscheint deshalb *problematisch*, weil der Arbeitnehmer in diesem Fall an der Beendigung des Beschäftigungsverhältnisses als solcher nicht aktiv mitgewirkt hat. Hier wird wohl die Rechtsprechung Klarheit schaffen müssen.

Hat der Arbeitgeber das Beschäftigungsverhältnis verhaltensbedingt beendet, obwohl das vertragswidrige Verhalten des Arbeitnehmers die Beendigung nicht zu dem *Zeitpunkt* rechtfertigt, zu dem das Beschäftigungsverhältnis tatsächlich endete (fristlose statt fristgerechte Kündigung), hat der Arbeitslose die konkret eingetretene Arbeitslosigkeit nicht ursächlich herbeigeführt (BSG SozR 3–4100 § 119 Nr. 3). In diesem Fall dürfte, was das BSG allerdings offengelassen hat, die Sperrzeit erst nach Ablauf der Kündigungsfrist eintreten.

Auch die fehlende *Abmahnung* verhindert eine Sperrzeit. Das abgemahnte Verhalten muß dem Kündigungsanlaß qualitativ entsprochen haben; es genügt nicht irgendeine Abmahnung (SG Freiburg, Urt. v. 24. 4. 1986 – 8 Ar 2143/85). Kündigt der Arbeitgeber fehlerhaft, ist Weiterarbeit regelmäßig bei ihm unzumutbar (SG Freiburg, Urteil v. 14. 5. 1985 – 7 Ar 1547/84).

Wer die Nichteinhaltung der Kernarbeitszeit 15 Jahre lang duldet, kann nicht schon 12 Tage nach der einzigen Abmahnung ohne weiteres dringendes Abmahnen rechtmäßig kündigen, weshalb keine Sperrzeit eintritt (SG Freiburg, Urt. v. 26. 5. 1986 – 8 Ar 1734/85).

Eine *vergleichsweise* Beendigung des Arbeitsverhältnisses vor dem Arbeitsgericht stellt, jedenfalls dann, wenn der Beendigungszeitpunkt nicht nach vorne verlegt wird, keine Lösung des Arbeitsverhältnisses i. S. d. § 144 Abs. 1 Nr. 1 SGB III dar. Gleiches gilt im Falle der *Rücknahme einer Kündigungsschutzklage*. Muß sich ein Arbeitsloser – ohne daß eine Sperrzeit einträte – nicht gegen eine rechtswidrige Kündigung mit der Klage zum Arbeitsgericht wehren, kann ihm, hat er eine solche Klage erhoben, nicht zum Vorwurf gemacht werden, daß er einen ihm günstigen Vergleich abschließt und deshalb auf die Fortführung des Prozesses verzichtet.

Ursächlich für die Beendigung des Beschäftigungsverhältnisses bleibt in diesen Fällen daher die Arbeitgeberkündigung. Nur sie ist Maßstab für die Frage des Eintrittes einer Sperrzeit.

Ob dies im Hinblick auf die oben erwähnten Ausführungen des 11. Senates des BSG auch künftig uneingeschränkt gilt, ist gegenwärtig – auch wenn viel dafür spricht – nicht mit letzter Sicherheit zu beurteilen.

In arbeitsgerichtlichen Vergleichen von Kündigungsschutzprozessen wird mitunter die Kündigung als „betriebsbedingt" unterstellt oder fingiert. Dies reicht jedoch nicht aus, um den Eintritt einer Sperrzeit zu verneinen. Vielmehr müssen Arbeitsamt bzw. die Sozialgerichte prüfen, ob der wahre Anlaß zur Kündigung betriebs- oder verhaltensbedingt war.

Da der arbeitsgerichtliche Vergleich für das Verfahren vor dem Sozialgericht keine Bindungswirkung entfaltet – der Sozialrichter vielmehr verpflichtet ist, den Sachverhalt von Amts wegen zu ermitteln – sollte der Vergleich, um eine Sperrzeit auszuschließen, so abgefaßt sein, daß er folgendes festhält: 1. es lag kein arbeitsvertragswidriges Verhalten des Arbeitnehmers vor, das Anlaß zu einer Kündigung gab, oder 2. neben dem arbeitsvertragswidrigen Verhalten lag noch ein anderer Kündigungsgrund (z.B. aus betrieblichen Gründen) vor, der auch für sich alleine zur Kündigung geführt hätte, oder 3. der Arbeitnehmer hatte für sein Verhalten einen wichtigen Grund (s. dazu konkrete Formulierungsvorschläge in: Der Tip für Arbeitslose, Arbeitsgerichtlicher Vergleich und Sperrzeit, info also 1/1987 S. 22).

Eine Sperrzeit tritt dann nicht ein, wenn der Arbeitslose für sein Verhalten unter Berücksichtigung aller Umstände, d.h. bei Aufklärung des gesamten Sachverhalts und bei Abwägung der Interessen des Arbeitslosen gegen die der Versichertengemeinschaft, einen wichtigen Grund hat. Ein *wichtiger Grund* liegt vor, wenn

1. für die Arbeit nicht das tarifliche, oder, soweit eine tarifliche Regelung nicht besteht, das im Beruf ortsübliche Arbeitsentgelt gezahlt wird oder bindende Bestimmungen über sonstige Arbeitsbedingungen oder Arbeitsschutzvorschriften nicht eingehalten werden oder

2. die Arbeit dem Arbeitslosen nach seinem körperlichen oder geistigen Leistungsvermögen nicht zugemutet werden kann oder ihm die künftige Ausübung seiner bisherigen überwiegenden Tätigkeit wesentlich erschwert würde oder

3. die Arbeit durch Streik oder Aussperrung freigeworden ist, für die Dauer des Streiks oder der Aussperrung, oder

4. die vom Arbeitgeber gestellte Unterkunft gesundheitlich oder sittlich bedenklich ist oder

5. der Arbeitslose sich zur Verrichtung der Arbeit an einem anderen Wohn- oder Aufenthaltsorte als seine Angehörigen aufhalten muß und infolgedessen deren weitere Versorgung wirtschaftlich nicht hinreichend gesichert oder in anderer Hinsicht besonders gefährdet ist oder

6. die Arbeit gegen ein Gesetz oder die guten Sitten verstößt oder

7. der Arbeitnehmer nach arbeitsrechtlichen Vorschriften (z. B. § 626 BGB) berechtigt ist, fristlos zu kündigen oder

8. sonstige Gründe – unter Abwägung der beiderseitigen Interessen – vorliegen, die dem Arbeitnehmer die Fortsetzung des Arbeitsverhältnisses unzumutbar machen, ohne daß er deshalb berechtigt wäre, fristlos zu kündigen.

Eine Sperrzeit tritt auch dann nicht ein, wenn der Arbeitslose für sein Verhalten einen wichtigen Grund hat, ohne daß er sich ausdrücklich darauf beruft; dies gilt auch dann, wenn er den wichtigen Grund weder kannte noch geltend gemacht hat. Kennt er die den wichtigen Grund ausmachenden Umstände, muß er, bevor er kündigt, allerdings einen zumutbaren Versuch unternehmen, diese zu beseitigen (BSG SozR 3-4100 § 119 Nr. 14).

Beispiel: Ein Arbeitnehmer erkennt nach einiger Zeit seines Beschäftigungsverhältnisses, daß die von ihm verrichtete Arbeit tariflich nicht der Lohngruppe entspricht, nach der sein Lohn abgerechnet wird. Um den Eintritt einer Sperrzeit zu vermeiden, muß er, bevor er kündigt, versuchen, durch Gespräche mit seinem Arbeitgeber und dem Betriebsrat eine tariflich richtige Entlohnung herbeiführen. Erst wenn ihm dies nicht gelingt, kann er aus wichtigem Grund kündigen.
Hat der Arbeitnehmer – berechtigt – aus wichtigem Grund gekündigt und sind die den wichtigen Grund ausmachenden Umstände später entfallen, tritt eine Sperrzeit nur dann nicht ein, wenn er – vergeblich – alle ihm zumutbaren Maßnahmen getroffen hat, den Arbeitsplatz doch noch zu erhalten (BSGE 43, 269).

Zur Erläuterung der zuvor allgemein beschriebenen wichtigen Gründe beispielhafte Einzelfälle, in denen die Rechtsprechung einen wichtigen Grund anerkannte:

Beispiel: A, der Gruppe der Sinti angehörend, verweigert die Arbeit in einem Krankenhaus, weil dies den ungeschriebenen Gesetzen der Gruppe entspricht. Das BSG (Urteil vom 28. 10. 1987 – 7 RAr 8/86) hob die Feststellung des Eintrittes einer Sperrzeit auf und sah für A einen wichtigen Grund zur Ablehnung der ihm durch das Arbeitsamt zugewiesenen Stelle. Er habe die Beschäftigung aus berechtigten Gewissensgründen verweigern dürfen, da die Arbeit in einem Krankenhaus auch heute noch für die Sinti zu einem Tabu gehöre, dessen Übertretung nach deren ungeschriebenen Gesetzen die Unreinheit der betreffenden Person zur Folge habe und zur Ächtung durch die gesamte Gemeinschaft führe.

Beispiel: Vergleichbar mit vorstehendem Fall hat nach einer Entscheidung des BSG (SozR 4100 § 119 Nr. 30), ein als Kriegsdienstverweigerer anerkannter Arbeitnehmer einen wichtigen Grund zur Arbeitsaufgabe, wenn ihn der Arbeitgeber nur noch bei der unmittelbaren Produktion oder Wartung von Kriegsgeräten einsetzen kann.

Beispiel: Dem türkischen Arbeitnehmer A wird fristlos gekündigt, weil er nach Ablauf seines Urlaubs aus der Türkei erst zwei Monate später zurückkehrt. Er legte dem Arbeitsamt ärztliche Atteste vor, wonach sein Vater und seine Ehefrau schwer erkrankt seien und erklärte, er sei in der Türkei geblieben, um seinen Vater, die Ehefrau und die sechs minderjährigen Kinder zu versorgen. Das SG Frankfurt (Urteil vom 15. 5. 1984 – S 19 Ar 515/83 – in: info also 3/85 S. 26) hob die Sperrzeit mit der Begründung auf: „Da familienrechtliche Grundsätze zumindest die wechselseitige Unterstützung der Eheleute und der Verwandten 1. Grades vorsähen, sei unter Beachtung von Art 6 Abs. 1 und 2 des Grundgesetzes, der Ehe und Kindererziehung unter den Schutz des Staates stelle, die Unterstützung engster Familienangehöriger in einer Notsituation als wichtiger Grund anzuerkennen" (a. a. O. S. 27).

Ist der Nachzug zum Lebensgefährten – Ehemann oder Partner – ein wichtiger Grund, der keine Sperrzeit eintreten läßt? Das BSG bejaht dies nur für die Ehe:

Beispiel: Zwei Bundeswehroffiziere wurden von ihrem bisherigen Standort nach Bonn ins Verteidigungsministerium versetzt. Die Ehefrau des Hauptmanns A kündigte nach einigen Monaten ihr Arbeitsverhältnis und zog zu ihrem Mann nach Bonn. Der andere Hauptmann, B, ist nicht verheiratet, lebt aber in eheähnlicher Gemeinschaft mit seiner Freundin. Seine Partnerin löste ebenfalls ihr Arbeitsverhältnis auf und zog zu ihrem Partner. Beide Frauen beantragten beim Arbeitsamt Bonn Arbeitslosengeld, nachdem ihre vorherigen Bemühungen um einen Arbeitsplatz erfolglos geblieben waren. Frau A erhielt vom ersten Tag an Arbeitslosengeld. Bei der Partnerin des Herrn B aber stellte das Arbeitsamt den Eintritt einer Sperrzeit von zwölf Wochen fest. Begründung: Sie habe ihr Arbeitsverhältnis „ohne wichtigen Grund" gelöst. Nur die Wiederherstellung der ehelichen Gemeinschaft sei ein wichtiger Grund für die Kündigung eines Arbeitsverhältnisses, nicht auch die Wiederherstellung einer nichtehelichen. Das Bundessozialgericht hat dies bestätigt (BSG SozR 4100 § 119 Nrn. 2 und 17). Eine rechtliche Gleichbehandlung mit der ehelichen Lebensgemeinschaft sei nicht gerechtfertigt, da die in einer solchen Gemeinschaft lebenden Personen die Ehe als Lebensform ablehnten und sich für die Gegenform entschieden hätten. Anders als die Ehe hätten die Beziehungen zwischen Verlobten bzw. Lebensgefährten nicht den besonderen Schutz der Rechtsordnung, wie er insbesondere in Art. 6 GG und in vielen Bestimmungen des Sozialrechts zum Ausdruck komme. Dies gelte selbst dann, wenn man den Umstand berücksichtige, daß eine gemeinschaftliche Lebensführung von Mann und Frau ohne rechtliche Bindung oder von Verlobten von immer mehr Personen gewählt und von weiten Kreisen der Bevölkerung toleriert werde.

Inzwischen hat das BSG an seiner bisherigen Rechtsprechung festgehalten und einen wichtigen Grund i.S.d. § 144 Abs. 1 SGB III auch bei einer seit zehn Jahren bestehenden nichtehelichen Lebensgemeinschaft nicht anerkannt. Es hat jedoch in diesem Fall das Vorliegen einer besonderen Härte nach § 144 Abs. 3 S. 1 SGB III gesehen und die volle Sperrzeit auf die Hälfte herabgesetzt. Das BSG schloß in diesem Urteil aber nicht aus, daß im Einzelfall besondere Umstände, wie zum Beispiel das Kindeswohl oder der Umzug wegen notwendiger persönlicher Betreuung Ihres erkrankten Lebensgefährten Ihnen einen wichtigen Kündigungsgrund geben kann, mithin keine Sperrzeit eintritt (BSG SozR 4100 § 119 Nr. 33). Der Zuzug zu Ihrem Verlobten reicht dagegen nicht aus, halbiert aber die Sperrzeit bei baldiger Heirat, nicht erst 3 Jahre später (BSG 11 RAr 91/87 u. 127/88).

An dieser Rechtsprechung hat der *11. Senat des BSG* auch in seiner Entscheidung vom 26. 3. 1998 (BSG SozR 3-4100 § 119 Nr. 14 = NZS 1998, 537) jedenfalls für den Fall festgehalten, in dem der Partner einer eheähnlichen Gemeinschaft nicht die ihm zumutbaren Anstrengungen unternimmt, die infolge des beabsichtigten Umzuges drohende Arbeitslosigkeit (z. B.: durch frühzeitige Arbeitssuche am künftigen Wohnort und frühzeitige Erteilung eines Vermittlungsauftrages an die Bundesanstalt für Arbeit) zu vermeiden. In einer weiteren Entscheidung vom 5. 11. 1998 – B 11 AL 5/98 R – hat er dies nochmals bestätigt und unter anderem ausgeführt, die Begründung einer nichtehelichen Lebensgemeinschaft stelle allein noch keinen wichtigen Grund dar, der die Lösung eines Beschäftigungsverhältnisses rechtfertigen könne.

Dem hat der *7. Senat des BSG* in seiner Entscheidung vom 29. 4. 1998 (NZS 1998, 581) nunmehr insofern widersprochen, als er einen Wohnsitzwechsel und damit verbunden die Aufgabe einer bisherigen Beschäftigung zum Zwecke der Herstellung bzw. Wiederherstellung einer seit mindestens 3 Jahren bestehenden *eheähnlichen Gemeinschaft* (siehe unten B V, S. 167f) als objektiv *wichtigen Grund* im Sinne des § 144 Abs. 1 Nr. 1 SGB III akzeptiert. Da im zu entscheidenden Fall die Frage, ob eine eheähnliche Gemeinschaft im gen. Sinne vorliegt, ungeklärt war, hat der Senat den Rechtsstreit an die Vorinstanz zurückverwiesen. Sollte dort das Vorliegen einer eheähnlichen Gemeinschaft festgestellt werden und kommt es dann erneut zu einem Revisionsverfahren, ist der *Große Senat* anzurufen, da der 11. Senat des BSG offenbar an seiner bisherigen Rechtsprechung festhält. Eine endgültige Klärung dieser Streitfrage ist somit noch nicht eingetreten.

Wird eine Arbeit aufgegeben, um mit einem gemeinsamen Kind eine eheähnliche Gemeinschaft – in die es hineingeboren wurde – wiederherstellen zu können, tritt keine Sperrzeit ein, weil das Kindeswohl nach Art. 6 GG vorrangig ist (SG Darmstadt, Urt. v. 14. 11. 1988 – 9 Ar 854/87, info also 1990, 141 und BSGE 52, 276).

Heiratet die Erzieherin eines katholischen Kindergartens einen geschiedenen Mann, darf die Kirche kündigen, das Arbeitsamt den Eintritt einer Sperrzeit jedoch nicht feststellen, weil die Ehe nach Art. 6 GG „unter dem besonderen Schutz der staatlichen Ordnung" steht (SG Münster, Urt. v. 10. 5. 1989 – 12 Ar 187/86 info also 1990, 141).

Auch das Vorliegen psychischen Druckes („Mobbing") kann als wichtiger Grund für die Kündigung des Arbeitnehmers dann in Betracht kommen, wenn er in solchem Maße ausgeübt wird, daß dem Arbeitnehmer die Fortführung des Beschäftigungsverhältnisses nicht mehr zumutbar ist (BSG vom 25. 4. 1990 – 7 RAr 16/89).

Auf den wichtigen Grund des körperlichen Unvermögens kann sich auch der Arbeitslose berufen, dem aus einem anderen Grund (Unpünktlichkeit, Alkohol, Streitigkeiten etc.) gekündigt wurde. Stellt der Arbeitsamtsarzt fest, daß der Arbeitslose aus gesundheitlichen Gründen seine bisherige Tätigkeit nicht mehr ausüben kann, so tritt – ungeachtet aller sonstigen Umstände – eine Sperrzeit nicht ein, weil der Arbeitslose deswegen selbst hätte kündigen können.

Auch der Nichtraucherschutz kann ein wichtiger Grund sein. So hat das SG Hamburg (Urteil vom 14. 1. 1988 – 7 Ar 272/87, info also 2/1988 S. 60) dazu entschieden, daß der Arbeitnehmer dann einen wichtigen Grund zur Beendigung des Arbeitsverhältnisses – ggf. auch vor Ablauf der ordentlichen Kündigungsfrist – hat, wenn die Beeinträchtigung durch rauchende Arbeitskollegen am Arbeitsplatz insbesondere vom zeitlichen Umfang her eine hohe Intensität erreicht und der Arbeitgeber trotz mehrfacher Aufforderung des Arbeitnehmers keine Abhilfe schafft. In diesem Fall kann dem Arbeitnehmer die Fortsetzung des Arbeitsverhältnisses nicht zugemutet werden, auch wenn ein Gesundheitsschaden durch Passivrauchen nicht konkret festgestellt ist. Der Arbeitnehmer hat einen Schutzanspruch gegenüber rauchenden Arbeitskollegen auch in Arbeitsräumen. Der Arbeitgeber begeht eine Fürsorgepflichtverletzung, wenn er sich nicht genügend für den Nichtraucherschutz einsetzt. Ebenso, weil ausreichende Lüftung nicht möglich ist: SG Freiburg, Urt. v. 25. 4. 89 – 7 Ar 972/88.

Einen wichtigen Grund, der eine Sperrzeit entfallen läßt, hat eine Frau, die ihr Arbeitsverhältnis kündigt, weil sie sonst keine Möglichkeit hat, ihr Kind weiter zu stillen (SG Düsseldorf, Urteil vom 18. 2. 1987 – S 13 Ar 296/86, info also 4/1987 S. 222 m.w.N.).

b) Nichtannahme eines Arbeitsangebotes – Nichtantreten einer Arbeitsstelle – Ablehnung einer Trainings- oder beruflichen Bildungsmaßnahme etc. – Abbruch einer Trainings- oder beruflichen Bildungsmaßnahme etc.

Eine Sperrzeit von zwölf Wochen tritt auch ein, wenn der Arbeitslose sich weigert,

- eine ihm vom Arbeitsamt unter Benennung des Arbeitgebers, der Arbeitsstätte und der Art der Tätigkeit (einschließlich Vergütung und Arbeitszeit, vgl. BSGE 52 S. 63) angebotene Beschäftigung anzunehmen oder anzutreten (Sperrzeit wegen Arbeitsablehnung; § 144 Abs. 1 Nr. 2 SGB III), oder

- an
  – einer Trainingsmaßnahme,
  – einer Maßnahme zur beruflichen Aus- oder Weiterbildung bzw.
  – einer Maßnahme zur beruflichen Eingliederung Behinderter
  teilzunehmen, die Teilnahme an einer solchen Maßnahme abgebrochen oder durch maßnahmewidriges Verhalten Anlaß für den Ausschluß aus ihr gegeben hat (Sperrzeit wegen Ablehnung oder Abbruches einer beruflichen Eingliederungsmaßnahme; § 144 Abs. 1 Nrn. 3 u. 4 SGB III),

ohne für sein Verhalten einen wichtigen Grund zu haben. Der wichtige Grund kann ein gesundheitlicher oder ein auf den Beruf bezogener, akzeptabler Gesichtspunkt sein.

Der Arbeitslose vereitelt eine Arbeitsaufnahme nicht, wenn er

- aufgrund erheblicher persönlicher Probleme den Vorstellungstermin vergißt (SG Freiburg, Urt. v. 24. 2. 1988 – 8 Ar 1928/86);

- im Vorstellungsgespräch erklärt, er beabsichtige in naher Zukunft eine Umschulung (und er tatsächlich diese Absicht hatte), zu der es dann später jedoch nicht kommt (SG Frankfurt, Urt. v. 9. 5. 1989 – 19 Ar 1084/87;

- im Vorstellungsgespräch erklärt, er müsse erst den Hausarzt fragen, ob er für diese Arbeit gesundheitlich leistungsfähig sei, vorausgesetzt, er hatte tatsächlich Beschwerden (näher dazu Winkler, info/also 1990, 140 und SG Freiburg Urt. v. 7. 10. 1987 – 8 Ar 2379/85).

Die Arbeitslose vereitelt die Teilnahme an einer Bildungsmaßnahme nicht, wenn sie

- aus persönlichen Gründen für den Maßnahmebeginn um einige
Tage Aufschub bittet (SG Münster, Urt. v. 28. 8. 1987 – 1 Ar
25/87);

- sich zunächst erkundigt, ob Kinderbetreuungskosten übernommen werden können (Winkler, info/also 1990, 140 und SG Kassel, Urt. v. 15. 2. 1989 – 5 Ar 596/87).

Eine berufliche Bildungsmaßnahme kann der Arbeitslose ablehnen, wenn sie ihm keine zusätzliche Befähigung vermitteln
kann (SG Darmstadt, Urt. v. 10. 11. 1987 – 14 Ar 980/87; SG
Gießen, Urt. v. 26. 7. 1989 – 14 Ar 779/88; SG Fulda, Urt. v.
29. 11. 1989 – 1 c Ar 202/88).

Keine Sperrzeit löst der Abbruch einer Fortbildungsmaßnahme
aus, wenn ihre Förderung nicht schriftlich zugesagt war (SG
Hamburg 26. 2. 1982 – 4 AR 421/81 u. 448/81). Das gleiche gilt
für die Nichtannahme einer Fortbildungsmaßnahme (BSGE 66,
140; BSG SozR 3–4100 § 119 Nr. 4). Für die Ablehnung einer
Fortbildungsmaßnahme während des noch laufenden Kündigungsschutzprozesses besteht in der Regel ein wichtiger Grund.
Sie führt daher zu keiner Sperrzeit (SG Frankfurt Urt. v. 6. 12.
1989 – 21 Ar 2385/87).

Für die Ablehnung eines Beschäftigungsverhältnisses allein deshalb, weil es sich um ein Leiharbeitsverhältnis handelt, besteht
kein wichtiger Grund (LSG Niedersachsen – L 7 Ar 322/93).

Sie können verlangen, daß ein Arbeitsangebot hinreichend bestimmt ist, also z. B. unübliche Arbeitszeiten, wie Nacht- oder
Schichtdienst angibt, ferner die Vergütung nennt, falls nicht schon
durch Hinweis auf Tätigkeitsart, Tätigkeitsmerkmale und tarifliche
Einstufung die nötige Klarheit geschaffen wird (BSGE 52, 63).

Voraussetzung für den Eintritt einer Sperrzeit wegen Ablehnung
eines Arbeitsangebotes ist, daß der Arbeitslose zuvor über die
Rechtsfolgen für den Fall der Arbeitsablehnung *belehrt* wurde.

Beispiel: Das Arbeitsamt bietet Bauarbeiter A eine Stelle als Lagerarbeiter an. A stellt sich vor, wird aber nicht eingestellt, weil er Zwei-
schichtarbeiten ablehnt und den Arbeitsplatz wechseln will, sobald er
einen solchen mit Fundamentarbeiten findet. Daraufhin erteilt ihm
das Arbeitsamt einen Bescheid, wonach sein Anspruch auf Arbeitslo-

senhilfe erloschen sei, weil er die Vermittlungsbemühungen vereitelt
und er zuvor schon einmal Anlaß für eine 12-wöchige Sperrzeit gegeben habe. Das Bundessozialgericht hob den Bescheid auf und verur-
teilte die Bundesanstalt für Arbeit zur Gewährung von Arbeitslosenhilfe, weil A vom Arbeitsamt nicht konkret, richtig, vollständig, verständlich und zeitnah mit dem Arbeitsangebot schriftlich darüber
belehrt worden war, warum er mit welchen Rechtsfolgen zu rechnen
habe, falls er ohne wichtigen Grund ein Arbeitsangebot ablehne.
(BSGE 53, 13).

Beispiel: Zwischen A und seinem Hausarzt einerseits und dem Arbeitsamtsarzt andererseits besteht Streit darüber, ob A der ihm angebotenen Stelle körperlich noch gewachsen ist. A lehnt die Stelle ab.
War er über die Rechtsfolgen belehrt worden, so wird bis zum Beweis
des Gegenteils (z.B. vor dem Sozialgericht) angenommen, daß ihm
die Stelle objektiv zumutbar war. Es tritt somit eine Sperrzeit ein.

Die Rechtsfolgenbelehrung muß jedem Vermittlungsangebot erneut beigefügt werden, ganz gleich, ob der Arbeitslose die Folgen
einer Ablehnung kennt oder kennen muß (BSG 16. 3. 83, 7 RAr
49/82 in: Soziale Sicherheit 1983 S. 219).

Wiederum ist auch hier und in anderen Fällen stets zu prüfen,
ob dem Arbeitslosen ein wichtiger Grund für sein Verhalten zur
Seite steht. Im übrigen kann eine Arbeit abgelehnt werden, wenn
sie unzumutbar ist (vgl. dazu I. 3 b aa α „Zumutbare Arbeit", S. 6 ff).

c) Beginn, Dauer und Wirkung der Sperrzeit

Die Sperrzeit beginnt mit dem Tage nach dem Ereignis, das die
Sperrzeit begründet, oder, wenn dieser Tag in eine Sperrzeit fällt,
mit dem Ende dieser Sperrzeit. Sie beträgt zwölf Wochen und
läuft kalendergemäß ab, ganz gleich, ob der Arbeitslose in dieser
Zeit Arbeitslosengeld beantragt hat oder nicht. Während der
Sperrzeit ruht der Anspruch auf Arbeitslosengeld (§ 144 Abs. 2
SGB III).

Beispiel: A kündigt seine Arbeitsstelle – ohne hierfür einen wichtigen
Grund zu haben – mit Ablauf des 6. 9. Die Sperrfrist läuft ab 7. 9. und
endet am 29. 11. Hat A beispielsweise erst am 5. 10. Arbeitslosengeld
beantragt, so wirkt sich die Sperrzeit für ihn nur acht Wochen nachteilig aus, weil er ab 30. 11. – Ende der Zwölfwochenfrist – wieder

Arbeitslosengeld erhalten kann. Die Anspruchsminderung beträgt allerdings 12 Wochen bzw. $^1/_4$ des Gesamtanspruches (§ 128 Abs. 1 Nr. 4 SGB III; siehe oben II 2, S. 53 ff).

Da eine Sperrzeit kalendermäßig abläuft – ohne Rücksicht auf zwischenzeitliche Erschöpfung des Anspruchs, Krankheit oder Beschäftigung –, geht nicht nur der Restanspruch auf Arbeitslosengeld, sondern auch ein anschließender Anspruch auf Arbeitslosenhilfe verloren, soweit er in die Sperrzeit fällt (BSG SozR 4100 § 119 Nr. 20).

Bei besonderer Härte verringert sich die Sperrzeit auf sechs Wochen (§ 144 Abs. 3 S. 1 SGB III). Dazu zählen nur Tatbestände, die unmittelbar mit dem Sperrzeitereignis zusammenhängen, jedoch nicht die wirtschaftlichen und sozialen Verhältnisse des Arbeitslosen und seiner Familie wie z. B. hohe Ratenschulden oder Kinderreichtum. (Vgl. zur besonderen Härte U. Winkler: Die unberechtigte Sperrzeit In: Info/also 1990, 142 mit 15 Rechtsprechungsbeispielen).

Die Sperrzeit ist nach § 144 Abs. 3 S. 1 SGB III herabzusetzen, wenn der Arbeitslose irrtümlich einen wichtigen Grund für sein Verhalten (§ 144 Abs. 1 SGB III) annimmt und dies für ihn unvermeidbar war. Gegebenenfalls wird von ihm in diesem Zusammenhang verlangt, bevor er handelt bei einer mit den entscheidungserheblichen Rechtsfragen vertrauten Stelle (z. B. beim Arbeitsamt) eine Rechtsauskunft einzuholen (BSG NZS 1998, 136).

Eine Sperrzeit von nur *drei Wochen* tritt ein, wenn ein Sperrzeitfall wegen Arbeitsaufgabe (§ 144 Abs. 1 Nr. 1 SGB III) oder wegen Abbruches einer beruflichen Eingliederungsmaßnahme (§ 144 Abs. 1 Nr. 4 SGB III) vorliegt, das Arbeitsverhältnis bzw. die Maßnahme ohne das Sperrzeitereignis jedoch ohnehin innerhalb von 6 Wochen ohne eine Sperrzeit geendet hätte (§ 144 Abs. 3 S. 2 Nr. 1 SGB III).

Das gleiche gilt bei Sperrzeitfällen wegen Arbeitsablehnung (§ 144 Abs. 1 Nr. 2 SGB III) bzw. Ablehnung einer beruflichen Eingliederungsmaßnahme (§ 144 Abs. 1 Nr. 3 SGB III), wenn der Arbeitslose eine bis zu 6 Wochen befristete Arbeit oder Maßnahme nicht angenommen bzw. nicht angetreten hat (§ 144 Abs. 3 S. 2 Nr. 2 SGB III).

Beispiel: Ein Arbeitnehmer, dem wegen Arbeitsmangels fristgemäß ohnehin gekündigt wurde, beendet sein Arbeitsverhältnis fünf Wochen vorher, um sich intensiver um eine neue Stelle kümmern zu können. Hier ist eine dreiwöchige Sperrzeit eingetreten.

Sperrzeittatbestände und Sperrzeitdauer in Wochen

Kündigung durch – Arbeitnehmer oder – Arbeitgeber wegen vertragswidrigen Verhaltens (§ 144 Abs. 1 Nr. 1 SGB III)	12 (bei Härte 6)
Ablehnung – eines Arbeitsangebotes – einer Trainingsmaßnahme – einer beruflichen Eingliederungsmaßnahme, Abbruch oder Ausschluß aus einer Trainings- oder beruflichen Eingliederungsmaßnahme (§ 144 Abs. 1 Nrn. 2–4 SGB III)	12 (bei Härte 6)
Sperrzeitfall nach § 144 Abs. 1 Nrn. 1 und 4 SGB III (Arbeitsaufgabe/Abbruch einer beruflichen Eingliederungsmaßnahme), wenn das Arbeitsverhältnis oder die Maßnahme ohnehin innerhalb von 6 Wochen nach dem Sperrzeitereignis ohne eine Sperrzeit geendet hätte (§ 144 Abs. 3 S. 2 Nr. 1 SGB III).	3
Sperrzeitfall nach § 144 Abs. 1 Nrn. 2 und 3 SGB III (Arbeitsablehnung/Ablehnung einer beruflichen Eingliederungsmaßnahme), wenn das Arbeitsverhältnis oder die Maßnahme wegen Befristung ohnehin nur bis zu 6 Wochen gedauert hätte (§ 144 Abs. 3 S. 2 Nr. 2 SGB III).	3

Die Herabsetzung der Sperrzeit von zwölf auf sechs Wochen wegen des Vorliegens einer besonderen Härte ist keine Ermessensentscheidung des Arbeitsamts. Die Entscheidung kann somit voll vom Sozialgericht überprüft werden.

Ob in der Sperrzeit Sozialhilfe gezahlt wird, hängt unter anderem von den Ersparnissen des Arbeitslosen und seiner Angehörigen sowie von dem Einkommen der Angehörigen ab (Bedürftigkeit; siehe dazu unten E. „Sozialhilfe", S. 205 ff).

Die Bezugsdauer des Arbeitslosengeldes *mindert* sich um die Sperrzeittage. Sie mindert sich jedoch dann, wenn eine Sperrzeit wegen Arbeitsaufgabe (§ 144 Abs. 1 Nr. 1 SGB III) eintritt, *mindestens um ein Viertel der Anspruchsdauer*, die dem Arbeitslosen bei erstmaliger Erfüllung der Voraussetzungen für den Anspruch auf Arbeitslosengeld nach dem Ereignis, das die Sperrzeit begründet, zusteht (§ 128 Abs. 1 Nrn. 3 und 4 SGB III). Die Minderung der Dauer des Anspruchs auf Arbeitslosengeld *entfällt* in den Fällen der eigenen Kündigung, der Kündigung durch den Arbeitgeber wegen arbeitsvertragswidrigen Verhaltens und des Abbruchs einer beruflichen Eingliederungsmaßnahme, wenn diese Ereignisse, die eine Sperrzeit begründen, bei Erfüllung der Voraussetzungen für den Anspruch auf Arbeitslosengeld – d. h. bei Arbeitslosmeldung und Beantragung von Arbeitslosengeld – länger als ein Jahr zurückliegen (§ 128 Abs. 2 SGB III).

(Zum Problem des wiederholten Sperrzeitanlasses siehe VI. 1. „Erlöschen des Anspruches", S. 129 f).

7. Meldepflicht – Meldeversäumnis

Zu den Pflichten des Arbeitslosen gehört es, daß er sich während der Zeit, für die er Anspruch auf Arbeitslosengeld oder -hilfe erhebt, beim Arbeitsamt oder einer sonstigen Dienststelle der Bundesanstalt persönlich meldet, wenn das Arbeitsamt ihn dazu auffordert. Darüberhinaus ist der Arbeitslose – bei Aufforderung seitens des Arbeitsamtes – auch verpflichtet, zu einem ärztlichen oder psychologischen Untersuchungstermin zu erscheinen (§ 309 Abs. 1 S. 1 SGB III). Die o. g. Pflichten bestehen für den Arbeitslosen auch während einer Zeit, in der sein Anspruch auf Arbeitslosengeld oder -hilfe wegen Arbeitskämpfen, eines Anspruches auf Arbeitsentgelt bzw. Urlaubsabgeltung, Krankengeld, Mutterschaftsgeld und anderen sozialen Leistungen sowie wegen einer Sperrzeit oder eines Meldeversäumnisses ruht (§ 309 Abs. 1 S. 3 SGB III i. V. m. §§ 142–146 SGB III). Die Meldepflicht gilt auch während eines Widerspruchs- oder sozialgerichtlichen Verfahrens, soweit der Arbeitslose für diese Zeit Leistungen beansprucht.

Aus welchen Gründen der Arbeitslose zur Meldung aufgefordert werden kann, ergibt sich aus § 309 Abs. 2 SGB III. Danach kann dies nur zum Zwecke der Berufsberatung, der Vermittlung in Ausbildung oder Arbeit, zur Vorbereitung aktiver Arbeitsförderungsleistungen und von Entscheidungen im Leistungsverfahren sowie zur Prüfung des Vorliegens der Voraussetzungen für den Leistungsanspruch geschehen.

Meldet sich der Arbeitslose trotz Belehrung über die Rechtsfolgen (diese muß hinsichtlich der Folgen, welche das Versäumnis gegebenenfalls nach sich zieht, klar, erkennbar und verständlich sein – BSG SozR 4100 § 132 Nr. 1) nicht, ohne dafür einen wichtigen Grund zu haben, so erhält er während einer Säumniszeit von 2 Wochen, die mit dem Tage nach dem Meldeversäumnis beginnt, kein Arbeitslosengeld (§ 145 Abs. 1 SGB III).

Kommt er innerhalb der zweiwöchigen Säumniszeit einer weiteren Aufforderung des Arbeitsamtes zur Meldung ebenfalls nicht nach – begeht er also ein zweites Meldeversäumnis –, so verlängert sich der Zeitraum, für den der Arbeitslose keine Leistungen erhält, bis zu dem Tag, an dem er sich ohne Aufforderung erneut persönlich beim Arbeitsamt meldet; mindestens tritt jedoch eine weitere Säumniszeit von 4 Wochen, insgesamt also mindestens eine solche von 6 Wochen, ein (§ 145 Abs. 2 SGB III). Während der Säumniszeit ruht der Anspruch auf Arbeitslosengeld.

Ebenso wie in den Fällen des Sperrzeiteintrittes hat der Gesetzgeber – als Folge einer Entscheidung des Bundesverfassungsgerichtes (BVerfG SozR 4100 § 120 Nr. 2) – in § 145 Abs. 3 SGB III auch bei der Säumniszeit eine „Härteregelung" normiert.

Danach wird in Fällen, in denen die Regelsäumniszeit eine besondere Härte bedeuten würde, die erste Säumniszeit von 2 Wochen auf 1 Woche und diejenige nach einem zweiten Meldeversäumnis von insgesamt mindestens 6 Wochen auf längstens 4 Wochen herabgesetzt.

Würde also die Dauer der Säumniszeit nach den für ihren Eintritt maßgebenden Tatsachen für den Arbeitslosen eine besondere Härte bedeuten, beträgt die erste Säumniszeit 1 Woche. Wenn eine Härte nur bei einem zweiten Meldeversäumnis gegeben ist, beträgt die Verlängerung der Säumniszeit 2 Wochen, mit der zweiwöchigen Säumniszeit des ersten Meldeversäumnisses also insgesamt 4 Wochen.

Ein Härtefall, der die pauschale Kürzung des Arbeitslosengeldes unzumutbar macht, liegt nach dem Bundesverfassungsgericht immer dann vor, wenn der Arbeitslose aus Unerfahrenheit, Unverständnis für Verwaltungsvorgänge, aus Unachtsamkeit oder anderen Gründen, welche nicht als „wichtig" im Sinne des § 145 Abs. 1 SGB III zu qualifizieren sind, seine Meldepflicht nicht einhält.

Eine weitere Rechtsfolge der Säumniszeit ist die Minderung der Anspruchsdauer um die Tage der Säumniszeit, höchstens jedoch um acht Wochen (§ 128 Abs. 1 Nr. 5 SGB III).

Die Streitfrage ist in vielen Fällen, ob für die Nichteinhaltung einer Meldepflicht ein wichtiger Grund vorgelegen hat oder nicht. Geprüft wird, ob unter Berücksichtigung aller Umstände es dem Arbeitslosen zumutbar war, der Aufforderung nachzukommen. Berechtigte Verhinderungsgründe können sein: Erledigung dringender persönlicher Angelegenheiten, die keinen Aufschub duldeten; Vorstellung bei einem Arbeitgeber zu einem von diesem gewünschten Termin oder die Übernahme von geringfügigen Beschäftigungen (§ 118 Abs. 2 SGB III). Diese müssen unaufschiebbar sein: Bäumeschneiden, Rasenmähen oder Malerarbeiten für Freunde oder Nachbarn sind aufschiebbar. Dagegen können geringfügige Malerarbeiten als Krankheitsaushilfe für eine Malerfirma für Sie unaufschiebbar sein. Wichtige Gründe können auch sonstige, vom Meldepflichtigen nicht zu vertretende Gründe sein, z.B. plötzlicher, unvorhersehbarer Ausfall von Verkehrsmitteln. Dringend zu empfehlen ist in diesem Zusammenhang, daß sich der Arbeitslose bei voraussichtlichen Verhinderungen schon vorher mit dem Arbeitsamt in Verbindung setzt und die Gründe seiner Verhinderung mitteilt. Grundsätzlich muß der Arbeitnehmer persönlich beim Arbeitsamt erscheinen; eine telefonische Meldung genügt nur dann, wenn das Arbeitsamt dies ausdrücklich zuläßt. Dagegen kann das Arbeitsamt Sie in jeder Form, z.B. also auch telefonisch zur Meldung auffordern.

Beispiel: A meldet sich nicht am Aufforderungstermin Freitag, dem 1. 10., sondern erst am Montag, dem 4. 10. beim Arbeitsamt. Am 1. 10. hatte sie geheiratet. Hier tritt keine Säumniszeit ein. A war aus einem wichtigen Grund verhindert.

Beispiel: Wie zuvor, jedoch heiratet nicht die Arbeitslose selbst, sondern die Tochter. Auch dies gehört zu den dringenden persönlichen Angelegenheiten und führt nicht zu einer Säumniszeit.

Beispiel: Wie zuvor, jedoch findet keine Hochzeit statt; vielmehr feiert die Arbeitslose am 1. 10. ihren 40. Geburtstag. Dies ist kein wichtiger Grund im Sinne des § 145 Abs. 1 SGB III. Die Säumniszeit beginnt am 2. 10. und endet am 15. 10.

Solange Sie den Tag der Meldung einhalten und der Zweck der Meldung erreicht wird, begehen Sie kein Meldeversäumnis, selbst wenn Sie nicht zu der genau festgelegten Tageszeit erscheinen (§ 309 Abs. 3 SGB III). Um insofern Probleme zu vermeiden, sollte der angegebene Meldetermin allerdings möglichst genau eingehalten werden.

V. Wann kann der Anspruch auf Arbeitslosengeld versagt werden?

Der Arbeitslose hat eine Reihe von Mitwirkungspflichten, die es dem Arbeitsamt ermöglichen sollen, festzustellen, ob ein Anspruch auf Arbeitslosengeld besteht und ob die Voraussetzungen für den Anspruch auch weiterhin vorliegen. Das Arbeitslosengeld kann versagt werden, wenn der Arbeitslose entweder bei Antragstellung oder während des Bezuges von Arbeitslosengeld innerhalb der ihm genannten Frist

– nicht alle Tatsachen angibt, die für den Arbeitslosengeld-Bezug bedeutsam sind (z. B. Nebenverdienst, Familienstand),

– Beweismittel oder Urkunden auf Verlangen nicht vorlegt (z. B. Arbeitsbescheinigung, Nebenverdienstbescheinigung, Lohnsteuerkarte),

– nach Aufforderung nicht zur mündlichen Besprechung seines Antrages persönlich erscheint (z. B. um die Verfügbarkeit zu klären) oder

– sich trotz Aufforderung nicht einer ärztlichen oder psychologischen Untersuchung unterzieht, vorausgesetzt, dies ist für die Entscheidung über die Leistung von Arbeitslosengeld erforderlich (§§ 60 bis 62 SGB I).

Unterläßt der Arbeitslose eine notwendige Mitwirkung und wird dadurch die Klärung des Sachverhaltes erheblich erschwert, so kann das Arbeitslosengeld so lange ganz oder zum Teil versagt bzw. entzogen werden, bis die Mitwirkung nachgeholt wird (§ 66 Abs. 1 Satz 1 SGB I). Allerdings muß der Arbeitslose zuvor über diese Rechtsfolgen belehrt und ihm eine Frist gesetzt worden sein, innerhalb derer er seine Mitwirkungspflichten erfüllen muß (§ 66 Abs. 3 SGB I). Dabei genügt es für eine unmißverständliche, ausreichende Belehrung nicht, wenn das Arbeitsamt einfach nur den Gesetzestext abschreibt; es muß vielmehr angegeben werden, was im Einzelfall beabsichtigt ist (BSG SozR 1200 § 66 Nr. 13).

Beispiel: A legt seine Steuerkarte nicht vor. Obwohl er nachweislich verheiratet ist, geht das Arbeitsamt zunächst von der schlechtesten Steuerklasse VI = Leistungsgruppe E aus. Legt A später die Steuerkarte mit der Steuerklasse III vor, so erfüllt er die Voraussetzungen für die damit verbundene bessere Leistungsgruppe C. Da diese Voraussetzung von Anfang an gegeben war, kann das Arbeitslosengeld für die Leistungsgruppe C rückwirkend gezahlt werden (§ 67 SGB I).

Voraussetzung für die Mitwirkungspflicht ist weiter, daß der Aufwand für den Arbeitslosen
– in einem angemessenen Verhältnis zum Anspruch steht,
– nicht aus einem wichtigen Grund für ihn unzumutbar ist und
– sich nicht dadurch erübrigt, daß das Arbeitsamt sich mit geringerem Aufwand die Informationen selbst beschaffen kann (vgl. § 65 Abs. 1 SGB I).

Ist das Arbeitslosengeld wegen fehlender Mitwirkung versagt oder entzogen worden (§ 66 Abs. 1 SGB I), mindert sich Ihr Anspruch auf Arbeitslosengeld um die entsprechenden Tage, höchstens allerdings um 4 Wochen (§ 128 Abs. 1 Nr. 6, Abs. 2 S. 1 SGB III). Gleiches gilt in den Fällen, in denen der Arbeitslose ohne wichtigen Grund nicht arbeitsbereit ist (§ 128 Abs. 1 Nr. 7, Abs. 2 S. 1 SGB III; zur „Arbeitsbereitschaft" siehe oben I 3 b cc, S. 19f).

Eine höchstens 4-wöchige Anspruchsminderung tritt im übrigen auch dann ein, wenn Sie – entgegen der Aufforderung durch das Arbeitsamt – Ihren Sozialversicherungsausweis nicht hinterlegen (§ 128 Abs. 1 Nr. 6, Abs. 2 S. 1 SGB III i.V.m. § 100 Abs. 1 S. 4 SGB IV).

In ihrem Merkblatt für Arbeitslose weist die Bundesanstalt für Arbeit auf eine Reihe immer wiederkehrender Mitwirkungspflichten hin. Danach haben Sie eine Mitteilungspflicht:

1. Wenn Sie aus einer früheren Beschäftigung noch Arbeitsentgelt, Abfindungen, Entschädigungen oder ähnliche Leistungen erhalten.
2. Wenn Sie eine Arbeit übernehmen – auch als Selbständiger oder mithelfender Familienangehöriger. Eine Mitteilung des Arbeitgebers an die Krankenkasse über Ihre Arbeitsaufnahme reicht nicht aus.
3. Wenn Sie arbeitsunfähig erkranken und wenn Sie wieder arbeitsfähig sind.
4. Wenn Sie Krankengeld, Mutterschaftsgeld oder ähnliche Leistungen, Übergangsgeld oder Renten aller Art erhalten oder beantragen.
5. Wenn Sie Nebenverdienst erzielen.
6. Wenn Sie ein ordentliches Studium an einer Hoch- oder Fachschule aufnehmen.
7. Wenn Sie für mehrere Tage Ihren Wohnort verlassen (z. B. eine Urlaubsreise machen).
8. Wenn sich Ihre Anschrift ändert.
9. Wenn Sie heiraten oder Ihre Ehe endet.
10. Wenn sich Ihre Steuerklasse ändert.
11. Wenn auf Ihrer Lohnsteuerkarte oder der Ihres Ehegatten ein Kind oder mehrere Kinder eingetragen sind und die Voraussetzungen für die Eintragung bei keinem der Kinder mehr vorliegen (z. B. wenn das einzige bisher eingetragene über 16 Jahre alte Kind die Berufsausbildung beendet hat).

Kommen Sie den im gen. Merkblatt im einzelnen beschriebenen Mitteilungspflichten nicht nach, laufen Sie Gefahr, daß Ihnen Leistungen gewährende Bescheide rückwirkend dann ganz oder teilweise aufgehoben werden, wenn die geänderten Verhältnisse Einfluß auf Ihren Anspruch hatten (§ 48 Abs. 1 S. 1 und 2 Nr. 2 SGB X i. V. m. § 330 Abs. 3 S. 1 SGB III).

In einem solchen Fall macht das Arbeitsamt überzahlte Leistungen im Wege der Erstattung geltend (§ 50 SGB X).

Weigert sich der Arbeitgeber, dem Arbeitslosen die Arbeitsbescheinigung oder die Nebenverdienstbescheinigung richtig, vollständig und rechtzeitig auszustellen und macht der Arbeitslose dies gegenüber dem Arbeitsamt glaubhaft, so kann das Arbeitsamt dem Arbeitgeber mit Ordnungswidrigkeit und Geldbuße drohen und diese notfalls auch durchsetzen (§§ 312, 313 und 404 Abs. 2 Nrn. 16 und 17 SGB III). Prüfen Sie die Arbeitsbescheinigung genau und bewahren Sie sich eine Kopie davon auf. Von ihr hängt ab, ab wann (Sperrzeit?) und wieviel Arbeitslosengeld Sie erhalten und was Ihnen an neuer Beschäftigung zugemutet werden kann (vgl. die Frage zur Art des Beschäftigungsverhältnisses).

VI. Wann erlischt der Anspruch auf Arbeitslosengeld?

1. Wiederholter Sperrzeitanlaß

Der Arbeitslose verliert seinen Anspruch auf Arbeitslosengeld, wenn er nach Entstehung seines Anspruches Anlaß für den Eintritt von Sperrzeiten mit einer Dauer von insgesamt mindestens 24 Wochen gegeben, hierüber schriftliche Bescheide erhalten hat und er auf die Rechtsfolgen des Eintrittes von Sperrzeiten mit einer Dauer von insgesamt mindestens 24 Wochen hingewiesen worden ist (§ 147 Abs. 1 Nr. 2 SGB III).

Beispiel: A vereinbart mit seinem Arbeitgeber einen Aufhebungsvertrag zum 31. 8., ohne hierfür einen wichtigen Grund zu haben. Nach einer Woche Ferien meldet er sich am 7. 9. beim Arbeitsamt arbeitslos und beantragt Arbeitslosengeld, welches ihm nach dem Ende der Sperrzeit gezahlt wird. Am 29. 11. lehnt A eine auswärtige Arbeitsstelle ohne wichtigen Grund ab. Behält er seinen Anspruch auf Arbeitslosengeld? Ja, denn der erste Sperrzeitanlaß (31. 8.) lag vor der Entstehung seines Anspruches auf Arbeitslosengeld (7. 9.). Der Anspruch auf Arbeitslosengeld erlischt also nicht, wohl aber tritt eine Sperrzeit von zwölf, in Härtefällen von sechs Wochen ein (§ 144 Abs. 1 Nr. 2, Abs. 3 S. 1 SGB III).

Beispiel: A bezieht aufgrund eines am 1. 3. 1999 entstandenen Anspruches Arbeitslosengeld. Ohne hierfür einen wichtigen Grund zu haben, lehnt er am 25. 5. 1999 ein Arbeitsangebot ab. Daraufhin stellt das Arbeitsamt den Eintritt einer 12-wöchigen Sperrzeit fest. Gleichzeitig belehrt es ihn darüber, daß sein Anspruch dann, wenn weitere Sperrzeiten eintreten, die zusammen mit der ersten Sperrzeit 24 Wochen umfassen, erlischt. Danach lehnt A zwei weitere Arbeitsangebote ab. Insofern lag zwar wiederum kein wichtiger Grund vor; das Arbeitsamt nahm jedoch eine „besondere Härte" (§ 144 Abs. 3 S. 1 SGB III) an. Dementsprechend stellte es zunächst den Eintritt einer 6-wöchigen Sperrzeit und mit weiterem Bescheid sodann das Erlöschen des Leistungsanspruches fest.

Hätte A die weiteren Arbeitsangebote zu einem Zeitpunkt erhalten und abgelehnt, als er wegen des Eintrittes der ersten Sperrzeit noch keinen Bescheid und insbesondere noch keine Belehrung über die Gefahr des Erlöschens seines Leistungsanspruches bei Eintritt von Sperrzeiten mit einer Gesamtdauer von 24 Wochen erhalten hatte, hätte das Arbeitsamt lediglich den Eintritt von 2 weiteren 6-wöchigen Sperrzeiten feststellen können.

Mit dem Erlöschen des Leistungsanspruches wegen des Eintrittes von Sperrzeiten mit einer Dauer von mindestens 24 Wochen geht der „erarbeitete" Anspruch auf Arbeitslosengeld unwiederbringlich verloren (§ 147 Abs. 1 Nr. 2 SGB III). Bisherige Beschäftigungszeiten fallen sowohl für eine neue Anwartschaftszeit wie für die Anspruchsdauer völlig heraus (§ 123 S. 2 SGB III). Ein neuer Anspruch auf Arbeitslosengeld oder Arbeitslosenhilfe entsteht erst wieder, wenn der Arbeitslose *danach* mindestens 8 Monate (= Arbeitslosenhilfe) bzw. 12 Monate (= Arbeitslosengeld) wieder versicherungspflichtig beschäftigt war und dadurch die Anwartschaftszeit erfüllt (§§ 123 S. 1 und 191 Abs. 1 Nr. 2 SGB III).

Achtung: Nach dem Zukunftsprogramm 2000 der Bundesregierung entfällt ab 1. 1. 2000 die Möglichkeit des Bezuges originärer Arbeitslosenhilfe. Ein solcher Anspruch kann daher auch durch 8 Monate versicherungspflichtige Beschäftigung nicht mehr neu entstehen.

2. Erlöschen bei Entstehen eines neuen Anspruches

Durch die Wiederaufnahme einer Arbeit erwirbt der Arbeitslose bei mindestens 12 Monaten versicherungspflichtiger Beschäftigungsdauer bei erneuter Arbeitslosigkeit einen neuen Anspruch

auf Arbeitslosengeld. Dadurch erlischt der alte, noch nicht ver-
brauchte Anspruch auf Arbeitslosengeld (§ 147 Abs. 1 Nr. 1 SGB III);
es erhöht sich jedoch die Dauer des neuen Anspruchs um die Dauer
des erloschenen Anspruchs, soweit dieser noch nicht verbraucht
war und wenn nach der Entstehung des alten Anspruchs noch keine
7 Jahre verstrichen sind (§ 127 Abs. 4 SGB III). Sie verlängert sich
allerdings längstens bis zu der dem Lebensalter des Arbeitslosen
zugeordneten Höchstdauer.

Beispiel: A, 39 Jahre alt, wird nach 16 Monaten versicherungspflichtiger Beschäftigung innerhalb von zwei Jahren erneut arbeitslos. Damit
erfüllt er die Anwartschaft für die Zahlung von Arbeitslosengeld für
die Anspruchsdauer von 8 Monaten. Sollte er aus der früheren Arbeitslosigkeit noch einen Anspruchsrest von beispielsweise 6 Monaten
besitzen, so werden ihm davon 4 Monate gutgeschrieben. 2 Monate
verfallen demgegenüber, weil A mit insgesamt 12 Monaten schon die
längste Anspruchsdauer, die er nach seinem Lebensalter erreichen
kann (§ 127 Abs. 2 SGB III), erworben hat.

Beispiel: Wie zuvor, jedoch mit dem Unterschied, daß A durch eine
erneute Tätigkeit von 12 Monaten nur eine Anspruchsdauer von
6 Monaten erworben hat. Sind seit der Entstehung des alten Anspruches noch nicht 7 Jahre vergangen, so wird dem A auch der Restanspruch von 6 Monaten gutgeschrieben. Mithin hat er für 12 Monate
Anspruch auf Arbeitslosengeld (§ 127 Ab. 4 SGB III). Errechnet sich
aus der neuen Beschäftigung ein höheres Bemessungsentgelt als das-
jenige, welches dem früheren, erloschenen Anspruch zugrundelag, so
ist dieses für den gesamten neuen Anspruch von 12 Monaten maßgebend. Errechnet sich für den neu entstandenen Anspruch jedoch im
Vergleich zum alten, erloschenen Anspruch ein geringeres Bemessungsentgelt, so ist dann, wenn seit dem letzten Bezug von Arbeitslosengeld oder -hilfe noch keine 3 Jahre vergangen sind, für den gesamten neuen Anspruch von 12 Monaten, das frühere Bemessungsentgelt
maßgebend (§ 133 Abs. 1 S. 1 SGB III).

3. Erlöschen durch Zeitablauf

Ist noch ein Teil Ihres Anspruches auf Arbeitslosengeld unverbraucht und werden Sie nach Ablauf von vier Jahren, gerechnet
von der Entstehung des alten Anspruches, erneut arbeitslos ohne

einen neuen Anspruch auf Arbeitslosengeld erworben zu haben, so kann der alte Anspruch nicht mehr geltend gemacht werden (§ 147 Abs. 2 SGB III). Ist etwa Ihr Anspruch am 1. 9. 1998 entstanden, so können Sie ihn bis zum 31. 8. 2002 noch geltend machen. Ab 1. 9. 2002 ist das nicht mehr möglich.

Allerdings kommt der Restanspruch bis zum Ablauf von 7 Jahren, also bis zum 31. 8. 2005 noch für die Verlängerung eines neu entstandenen Anspruches in Betracht (§ 127 Abs. 4 SGB III siehe oben 2., S. 130 f).

VII. Wie wird das Arbeitslosengeld gezahlt?

1. Nachträgliche, monatliche Überweisung; Verzinsung

Das Arbeitslosengeld wird für die Woche berechnet und für Kalendertage geleistet, wobei auf jeden Kalendertag $1/7$ des wöchentlichen Arbeitslosengeldes entfällt (§ 139 SGB III).

Das Arbeitslosengeld wird Ihnen nachträglich monatlich auf Ihr Bank- oder Postgirokonto überwiesen (§ 337 Abs. 1 S. 1 SGB III). Wird Ihnen das Arbeitslosengeld an Ihren Wohnsitz übermittelt, zieht Ihnen das Arbeitsamt hiervon die durch diese Übermittlungsart veranlaßten Kosten ab (§ 337 Abs. 1 S. 2 SGB III).

Die Leistungen werden regelmäßig monatlich am gleichen Wochentag überwiesen. Ist dieser Tag ein Feiertag, so wird vorher überwiesen. Sind nur noch wenige Resttage vor Aufnahme der Arbeit zu zahlen, so wird dieser Anspruchsrest am letzten Tag der Arbeitslosigkeit überwiesen. Auf der Gutschrift-Anzeige bzw. auf dem Post-Empfängerabschnitt ist notiert, für welchen Zeitraum die Überweisung gilt. Auch jugendliche Arbeitslose unter 18 Jahre sind zum Empfang des Arbeitslosengeldes oder der Arbeitslosenhilfe ermächtigt, sofern ihre Eltern nicht ausdrücklich die Zahlung an sich verlangen.

Entstehen durch die nachträgliche monatliche Auszahlung unbillige Härten (z.B.: Sie können Ihre Miete nicht bezahlen), können Sie eine angemessene *Abschlagszahlung* beantragen (§ 337 Abs. 4 SGB III).

§ 44 SGB I sieht vor, daß Ansprüche auf Geldleistungen des Arbeitsamtes mit 4 % zu verzinsen sind, z. B. wenn das Arbeitsamt erst nach Ablauf eines Widerspruchs oder Klageverfahrens zahlt. Zinsen sind allerdings frühestens zu zahlen, wenn seit dem Eingang des vollständigen Leistungsantrags 6 Monate vergangen sind. Zinsen sind im übrigen nur bis zum Ablauf des Kalendermonats vor Zahlung des Arbeitsamtes zu entrichten.

Beispiel: Eingang des vollständigen Antrags: 1. 5. 1999
        Zahlung: 25. 2. 2000
        Verzinsung: ab 1. 11. 1999 bis 31. 1. 2000
Es ist empfehlenswert, ausdrücklich die Verzinsung zu beantragen (vgl. Vogel in: info also 4/1985 S. 23).

2. Vorschuß- bzw. Abschlagszahlungen oder Sozialhilfe

Steht der Anspruch auf Arbeitslosengeld dem Grunde nach fest und ist lediglich zur Feststellung der Höhe und zur allgemeinen Bearbeitung noch eine längere, mehrere Wochen umfassende Zeit erforderlich, so *kann* das Arbeitsamt auf Wunsch Vorschuß zahlen. Es *muß* Vorschuß zahlen, wenn Sie dies beantragen und ein Monat seit der Antragstellung vergangen ist (§ 42 SGB I).

Ist unklar, ob Ihnen überhaupt ein Anspruch auf Arbeitslosengeld zusteht, ist dies jedoch mit hinreichender Wahrscheinlichkeit der Fall, und erfordert die Feststellung der Voraussetzungen des Anspruches voraussichtlich noch längere Zeit, so kann das Arbeitsamt, wenn Sie die Umstände, einer sofortigen abschließenden Entscheidung nicht zu vertreten haben, eine vorläufige Entscheidung treffen (§ 328 Abs. 1 S. 1 Nr. 3 SGB III).

Von dieser Möglichkeit sollten Sie allerdings dann, wenn Sie ohne die vorläufige Leistungsgewährung durch das Arbeitsamt zum Bezug von Sozialhilfe berechtigt wären, keinen Gebrauch machen, sondern besser die Gewährung vorläufiger Sozialhilfe beantragen. Stellt sich nämlich später heraus, daß Sie – entgegen der ursprünglichen Erwartung – doch keinen Leistungsanspruch gegen das Arbeitsamt haben, müssen Sie die zu Unrecht erhaltenen Leistungen erstatten (§ 328 Abs. 3 S. 2 SGB III). Da Sie für zurückliegende Zeiten Sozialhilfe nicht beanspruchen können

(§ 5 BSHG), besteht die Gefahr, daß Sie für die Zeit, in der das Arbeitsamt vorläufige Leistungen erbracht hat, am Ende überhaupt keine Sozialleistung erhalten.

Wenn Sie sich arbeitslos gemeldet und die Gewährung von Arbeitslosengeld beantragt haben, stellt Ihnen das Arbeitsamt auf Antrag eine Bescheinigung („Laufzettel") aus, die Sie berechtigt, bei nachgewiesener Bedürftigkeit vom Sozialamt Ihres Wohnortes Sozialhilfe zu beziehen.

3. Auszahlung an Dritte, Pfändung, Aufrechnung, Vererblichkeit

Mitunter treten Jugendämter wegen Säumigkeit von Arbeitslosen bezüglich Unterhaltsschulden an das Arbeitsamt mit dem Antrag heran, einen angemessenen Teil des Arbeitslosengeldes direkt an den Ehegatten bzw. an die Kinder auszuzahlen. Dies sieht § 48 SGB I vor, wobei auch an andere Stellen oder Personen ausgezahlt werden kann, welche dem Ehegatten und den Kindern Unterhalt gewähren. Dem Leistungsberechtigten soll dabei soviel belassen werden, daß sein eigener, notwendiger Unterhalt sichergestellt ist. Als Mindestbetrag für den Selbstbehalt gelten die Sätze der Sozialhilfe (BSG SozR 1200 § 48 Nr. 10).

Auch andere Gläubiger können Pfändung von Leistungsansprüchen erwirken. Sie können keine Kontenpfändung über einen ausgezahlten Betrag erwirken, wenn der Arbeitslose während der ersten sieben Tage seit Gutschrift auf sein Bankkonto sein Arbeitslosengeld abhebt (§ 55 SGB I). Es besteht dieser Pfändungsschutz jedoch grundsätzlich nicht, sondern nur in Ausnahmefällen, wenn die Überweisung auf ein Girokonto des Ehegatten des Sozialleistungsberechtigten erfolgt (BGH, Urteil vom 12. 10. 1987 – II ZR 98/87, info also 1/1988 S. 42). Auch Ihr kontoführendes Institut (Bank, Sparkasse, Post) darf überzogene Konten mit Arbeitslosengeld oder -hilfe in den ersten sieben Tagen nicht ausgleichen (Hess. VGH FEVS 1986 S. 7). Danach verbleibende Guthaben kann die Bank bis zur Höhe des pfändbaren Teiles für die Pfändung durch Gläubiger sperren. Dem Arbeitslosen muß noch so viel Geld übrigbleiben, daß er leben kann, ohne hilfebedürftig im Sinne des BSHG zu werden (§ 54 Abs. 4 SGB I).

Hat das Arbeitsamt selbst Ansprüche gegen den Arbeitslosen – z.B. wegen zu Unrecht gezahlter Leistungen – so kann es mit Ansprüchen des Arbeitslosen auf Arbeitslosengeld oder Arbeitslosenhilfe bis zu deren Hälfte aufrechnen, soweit der Arbeitslose dadurch nicht hilfebedürftig wird (§ 51 Abs. 2 SGB I). War der Leistungsanspruch des Arbeitslosen aber wegen der Anrechnung von Nebeneinkommen gemindert oder ruhte er wegen einer Sperrzeit oder einer Säumniszeit, so kann das Arbeitsamt in voller Höhe aufrechnen (§ 333 Abs. 1 SGB III).

Stirbt der Arbeitslose, so steht den Erben zu, was bis dahin an Ansprüchen entstanden und noch nicht ausgezahlt ist.

VIII. Wann kann das Arbeitsamt Überzahlungen zurückfordern?

Nach § 45 SGB X kann eine von Anfang an fehlerhafte Leistungsbewilligung nicht zurückgenommen werden, soweit Sie auf die Richtigkeit vertraut und das Geld ausgegeben haben und Ihr Vertrauen schutzwürdiger erscheint als das öffentliche Interesse an der Rückzahlung. Jedoch kann sich niemand auf Vertrauen berufen, der den Fehler erkannt hatte oder infolge grober Fahrlässigkeit nicht erkannt hatte (§ 45 Abs. 2 Satz 3 Nr. 3 SGB X). Nach Auffassung des BSG setzt grobe Fahrlässigkeit eine Sorgfaltspflichtverletzung in besonders schwerem Maße, d.h. eine besonders grobe und auch subjektiv schlechthin unentschuldbare Pflichtverletzung voraus, die das gewöhnliche Maß der Fahrlässigkeit erheblich übersteigt (BSG SozR 4100 § 152 Nr. 10). Subjektiv schlechthin unentschuldbar ist ein Verhalten, wenn schon einfachste, ganz naheliegende Überlegungen nicht angestellt werden, wenn nicht beachtet wird, was im gegebenen Fall jedem einleuchten muß.

Nach § 48 Abs. 1 Satz 1 SGB X muß ein Leistungen bewilligender Bescheid mit Wirkung für die Zukunft aufgehoben werden, wenn seit dessen Erlaß eine den Leistungsanspruch berührende wesentliche Änderung eintritt.

Die rückwirkende Aufhebung, verbunden mit der Erstattung zu Unrecht gewährter Leistungen (§ 50 SGB X) sieht § 48 Abs. 1 S. 2 Nrn. 2–4 SGB X vor.

Eine solche kommt in Betracht, wenn Sie
- die wesentliche Änderung entgegen Ihrer Verpflichtung (§ 60 Abs. 1 S. 1 Nr. 2 SGB I) vorsätzlich oder grob fahrlässig nicht mitgeteilt haben,
- nach Antragstellung oder Erlaß des Bescheides Einkommen oder Vermögen erzielt haben, welches zum Wegfall oder zur Minderung des Anspruches geführt haben würde (z.B.: Nebeneinkommen, § 141 SGB III), oder
- die aufgrund der geänderten Verhältnisse eingetretene Rechtswidrigkeit des Bescheides erkannt oder nur grob fahrlässig nicht erkannt haben.

Beispiel: Wer – ohne das Arbeitsamt zu informieren – für 1 Woche verreist, steht für diese Zeit der Arbeitsvermittlung nicht zur Verfügung und hat dementsprechend keinen Anspruch.
Ist ihm dies nicht bekannt, muß ihm, da hierauf im Merkblatt für Arbeitslose ausdrücklich hingewiesen ist, grobe Fahrlässigkeit hinsichtlich seiner Unkenntnis vorgeworfen werden, mit der Folge, daß der Bewilligungsbescheid für die Zeit der Ortsabwesenheit aufgehoben wird und überzahlte Leistungen insofern zu erstatten sind (§ 48 Abs. 1 S. 2 Nrn. 2 und 4, § 50 SGB X).

Hinzuweisen ist abschließend noch darauf, daß die Bundesanstalt für Arbeit hinsichtlich der Frage, ob sie – liegen die Voraussetzungen für die Rücknahme bzw. Aufhebung des Bewilligungsbescheides für die Vergangenheit vor (§ 45 Abs. 2 Satz 3 SGB X, § 48 Abs. 1 Satz 2 SGB X) – keine Ermessensprüfung mehr anstellen darf. Vielmehr muß Sie ihren fehlerhaften bzw. fehlerhaft gewordenen Bescheid rückwirkend aufheben bzw. zurücknehmen und überzahlte Leistungen zurückfordern (§ 330 Abs. 2 und 3 S. 1 SGB III).
Wurden der Leistungen gewährende Bescheid rückwirkend aufgehoben und die Leistungen (Arbeitslosengeld bzw. -hilfe, Unterhaltsgeld) zurückgefordert, hat der Leistungsempfänger auch die *Beiträge,* die vom Arbeitsamt für den Aufhebungszeitraum zur *gesetzlichen Kranken-* bzw. *sozialen Pflegeversicherung* gezahlt wurden, zu erstatten (§ 335 Abs. 1 S. 1, Abs. 5 SGB III).

B. Arbeitslosenhilfe

I. Wer erhält Arbeitslosenhilfe?

1. Bedeutung und Voraussetzungen

Das bewährte System der Arbeitslosenversicherung in Form von Beiträgen und Höchstbezugsdauer von einem Jahr bis zu 2 Jahren und 8 Monaten (für Arbeitslose, die 57 Jahre und älter sind) greift weder für die Arbeitslosenzeit danach noch für diejenigen Arbeitslosen, die noch keine genügend lange Anwartschaftszeit durch Arbeit erbracht haben. Die Arbeitslosenhilfe schützt wie das Arbeitslosengeld gegen die finanziellen Folgen der Arbeitslosigkeit. Arbeitslosenhilfe wird ohne Beitragszahlung aus Steuermitteln Arbeitslosen im Anschluß an den Bezug von Arbeitslosengeld (ohne zeitliche Begrenzung) oder als originär entstandener Anspruch (für die Dauer von 12 Monaten) gewährt, wenn Bedürftigkeit vorliegt. Ebenso wie beim Arbeitslosengeld ist auch die Arbeitslosenhilfe eine Lohnersatzleistung und hat die gleiche Zielrichtung wie das Arbeitslosengeld:
– Vermittlung geht vor Geldzahlung;
– Anspruch hat nur, wer der Arbeitsvermittlung zur Verfügung steht;
– Wer zumutbare Arbeit ablehnt, dem wird die Arbeitslosenhilfe zeitweilig oder dauernd versagt;
– Die Höhe der Arbeitslosenhilfe hängt von der Höhe des zuletzt erzielten oder künftig erzielbaren Arbeitsentgeltes ab.

Auf die Arbeitslosenhilfe haben Sie bei Vorliegen aller Voraussetzungen einen Rechtsanspruch (§ 190 SGB III). Sie können Ihren Anspruch, nachdem ein Widerspruch ohne Erfolg war, vor dem Sozialgericht geltend machen. Zu den Voraussetzungen gehört, daß Sie bedürftig sind, d.h., daß Sie Ihren Lebensunterhalt nicht aus anderen Einkommen oder Vermögen oder Unterhaltsleistungen von Angehörigen, auf die Sie Anspruch haben, bestreiten können.

Andererseits wird bei Vorliegen der Bedürftigkeit eben nicht nur der Sozialhilfe-Bedarf gezahlt, sondern höchstens 57 % oder 53 % (ohne Kind) des ausgefallenen Verdienstes (10 % bzw. 7 % weniger als beim Arbeitslosengeld). Ohne die Arbeitslosenhilfe würden zahlreiche Arbeitslose nur noch Sozialhilfe erhalten und damit in aller Regel bedeutend stärker in ihrem finanziellen Lebensstandard absinken als durch die Zahlung der Arbeitslosenhilfe. Gerade in Zeiten lang dauernder Arbeitslosigkeit wie gegenwärtig wird die Arbeitslosenhilfe zunehmend benötigt: Wer nach einem Jahr beziehungsweise nach bis zu 2 Jahren und 8 Monaten – je nach Lebensalter – Arbeitslosigkeit noch keine Arbeit gefunden hat und damit seinen Höchstanspruch auf Arbeitslosengeld verbraucht hat, kann durch die sogenannte „Anschluß-Arbeitslosenhilfe" einen gewissen Lebensstandard aufrechterhalten, und zwar zeitlich unbegrenzt (wenn auch jedes Jahr ein Wiederbewilligungsantrag zu stellen ist). Sozialpolitisch übernimmt mithin die Anschluß-Arbeitslosenhilfe abgeschwächt die soziale Schutzfunktion des Arbeitslosengeldes (BSG Sammlung Breithaupt 1983 S. 174).

Neben der eben erwähnten „Anschluß-Arbeitslosenhilfe" kann auch Arbeitslosenhilfe vom ersten Tag der Arbeitslosigkeit bei denjenigen Arbeitslosen in Betracht kommen, bei denen zwar die Anwartschaftszeit von 12 Monaten versicherungspflichtiger Beschäftigung oder gleichgestellter Zeiten innerhalb der 3-jährigen Rahmenfrist und damit die Möglichkeit des Vorbezuges von Arbeitslosengeld nicht vorliegt, wohl aber die kleinere Anwartschaftszeit von 5 Monaten versicherungspflichtiger Beschäftigung (auch bei verschiedenen Arbeitgebern) im letzten Jahr vor dem Tag, an dem auch alle übrigen Voraussetzungen für den Anspruch auf Arbeitslosenhilfe erfüllt sind.

Wer arbeitslos ist, erhält somit in der Regel entweder
– Arbeitslosengeld oder hilfsweise
– Arbeitslosenhilfe oder hilfsweise
– Sozialhilfe.

Die Arbeitslosenhilfe wurde 1956 eingeführt. Sie steht nach der Rangfolge, nach dem Wert für den Arbeitslosen und nach den Voraussetzungen der Gewährung in der Mitte zwischen Arbeitslosengeld und Sozialhilfe, und zwar deshalb, weil sie sich einerseits – wie das Arbeitslosengeld – nach dem zuletzt erzielten oder künftig erzielbaren Nettoverdienst richtet, andererseits aber – wie die Sozialhilfe – von dem Nachweis abhängt, daß der Arbeitslose bedürftig ist.

Im Einzelfall kann neben der Arbeitslosenhilfe oder sogar neben dem Arbeitslosengeld zugleich eine Aufstockung durch Sozialhilfe hinzukommen, z.B. wenn Sie zuletzt oder in Zukunft nur noch einen geringen Verdienst hatten bzw. haben werden. Dann wird auf Ihren Antrag vom zuständigen Sozialamt die Differenz bis zur Höhe des für Sie (und Ihre Angehörigen) ermittelten Bedarfes gezahlt.

Die Vorschriften über das Arbeitslosengeld gelten entsprechend, soweit die Besonderheiten der Arbeitslosenhilfe nicht entgegenstehen; der Anspruch auf Arbeitslosengeld und der Anspruch auf Arbeitslosenhilfe gelten, soweit nichts anderes bestimmt ist, als ein einheitlicher Anspruch auf Leistungen bei Arbeitslosigkeit (§ 198 SGB III).

2. Beschäftigung und gleichgestellte Zeiten

Dem Grunde nach haben Sie nach den §§ 190 Abs. 1, 191 Abs. 1 bis 3 SGB III Anspruch auf Arbeitslosenhilfe, wenn im letzten Jahr vor der Arbeitslosmeldung (Vorfrist) eine der folgenden Zeiten zurückgelegt wurde:
a) mindestens 5 Monate
– einer versicherungspflichtigen Beschäftigung als Arbeiter, Angestellter oder zur Berufsausbildung; das gilt auch für Beschäftigung im Ausland, wenn Sie Grenzgänger sind, in der EG oder in einem Land, das mit Deutschland ein zwischenstaatliches Abkommen geschlossen hat, gearbeitet haben;
– in einem öffentlich-rechtlichen Dienstverhältnis, (einschließlich einstufiger Juristen- und einphasiger Lehrerausbildung) insbesondere als Beamter, Richter, Berufssoldat oder Soldat auf Zeit,
– Wehr- oder Zivildienst aufgrund der Wehrpflicht oder Polizeivollzugsdienst im Bundesgrenzschutz aufgrund der Grenzschutzdienstpflicht; wer unmittelbar nach dem Abitur den gesetzlichen Wehrdienst ableistete, hat danach nur Anspruch auf Arbeitslosenhilfe, nicht auf Arbeitslosengeld;

– Bezug versicherungspflichtigen Kranken-, Verletzten-, Übergangsgeldes oder Krankentagegeldes eines Unternehmens der privaten Krankenversicherung,

– Teilnahme als jugendlicher Behinderter an einer berufsfördernden Maßnahme in einer Einrichtung für Behinderte,

– einer beitragspflichtigen Zeit als Gefangener,

b) mindestens 8 Monate

– Bezug von Leistungen aus der Sozialversicherung zum Bestreiten des Lebensunterhalts wegen Krankheit, Minderung der Erwerbsfähigkeit, Berufsunfähig- oder Erwerbsunfähigkeit oder

– Bezug von Leistungen eines öffentlich-rechtlichen Rehabilitationsträgers wegen einer Maßnahme zur Rehabilitation,

c) mindestens 1 Kalendertag Bezug von Arbeitslosengeld.

Während die sog. Anschlußarbeitslosenhilfe (§§ 190 Abs. 1, 191 Abs. 1 Nr. 1 SGB III) zeitlich unbegrenzt gewährt wird, kann die originäre Arbeitslosenhilfe, also diejenige, die nicht auf einem Vorbezug von Arbeitslosengeld beruht, nur für die Dauer von 12 Monaten bezogen werden (§ 197 SGB III).

Achtung: Nach dem Zukunftsprogramm 2000 der Bundesregierung entfällt ab 1. 1. 2000 die Möglichkeit des Bezuges originärer Arbeitslosenhilfe. Ab diesem Zeitpunkt wird Arbeitslosenhilfe somit nur noch in Form der sog. Anschluß-Arbeitslosenhilfe gewährt. Voraussetzung ist dann also immer der Vorbezug von Arbeitslosengeld.

Auf folgende Zeiten können Sie einen Anspruch auf Arbeitslosenhilfe beispielsweise nicht stützen:

– Besuch einer Schule oder Hochschule,

– Beschäftigungen, die zwar entlohnt, aber nicht versicherungspflichtig waren (z. B. Beschäftigungen im Ausland, gewisse Praktika, Beschäftigungen von in der Regel weniger als 15 Stunden/ Woche),

– Tätigkeiten als Selbständiger oder mithelfender Familienangehöriger.

Diese Personen werden zwar von den Arbeitsämtern betreut, um sie möglichst bald in das Arbeitsleben einzugliedern. Ihnen stehen die Vermittlungs- und Beratungsdienste kostenlos zur Verfügung. Doch ihren Lebensunterhalt, den sie vor der Arbeitslosigkeit nicht oder weniger als 5 Monate im vorausgegangenen Jahr als Arbeitnehmer bestritten haben, können sie nicht mit Leistungen aus dem Arbeitsförderungsgesetz bestreiten. Dies betrifft insbesondere Schul- und Hochschulabsolventen, die sich arbeitslos melden. Sie sind auf Unterhalt durch ihre Angehörigen, hilfsweise auf Sozialhilfe angewiesen, es sei denn, sie hätten im Jahr vor der Antragstellung neben dem Schul- oder Hochschulbesuch die kleine Anwartschaft als Arbeitnehmer erreicht. Dies ist jedoch nur unter bestimmten Voraussetzungen möglich (siehe dazu oben A I 3 b ee β, S. 22 ff).

Die Anwartschaft von 5 Monaten als Voraussetzung für den Anspruch auf Arbeitslosenhilfe erweitert sich auf mindestens 8 Monate versicherungspflichtiger Beschäftigung oder gleichgestellter Zeiten, wenn ein vorangegangener Anspruch auf Arbeitslosengeld oder Arbeitslosenhilfe wegen des Eintrittes von Sperrzeiten mit einer Dauer von mindestens 24 Wochen erloschen ist (§§ 191 Abs. 1 Nr. 2, 147 Abs. 1 Nr. 2 SGB III, siehe A VI. 1, S. 129 f).

Abgesehen von den besonderen Anspruchsvoraussetzungen der Anwartschaftszeit (§§ 190 Nr. 4, 191 SGB III) müssen für den Bezug von Arbeitslosenhilfe alle übrigen Voraussetzungen vorliegen, die auch bei dem Bezug des Arbeitslosengeldes (siehe dort) gegeben sein müssen:
– Arbeitslosigkeit,
– Verfügbarkeit für die Arbeitsvermittlung,
– Arbeitslosmeldung und
– Antragstellung.
Weitere spezielle Voraussetzungen sind:
– Das Nichtbestehen oder Nichtmehrbestehen eines Anspruchs auf Arbeitslosengeld sowie
– Bedürftigkeit (§ 190 Abs. 1 Nr. 5 SGB III).
Um Härten abzumildern, die dadurch entstanden, daß ein Arbeitsloser – insbesondere mangels Bedürftigkeit – innerhalb der 1-jährigen Vorfrist nicht alle Voraussetzungen für den Bezug von Arbeitslosenhilfe erfüllen konnte, hat der Gesetzgeber in § 192 S. 2 SGB III geregelt, daß sich die Vorfrist um längstens 2 Jahre um Zeiten *verlängert*, in denen der Arbeitslose innerhalb der letzten 3 Jahre vor dem Tag, an dem alle sonstigen Anspruchsvoraussetzungen erfüllt sind

- nur deshalb einen Anspruch auf Arbeitslosenhilfe nicht hatte, weil er nicht bedürftig war oder
- nach dem Erwerb des Anspruches auf Arbeitslosengeld eine mindestens 15 Stunden wöchentlich umfassende selbständige Tätigkeit ausgeübt hat oder
- Unterhaltsgeld nach dem SGB III bezogen oder nur wegen des Vorranges anderer Leistungen nicht bezogen hat oder
- von einem Rehabilitationsträger Übergangsgeld wegen einer berufsfördernden Maßnahme bezogen hat.

Beispiel: A hatte bis zum 31. 12. 1997 einen Anspruch auf Gewährung von Arbeitslosengeld. Ein Anspruch auf Arbeitslosenhilfe ab 1. 1. 1998 bestand nur deshalb nicht, weil seine Ehefrau über zu hohes – auf die Arbeitslosenhilfe anrechenbares – Einkommen verfügte. Wird A – z. B. wegen Arbeitslosigkeit seiner Ehefrau – spätestens am 31. 12. 2000 auch „bedürftig" i. S. d. § 190 Abs. 1 Nr. 5 SGB III und erfüllt er jetzt (immer noch) alle übrigen Voraussetzungen für die Gewährung von Arbeitslosenhilfe, so hat er, da er innerhalb der um 2 Jahre verlängerten, also jetzt 3-jährigen Vorfrist (31. 12. 1997 – 30. 12. 2000), alle Anspruchsvoraussetzungen erfüllt, ab 31. 12. 2000 Anspruch auf Gewährung von Arbeitslosenhilfe.

Das Gleiche gilt für den Fall, daß A ab 1. 1. 1998 eine mehr als geringfügige selbständige Tätigkeit aufnahm und diese spätestens am 31. 12. 2000 aufgibt, so daß er ab 31. 12. 2000 wieder arbeitslos ist.

Auch dann, wenn A vom 1. 1. 1998 bis zum 30. 12. 2000 Unterhaltsgeld nach dem SGB III oder Übergangsgeld wegen einer berufsfördernden Maßnahme bezogen hätte, kann er ab 31. 12. 2000 Arbeitslosenhilfe beziehen, wenn an diesem Tage alle Voraussetzungen insofern vorliegen.

Anspruch auf Arbeitslosenhilfe haben neben Deutschen auch staatenlose und ausländische Arbeitslose zumindest für die Dauer eines Jahres nach der Arbeitslosmeldung selbst dann, wenn eine Arbeitserlaubnis nicht (mehr) vorliegt. Stellt sich nach 12-monatigen intensiven Vermittlungsbemühungen heraus, daß der Arbeitsmarkt hinsichtlich der Tätigkeiten, für die die Erteilung einer Arbeitserlaubnis in Betracht kommt, für den nichtdeutschen Arbeitnehmer faktisch verschlossen ist, endet sein Leistungsanspruch (BSG SozR 4100 § 19 Nr. 2).

Deutsche Arbeitnehmer, die nach mehrjähriger Beschäftigung im Ausland ins Inland zurückkehren und sich dann binnen 3 Monaten arbeitslos melden, früher mindestens 20 Jahre im Inland gelebt haben und in der Vorfrist der letzten 5 Jahre rechtmäßig 18 Monate beschäftigt waren oder in der Vorfrist von 4 Jahren Arbeitslosengeld oder Arbeitslosenhilfe bezogen haben, haben ebenfalls Anspruch auf Arbeitslosenhilfe (§ 191 Abs. 4 SGB III).

3. Heimarbeit

Wer nur zu Heimarbeit bereit ist, hat – auch wenn er zuvor Heimarbeit ausgeführt hat und deshalb nach Eintritt der Arbeitslosigkeit Arbeitslosengeld bezogen hatte – keinen Anspruch auf Arbeitslosenhilfe. Arbeitslose „Nur-Heimarbeiter" sind nur während des Bezuges von Arbeitslosengeld als verfügbar für die Arbeitsvermittlung anzusehen (§ 119 Abs. 4 S. 1 Nr. 4 SGB III). Diese Regelung gilt jedoch nicht für den Anspruch auf Arbeitslosenhilfe. Beim Übergang vom Arbeitslosengeld zur Anschluß-Arbeitslosenhilfe oder bei originärer Arbeitslosenhilfe müssen Sie auch bereit sein, eine Tätigkeit außer Haus anzunehmen (BSGE 14, 227 und BSG SozR 4100 § 103 Nr. 35).

II. Höhe und Dauer der Arbeitslosenhilfe

1. Wieviel beträgt die Arbeitslosenhilfe?

Die Arbeitslosenhilfe beträgt 57 % oder 53 % des Leistungsentgeltes (§§ 195, 129 SGB III).

Hinsichtlich der Frage, wie sich das Leistungsentgelt allgemein errechnet, lesen Sie bitte die Ausführungen unter A III, S. 56 ff.

2. Anschluß-Arbeitslosenhilfe

Handelt es sich bei Ihrer Arbeitslosenhilfe um die sogenannte *Anschluß-Arbeitslosenhilfe,* die im Anschluß an das ausgelaufene Arbeitslosengeld zu zahlen ist, so richtet sich die Höhe der Arbeitslosenhilfe unverändert und wie bei der Bemessung des Arbeitslosengeldes nach Ihrem zuletzt verdienten Arbeitsentgelt (§ 200 Abs. 1 SGB III).

Beispiel: Sie erhielten bis 31. 10. 1999 aufgrund eines zuletzt erzielten monatlichen Bruttoarbeitsentgeltes von 2610 DM (wöchentlich gerundet 610 DM) bei Steuerklasse III = Leistungsgruppe C DM 322,63 (67 %) wöchentlich als Arbeitslosengeld. Ab 1. 11. 1999 erhalten Sie Arbeitslosenhilfe in Höhe von DM 274,47 (57 %) wöchentlich.

3. Originäre Arbeitslosenhilfe

Handelt es sich dagegen um *originäre Arbeitslosenhilfe,* die Sie, ohne zuvor Arbeitslosengeld bezogen zu haben, aufgrund der sogenannten kleinen Anwartschaft erhalten, so richtet sich die Arbeitslosenhilfe nach dem Arbeitsentgelt, das sich nach den § 129 ff SGB III ergibt. Dies bedeutet, daß die Bemessung der Arbeitslosenhilfe in gleicher Anwendung der Vorschriften über die Bemessung des Arbeitslosengeldes erfolgt (siehe dazu die Erläuterungen unter A.III, „Wie errechnet sich Ihr Arbeitslosengeld?", S. 56 ff).

Nach dem Zukunftsprogramm der Bundesregierung entfällt allerdings ab 1. 1. 2000 die Möglichkeit des Bezuges originärer Arbeitslosenhilfe.

Anders als im Falle des Arbeitslosengeldes (siehe oben A III 10., S. 77 f) findet bei der Arbeitslosenhilfe eine fiktive Berechnung des Bemessungsentgeltes nach dem tariflichen Entgelt der Beschäftigung, auf die das Arbeitsamt seine Vermittlungsbemühungen in erster Linie zu erstrecken hat (§ 133 Abs. 4 SGB III), erst dann statt, wenn im maßgeblichen Bemessungszeitraum *weniger als 17 Wochen* mit Anspruch auf Entgelt enthalten sind (§ 200 Abs. 1 S. 2 SGB III).

4. Herabbemessung der Arbeitslosenhilfe

Solange Sie aus Gründen, die in Ihrer Person liegen, das maßgebliche Bemessungsentgelt nicht mehr erzielen können, ist Bemessungsentgelt das tarifliche Arbeitsentgelt der Beschäftigung, auf die das Arbeitsamt die Vermittlungsbemühungen für Sie in erster Linie zu erstrecken hat (§ 200 Abs. 2 S. 1 SGB III).

Wenn der Arbeitslose die persönlichen und gesundheitlichen Fähigkeiten für die Ausübung eines bestimmten Berufes besitzt, dann kommt es nicht darauf an, ob für die Vermittlung in diese Tätigkeit eine mehr oder weniger große Wahrscheinlichkeit besteht.

Anders stellt sich die Situation aber bei Einschränkungen seitens des Arbeitslosen selbst, z. B. hinsichtlich seiner beruflichen Tätigkeit, die er künftig noch verrichten kann, dar. In diesem Fall wird die Bemessungsgrundlage neu festgelegt und ein fiktives, d. h. künftig vermutlich noch erzielbares Arbeitsentgelt der Bemessung der Arbeitslosenhilfe zugrundegelegt (§ 200 Abs. 2 SGB III).

Beispiel: Der arbeitslose Fernfahrer A ist aus gesundheitlichen Gründen nur noch für leichtere Tätigkeiten als Kontrolleur, Pförtner usw. befähigt. Auf solche Tätigkeiten erstrecken sich dementsprechend nunmehr die Vermittlungsbemühungen des Arbeitsamtes in erster Linie. A bezog zunächst Arbeitslosengeld nach der Bemessungsgrundlage seines Arbeitsentgeltes als Fernfahrer mit wöchentlich 750,– DM, nunmehr erhält er Anschluß-Arbeitslosenhilfe nach dem höchsten Tarifentgelt, welches das Arbeitsamt für seine künftig möglichen Tätigkeiten als Bemessungsgrundlage ermittelt hat.

Regelmäßig, nämlich jeweils nach Ablauf eines Jahres seit dem Entstehen des Arbeitslosenhilfeanspruches, wird das Bemessungsentgelt um 3 % *verringert* (§ 201 S. 1 SGB III).

Da die Arbeitslosenhilfe allerdings nach den §§ 198 S. 2 Nr. 5, 138 SGB III jährlich „angepaßt" (siehe oben A III. 11, S. 78 f) und die Verringerung mit der Anpassung verrechnet wird, werden die Abschläge beim Bemessungsentgelt für die Arbeitslosenhilfe in der Regel weit geringer als 3 % ausfallen.

Beispiel: Das Bemessungsentgelt für die Arbeitslosenhilfe, die A bezieht, beträgt – vor der Rundung – 582,– DM/Woche. Der Anpassungsfaktor nach den §§ 198 S. 2 Nr. 5, 138 SGB III beträgt 1,013. Anders als beim Arbeitslosengeld (hier träte eine Erhöhung des Bemessungsentgeltes auf 589,57 DM/Woche – gerundet 590,– DM/Woche ein) verringert sich bei der Arbeitslosenhilfe der Anpassungsfaktor um 0,03 auf 0,983. Damit verringert sich das Bemessungsentgelt auf 572,11 DM/Woche bzw. – gerundet – auf 570,– DM/Woche.

Macht die Anpassung – nach Verrechnung – weniger als 1 % (nach oben oder unten) aus, unterbleibt eine solche (§ 201 S. 4 SGB III). In diesem Fall bleibt Ihre Arbeitslosenhilfe unverändert.

Eine *Untergrenze* hinsichtlich des Bemessungsentgeltes für die Arbeitslosenhilfe ergibt sich aus § 201 S. 3 SGB III. Danach darf das Arbeitsentgelt durch die Anpassung 50 % der Bezugsgröße (1999: 4410,– DM/Monat – alte Bundesländer –, 3710,– DM/Monat – Beitrittsgebiet –) nicht unterschreiten.

5. Besonderheiten

Ausnahmsweise bleibt eine Leistungsminderung unberücksichtigt in den sogenannten Nahtlosigkeits-Fällen, in denen Arbeitslosengeld und Arbeitslosenhilfe bis zur Entscheidung über das Vorliegen von Erwerbs- oder Berufsunfähigkeit durch den Rentenversicherungsträger vom Arbeitsamt bezahlt wird, vorausgesetzt, der Arbeitslose stellt innerhalb eines Monats nach Aufforderung einen Antrag auf Rehabilitationsmaßnahmen (§ 200 Abs. 2 S. 2, § 125 SGB III).

Die meisten Regelungen für die Gewährung von Arbeitslosengeld gelten entsprechend auch bei der Gewährung der Arbeitslosenhilfe, soweit nicht Besonderheiten der Arbeitslosenhilfe entgegenstehen (§ 198 SGB III). So gilt z. B. auch für die Arbeitslosenhilfe ohne Einschränkung alles, was im Abschnitt *A. Arbeitslosengeld* zur Zuordnung der Leistungsgruppe, Steuerklasse, Vorhandensein eines Kindes, Wechsel der Steuerklasse aufgeführt ist.

Die Arbeitslosenhilfe wird auch neu bemessen, wenn der Bezug durch Aufnahme einer Zwischenbeschäftigung von mindestens 5 Monaten unterbrochen und ein neuer Anspruch auf Arbeitslosenhilfe begründet wurde. Dies gilt allerdings nicht, wenn es sich bei dem früheren Bezug um Anschluß-Arbeitslosenhilfe handelte (§ 196 Abs. 2 SGB III). Bei dem Eintritt der Arbeitslosigkeit nach der Zwischenbeschäftigung kann daher die originäre Arbeitslosenhilfe niedriger sein als vorher, wenn zuvor ein höheres Bemessungsentgelt zugrundelag.

Hinsichtlich der Besonderheiten, die bei älteren Arbeitslosen bestehen, lesen Sie bitte oben A I. 6a, S. 46 ff.

6. Wie lange wird gezahlt?

Grundsätzlich besteht der Anspruch auf Anschluß-Arbeitslosenhilfe (§ 191 Abs. 1 Nr. 1 SGB III) zeitlich unbegrenzt, soweit er nicht aus Gründen des Rentenbezuges (wegen Alter, Erwerbs- oder Berufsunfähigkeit), mangelnder Bedürftigkeit oder Verfügbarkeit, des Eintrittes von Sperrzeiten von mindestens 24 Wochen oder deshalb erloschen ist, weil seit dem letzten Tag des Bezuges von Arbeitslosenhilfe ein Jahr vergangen ist – auch diese Frist verlängert sich aus den oben unter I. 2, S. 139 ff beschriebenen Gründen um bis zu 2 Jahre – (§ 196 SGB III). Daß ein Arbeitsloser jahrelang Anschluß-Arbeitslosenhilfe bezieht, weil er keine zumutbare Arbeit mehr findet, kommt vor und ist vom Gesetz einkalkuliert. Diese wird so lange bezahlt, wie alle Voraussetzungen vorliegen, soll aber jeweils nur für längstens ein Jahr bewilligt werden (§ 190 Abs. 3 S. 1 SGB III). Vor einer erneuten Bewilligung sind alle Voraussetzungen des Anspruches auf Arbeitslosenhilfe zu prüfen (§ 190 Abs. 3 S. 2 SGB III). Daher sollten Sie mehrere Wochen vor Ablauf des Bewilligungszeitraums den Antrag auf Weiterbewilligung der Arbeitslosenhilfe stellen. In diesem Antragsvordruck wird nach Einschränkungen Ihrer Vermittlungsfähigkeit gefragt und der Hinweis gegeben, daß solche Einschränkungen zur Verminderung oder Verneinung des Anspruches auf Arbeitslosenhilfe führen können. Dabei hat der Arbeitslose alle Tatsachen anzugeben, die für seinen Anspruch erheblich sind und sich auf Anforderung des Arbeitsamtes einer Untersuchung des Arbeitsamtsarztes zu unterziehen (§§ 60 und 62 SGB I). Erscheint eine Verminderung der Arbeitslosenhilfe unbegründet, so kann der Arbeitslose Widerspruch und ggf. auch Klage vor dem Sozialgericht erheben.

Demgegenüber ist die Dauer eines originären Arbeitslosenhilfeanspruches (§ 191 Abs. 1 Nr. 2, Abs. 2–4 SGB III), der nach dem Zukunftsprogramm 2000 der Bundesregierung ab 1. 1. 2000 nicht mehr gewährt wird, auf 12 Monate beschränkt (§ 197 SGB III).

Ob auch der Anspruch auf Anschluß-Arbeitslosenhilfe künftig zeitlich begrenzt wird – entsprechende Überlegungen werden von der Bundesregierung seit längerer Zeit angestellt – läßt sich gegenwärtig nicht absehen.

III. Wer ist bedürftig?

1. Allgemeines

Arbeitslosenhilfe wird nur gezahlt, wenn Sie bedürftig sind. Dies ist der Fall, soweit Sie Ihren Lebensunterhalt nicht auf andere Weise als durch Arbeitslosenhilfe bestreiten oder bestreiten können (§ 193 Abs. 1 SGB III). Auch der Arbeitslose, der zum Beispiel Nebeneinkommen hat, ist insoweit (teilweise) bedürftig, als sein anrechnungspflichtiger Nebenverdienst die Arbeitslosenhilfe nicht erreicht. Selbst wenn die Arbeitslosenhilfe nur wenige Mark in der Woche ergibt, bedeutet dies, daß Sie kostenlos kranken-, unfall- und rentenversichert sind.

Nicht bedürftig ist, wer mit Rücksicht auf Einkommen und Vermögen nicht auf Arbeitslosenhilfe angewiesen ist, was die Arbeitsämter nach §§ 193, 194 SGB III und nach der Arbeitslosenhilfe-Verordnung prüfen. Führt der Arbeitslose ersichtlich ein aufwendiges Leben, so kann das Arbeitsamt vermuten, daß er seinen Lebensunterhalt auf andere Weise als durch Arbeitslosenhilfe bestreiten kann. Diese Vermutung muß dann der Arbeitslose im Streitfall widerlegen.

2. Was ist Ihnen und Ihren Angehörigen finanziell zuzumuten?

Manche Arbeitslose glauben, das Arbeitsamt könne sie zwingen, an die Eltern oder an die Kinder oder an den getrennt lebenden Ehegatten mit Unterhaltsforderungen heranzutreten bzw. würde jenes von sich aus gegen diese Personen Ansprüche stellen. Beides ist so pauschal gesehen falsch. Richtig ist:

Das Arbeitsamt erfragt von Ihren Angehörigen lediglich deren Einkommens- und Vermögensverhältnisse und kürzt gegebenenfalls Ihre Arbeitslosenhilfe. Demzufolge fordert es also nicht Ihre Angehörigen auf, bestimmte Beträge zurückzuerstatten. Im übrigen kommen (fiktive) Unterhaltsansprüche gegenüber Verwandten als solche, die zur Verkürzung Ihres Arbeitslosenhilfanspru-

ches führen können, praktisch nicht mehr in Betracht. § 194 Abs. 3 Nr. 11 SGB III bestimmt nämlich, daß nicht als (auf die Arbeitslosenhilfe anrechenbares) Einkommen gelten:
- Unterhaltsansprüche gegen Verwandte zweiten und entfernteren Grades (Großeltern, Geschwister, Enkel etc.) und
- Unterhaltsansprüche, die ein volljähriger Arbeitsloser gegen Verwandte zwar hat, jedoch nicht geltend macht.

Praktische Bedeutung haben Unterhaltsansprüche daher wohl nur noch als
- titulierte Ansprüche eines volljährigen Arbeitslosen gegenüber Verwandten ersten Grades (Eltern und Kinder),
- Unterhaltsansprüche minderjähriger Arbeitsloser gegenüber Verwandten ersten Grades (Eltern),
- Unterhaltsansprüche gegenüber dem geschiedenen Ehegatten.

Bei der Bedürftigkeitsprüfung geht es heute daher vor allem um die Einbeziehung des Einkommens und Vermögens Ihres Ehegatten bzw. Ihres in eheähnlicher Gemeinschaft lebenden Partners (§§ 193 Abs. 2, 194 Abs. 1 S. 1 Nr. 2 SGB III). Ob Sie bedürftig sind, bestimmt sich mithin nach
- Ihrem eigenen Einkommen und Vermögen,
- Einkommen und Vermögen Ihres Ehegatten bzw. Ihres in eheähnlicher Gemeinschaft lebenden Partners,
- Einkommen (nur bei minderjährigen Arbeitslosen) Ihrer Eltern und
- Einkommen und Vermögen Ihres unterhaltsverpflichteten geschiedenen Ehegatten.

3. Was gehört zum Einkommen?

Einkommen sind alle Einkünfte in Geld oder Geldeswert, die der Arbeitslose – gleichgültig warum – erhält oder von Dritten beanspruchen kann, um seinen Lebensunterhalt zu bestreiten (§ 194 Abs. 2 S. 1 SGB III).

Dazu gehören auch die Teile des eigenen Arbeitseinkommens, die vermögenswirksam angelegt werden (BSG SozR 4100 § 138 Nr. 8).

Es kommt nicht darauf an, ob die Einkünfte steuerpflichtig sind, welcher Art und Herkunft sie sind, ob sie einmalig oder wiederkehrend gezahlt werden und aus welchem Rechtsgrund sie dem Arbeitslosen zufließen. Sachbezüge wie freie Kost und Logis sind ebenfalls Einkommen. Auch Zinsen, Miet- und Pachteinnahmen sind Einkommen. Dabei ist der Erhaltungsaufwand vom Ertrag abzusetzen.

Als Einkommen wird nur das Nettoeinkommen gerechnet. Abzugsfähig sind nach § 194 Abs. 2 S. 2 SGB III:

- **Steuern,** Lohnsteuer, Einkommensteuer, Kirchensteuer, Erbschaftssteuer (Kein Verlustausgleich unter Ehegatten, jedoch möglicherweise zwischen einzelnen Einkommensarten; BSG 17. 5. 1983 – 7 RAr 38/82 in Soziale Sicherheit 1983, S. 326);
- **Sozialversicherungsbeiträge,** z.B. Kranken-, Renten- und Arbeitslosenversicherungsbeiträge;
- Beiträge zu einer angemessenen Lebensvorsorge, z.B. Lebensversicherung und Bausparprämien;
- sonstige Beiträge zu privaten Versicherungen, z.B. Kfz-Versicherung, Ausbildungs-, Hausrat-, Privathaftpflicht-, Haushaftpflicht- oder private Krankenversicherung, soweit diese Beiträge angemessen sind;
- Werbungskosten nach Art und Höhe, wie sie beim Finanzamt für den Jahreslohnsteuerausgleich bzw. für die Einkommensteuererklärung geltend gemacht werden können, Kosten für Arbeitskleidung, Sachliteratur, Beiträge für Gewerkschaften und Berufsverbände, Kilometerpauschale für Fahrten zwischen Wohnung und Arbeitsstätte, Mehraufwendungen für doppelte Haushaltsführung oder für Abwesenheit vom Wohnort für mehr als 12 Stunden;
- notwendige Aufwendungen zur Erwerbung, Sicherung und Erhaltung der Einnahmen, wie zum Beispiel Instandhaltungskosten für vermieteten Wohnraum; ein Verlustausgleich zwischen verschiedenen Einkommensarten ist ausgeschlossen (BSG a.a.O.).
- jedoch nicht: Abzahlungsverpflichtungen für Ratenkäufe und ähnliches von Ihnen oder Ihrem nicht getrennt lebenden Ehepartner.

Abzusetzen vom Einkommen des vom Arbeitslosen nicht dauernd getrennt lebenden Ehepartners bzw. Partners in einer eheähnlichen Gemeinschaft ist sodann auch ein *„Betrag in angemes-*

sener Höhe". Als angemessen i. d. S. gilt ein Betrag in Höhe von 25 % des Existenzminimums nach § 32a Abs. 1 S. 2 Nr. 1 EStG (1999: 251,29 DM/Woche).

Zum Einkommen zählen auch:

- Unterhaltsgeld (jedoch nicht darlehensweise bewilligtes – BSG SozR 4100 § 138 Nr. 11), Übergangsgeld, Krankengeld;
- der Unterhaltsbeitrag wegen Minderung der Erwerbsfähigkeit um 20 % für einen früheren Beamten nach § 38 Beamtenversorgungsgesetz (BSG SozR 3–4100 § 138 Nr. 2);
- Mutterschaftsgeld, Mutterschafts-Sonderunterstützung und Mutterschafts-Zuschuß (§§ 12–14 Mutterschutzgesetz);
- Pensionen sowie Renten aus der Sozialversicherung, z. B. Witwen- und Waisenrenten einschließlich Witwengrundrente (BSG, Sammlung Breithaupt 1986 S. 165), Berufsunfähigkeitsrente, Knappschaftsausgleichsleistungen;
- Übergangsgebührnisse, die ehemalige Soldaten auf Zeit monatlich erhalten (§ 11 Soldatenversorgungsgesetz).

Die nachfolgenden Einkünfte gelten **nicht als Einkommen** im Sinne der Arbeitslosenhilfe und werden daher nicht angerechnet (§ 194 Abs. 3 SGB III):

- Leistungen, die nach bundes- oder landesrechtlichen Vorschriften gewährt werden, um einen Mehrbedarf zu decken, der durch einen Körperschaden oder Pflegebedürftigkeit verursacht ist, z. B. Pflegezulage, Ersatz für erhöhten Kleider- und Wäscheverschleiß, Unterhaltsbeitrag für einen Blinden-Führhund;
- Leistungen der vorbeugenden und nachgehenden Gesundheitsfürsorge, z. B. Tbc-Hilfe und -Versorgung jedoch ohne Hilfe für den Lebensunterhalt;
- zweckgebundene Leistungen, insbesondere nichtsteuerpflichtige Aufwandsentschädigungen und Leistungen zur Erziehung, Erwerbsbefähigung und Berufsausbildung, z. B. Berufsausbildungsbeihilfen, Leistungen im Rahmen der Fortbildung und Umschulung außer den Leistungen, die dem Lebensunterhalt dienen;
- die Eigenheimzulage, soweit sie nachweislich zur Herstellung, Anschaffung oder zum Ausbau bzw. zur Erweiterung eigengenutzten Wohnraumes im Inland dient;

- Leistungen, die nach bundes- oder landesgesetzlichen Vorschriften unter Anrechnung der Arbeitslosenhilfe gewährt werden, z. B. Wohngeld, Sozialhilfe und Zuwendungen aus Sozialplänen, wenn ihre Höhe ungeachtet der Arbeitslosenhilfe feststeht;
- Grundrenten und die Schwerstbeschädigtenzulage nach dem Bundesversorgungsgesetz, die Renten, die in entsprechender Anwendung der Vorschriften des Bundesversorgungsgesetzes über die Grundrente und die Schwerstbeschädigtenzulage gewährt werden, und die Renten, die den Opfern nationalsozialistischer Verfolgung wegen einer durch die Verfolgung erlittenen Gesundheitsschädigung gewährt werden, bis zu der Höhe des Betrages, der in der Kriegsopferversorgung bei gleicher Minderung der Erwerbsfähigkeit als Grundrente und Schwerstbeschädigtenzulage gewährt würde;
- die Arbeitslosenhilfe des nicht dauernd getrennt lebenden Ehepartners oder Partners einer eheähnlichen Gemeinschaft;
- Leistungen zum Ausgleich eines Schadens, soweit sie nicht für entgangenes oder entgehendes Einkommen oder für den Verlust gesetzlicher Unterhaltsansprüche gewährt werden, z. B. Ersatz von Sachschäden, Schmerzensgeld; diese Summen sind jedoch als Vermögen zu berücksichtigen;
- Unterstützungen aufgrund eigener Vorsorge für den Fall der Arbeitslosigkeit und Zuwendungen, die die freie Wohlfahrtspflege oder die ein Dritter zur Ergänzung der Arbeitslosenhilfe gewährt, ohne dazu rechtlich oder sittlich verpflichtet zu sein. Die freiwilligen Leistungen Dritter sollen grundsätzlich den Arbeitslosen begünstigen und nicht der Bundesanstalt für Arbeit zugute kommen;
- das Kindergeld sowie Leistungen für Kinder, die den Anspruch auf Kindergeld ausschließen; letztere allerdings nur in Höhe des ansonsten bestehenden Kindergeldanspruches;

Nach § 11 der Arbeitslosenhilfe-Verordnung gelten auch die folgenden Einkünfte *nicht als Einkommen* i. S. d. Arbeitslosenhilfe und werden daher nicht angerechnet:

- Erziehungsgeld und vergleichbare Leistungen der Länder sowie das Mutterschaftsgeld und Leistungen für die Zeit nach der Entbindung bis zur Höhe von DM 600,– monatlich;

- einmalige Einnahmen, soweit sie nach Entstehungsgrund, Zweckbestimmung oder Übung nicht dem laufenden Lebensunterhalt dienen,

  z. B. Weihnachtszuwendungen, Urlaubsgelder, 13. und 14. Monatsgehälter, Jubiläumszuwendungen, Steuerrückzahlungen;

- die Verletztenrente aus der gesetzlichen Unfallversicherung bis zur Höhe des Betrages, der in der Kriegsopferversorgung bei gleicher Minderung der Erwerbsfähigkeit als Grundrente und Schwerstbeschädigtenzulage gewährt würde; bei einer Minderung der Erwerbsfähigkeit um 20 vom Hundert ist ein Betrag in Höhe von einem Drittel der Mindestgrundrente anzusetzen. Die Verletztenteilrente wird während der Zeit der Arbeitslosigkeit auf eine Vollrente aufgestockt. Dieser Aufstockungsbetrag soll dem Arbeitslosen zugute kommen und nicht auf seine Arbeitslosenhilfe angerechnet werden (vgl. dazu BSG vom 16. 3. 1983 – 7 RAr 29/82 –, in: Soziale Sicherheit 1983 S. 156; ferner BSG vom 9. 12. 1982 – 7 RAr 109/81 –, in: VDK-Mitt. 1983, Nr. 6 S. 31–32);

- die Rente wegen Berufsunfähigkeit und die Bergmannsrente des Arbeitslosen bis zur Höhe des Unterschiedes zwischen der Arbeitslosenhilfe nach § 136 AFG a. F. und der Arbeitslosenhilfe, die dem Arbeitslosen hiernach zustehen würde, wenn sein Arbeitsentgelt nicht wegen Berufsunfähigkeit, verminderter bergmännischer Berufsfähigkeit oder Verrichtung einer wirtschaftlich nicht gleichwertigen Arbeit gemindert wäre. Durch die Leistungsminderung bekommt der Arbeitslose eine geringere Arbeitslosenhilfe. Die nur teilweise Anrechnung der Bergmanns- und Berufsunfähigkeitsrente gleicht diesen Nachteil wieder aus.

- Einnahmen, soweit mit ihnen unabwendbare Aufwendungen für Maßnahmen zur Erhaltung, Besserung oder Wiederherstellung der Gesundheit bestritten werden und soweit hierfür keine Leistungen Dritter gewährt werden;

- Einnahmen eines Angehörigen des Arbeitslosen, soweit der Angehörige damit die fälligen Kosten von Schul- und Berufsausbildung des Arbeitslosen bestreitet;

- die aus sittlichen oder sozialen Gründen gewährten Zuwendungen aus öffentlichen Mitteln, insbesondere solche, die wegen Bedürftigkeit an besonders verdiente Personen oder Künstler oder deren Hinterbliebene gewährt werden, z. B. Mittel des Bundespräsidenten oder der Ministerpräsidenten für verdiente Personen, aus sozialen Gründen gewährte Ehrensolde für Künstler;

- vermögenswirksame Leistungen, die der Ehepartner des Arbeitslosen anlegt (BSG 7 RAr 37/84);
- nicht-steuerpflichtige Einnahmen einer Pflegeperson für Leistungen zur Grundpflege oder hauswirtschaftlichen Versorgung;
- bestimmte Übergangsbeihilfen nach den Richtlinien über die Gewährung von Beihilfen für Arbeitnehmer der Eisen- und Stahlindustrie.

4. Einkommensanrechnung

a) Eigenes Einkommen des Arbeitslosen

aa) Aus einer Nebentätigkeit

Erzielt der Arbeitslose durch eine selbständige oder unselbständige Tätigkeit von unter 15 Stunden wöchentlich während der Arbeitslosigkeit Einkommen, so wird dies nach Abzug von Steuern, Werbungskosten (z. B. Fahrkosten, Arbeitskleidung, Fachliteratur, Gewerkschaftsbeiträge usw.), sowie eines Freibetrages (20 % des monatlichen Arbeitslosengeldes bzw. der Arbeitslosenhilfe, mindestens jedoch 315,– DM) auf die Arbeitslosenhilfe angerechnet (§ 141 Abs. 1 S. 1 SGB III).

Beispiel: A hat eine Nebenbeschäftigung von 14 Stunden wöchentlich als Zeitungsausträger. Seine Vergütung beträgt wöchentlich brutto 152 DM. Was ist davon auf seine Arbeitslosenhilfe von 410 DM wöchentlich anzurechnen?

Arbeitslosenhilfe ohne Anrechnung des Nebeneinkommens wöchentl.	410 DM
Nebeneinkommen wöchentlich brutto	152 DM
abzüglich Steuern	30 DM
Fahrkosten	7 DM
verbleibender Nebenverdienst netto	115 DM
abzüglich Freibetrag	82 DM
verbleiben	33 DM
auszahlbare Arbeitslosenhilfe wöchentlich	377 DM.

Damit hat der Arbeitslose statt 410 DM Arbeitslosenhilfe nur 377 DM Arbeitslosenhilfe und 115 DM netto Nebenverdienst, zusammen 492 DM in der Woche zum Leben.

bb) Sonstiges Einkommen (auch von Dritten)

Sonstiges Einkommen des Arbeitslosen (z. B. eine Mieteinnahme), das ihm nicht aus einer Erwerbstätigkeit zufließt, wird voll auf die Arbeitslosenhilfe angerechnet (§ 194 Abs. 1 S. 1 Nr. 1 SGB III).

Beispiel: A bezieht eine Witwenrente von 1300,– DM monatlich (= 300,– DM/Woche). Ihre Witwenrente wird in voller Höhe auf die Arbeitslosenhilfe von 410 DM angerechnet, so daß A nur 110 DM pro Woche erhält.

Beispiel: Wie zuvor, jedoch erhält A nicht Witwenrente, sondern Scheidungsunterhalt aufgrund eines Scheidungsurteils. Auch diese Leistung wird voll auf die Arbeitslosenhilfe angerechnet.

b) Einkommen des Ehegatten

Das Einkommen des mit dem Arbeitslosen im gemeinsamen Haushalt bzw. nicht dauernd getrennt lebenden Ehegatten ist, soweit es einen bestimmten Freibetrag übersteigt, voll zu berücksichtigen (§ 194 Abs. 1 S. 1 Nr. 2 SGB III). Nach Auffassung des BSG findet zwischen den verschiedenen Einkommensarten bei der Berücksichtigung des Einkommens eines Angehörigen nach dieser Vorschrift bei der Arbeitslosenhilfe kein Verlustausgleich statt. Verluste, die der Angehörige aus Vermietung hat, können also nicht abgezogen werden von dem Einkommen, das er als Arbeitnehmer erzielt (BSG SozR 3–4100 § 138 Nr. 7).

Nach § 194 Abs. 1 S. 2 SGB III entspricht der o. g. *Freibetrag* der Höhe der Arbeitslosenhilfe, die dem Einkommen des Ehegatten entspricht. Dies bedeutet, daß das Arbeitsamt auf der Grundlage des Entgeltes, welches der nicht arbeitslose Ehegatte aus abhängiger Beschäftigung erzielt, hypothetisch dessen Arbeitslosenhilfe berechnen muß, um den Freibetrag zu ermitteln. Muß der Ehegatte Unterhaltsleistungen an Dritte erbringen, erhöht sich der Freibetrag entsprechend.

Beispiel: A hat – laut Tabelle – Anspruch auf Arbeitslosenhilfe in Höhe von 450,– DM/Woche. Sie lebt mit ihrem Ehemann, der über ein Bruttoeinkommen von 4500,– DM verfügt und daraus 3200,– DM netto ausbezahlt erhält, in einem gemeinsamen Haushalt.

Der Ehemann zahlt an seine – aus erster Ehe stammenden – Kinder gerichtlich festgesetzten Unterhalt in Höhe von 820,– DM/Monat.

Der Freibetrag errechnet sich wie folgt:

- Hypothetische wöchentliche Arbeitslosenhilfe des Ehemannes von A laut Tabellensatz 1999 (4500.– DM/ Monat = gerundet 1040,– DM/Woche; Leistungsgruppe C; 57 %)   418,39 DM
- Umrechnung auf die hypothetische monatliche Arbeitslosenhilfe (418,39 DM × 13 Wochen : 3 Monate)   1813,02 DM
- Hypothetische monatliche Arbeitslosenhilfe (1813,02 DM) plus monatliche Unterhaltsverpflichtung (820,–DM) = Freibetrag/Monat   2633,02 DM

Der Arbeitslosenhilfe-Anspruch von A errechnet sich nunmehr wie folgt:

- Nettoeinkommen des Ehemannes   3200,00 DM
- Abzuziehender Freibetrag   2633,02 DM
- Verbleibendes und zu berücksichtigendes Monatseinkommen   566,98 DM
- Umrechnung auf das zu berücksichtigende Wocheneinkommen (566,98 DM × 3 Monate : 13 Wochen)   130,84 DM
- Wöchentliche Arbeitslosenhilfe der A somit (450,– DM ./. 130,84 DM)   319,16 DM

Gleiches gilt für den Fall, daß die Kinder im gemeinsamen Haushalt leben.

Hier greift die Bundesanstalt ebenso wie in den Fällen, in denen bei außerhalb des gemeinsamen Haushalts lebenden Kindern ein Titel über den zu zahlenden Unterhalt nicht vorliegt, auf die Sätze der Düsseldorfer bzw. Sächsischen Unterhaltstabelle zurück.

Ist allerdings der auf diese Art – jedoch ohne Berücksichtigung von Unterhaltsverpflichtungen – errechnete Freibetrag geringer als der Betrag, bis zu dem auf Erwerbsbezüge eines Alleinstehenden keine Einkommensteuer festzusetzen wäre (steuerfreies Existenzminimum), so ist letzterer als Freibetrag anzusetzen. Dieser beläuft sich gegenwärtig (1999) auf 13067,– DM/Jahr = 1088,92 DM/ Monat = 251,29 DM/Woche.

c) Einkommen der Eltern des Arbeitslosen

Da nach § 194 Abs. 3 Nr. 11 SGB III Unterhaltsansprüche gegen Verwandte zweiten und entfernteren Grades sowie solche, die ein volljähriger Arbeitsloser gegen Verwandte hat, jedoch nicht geltend macht, nicht mehr als anrechenbares Einkommen gelten, spielen praktisch nur noch die Fälle eine Rolle, in denen ein Minderjähriger Arbeitslosenhilfe beansprucht.

In diesem Fall ist stets von einer Unterhaltsverpflichtung der Eltern auszugehen, die sich wiederum aus der Düsseldorfer bzw. Sächsischen Unterhaltstabelle ergibt.

5. Was gehört zum Vermögen?

Vermögen ist der Bestand von Sachen und Rechten, von Barmitteln und Besitztümern einer Person, insbesondere:
- Bargeld, Sparguthaben,
- Forderungen,
- Wertpapiere,
- Hausrat, Kraftfahrzeuge und sonstiges bewegliches Vermögen,
- Haus- und Grundbesitz, Erträge aus dem Verkauf von Haus- und Grundbesitz und dingliche Rechte am Grundbesitz.

Dabei richtet sich der Vermögenswert z. B. eines Hauses nach dem Verkehrswert. Einkommen, das nicht verbraucht wird, wird Vermögen. Gewinnt der Arbeitslose im Toto oder erbt er Bargeld, so ist dieses zunächst Einkommen. Verbraucht er es nicht, fließt es in seinen Vermögensbestand.

6. Zumutbare Verwertung von Vermögen

Im Sinne des SGB III ist ein Arbeitsloser nicht bedürftig, solange mit Rücksicht auf sein Vermögen, das Vermögen seines nicht dauernd getrennt lebenden Ehegatten oder das Vermögen seiner in eheähnlicher Gemeinschaft lebenden Partners die Erbringung von Arbeitslosenhilfe offenbar nicht gerechtfertigt ist (§ 193 Abs. 2 SGB III).

Nach § 6 Abs. 1 der Arbeitslosenhilfe-Verordnung wird das Vermögen dieser Personen nur insoweit berücksichtigt, als es verwertbar, die Verwertung zumutbar ist und es je Ehegatte 8000 DM übersteigt.

Die Vermögensanrechnung entfällt:
– bei dem Ehegatten, der dauernd von Ihnen getrennt lebt;
– bei allen übrigen Verwandten.

Das Vermögen muß verwertbar sein. Das bedeutet, daß der einzelne Vermögensgegenstand für den Lebensunterhalt genutzt werden kann (z. B. Bargeld sowie kurzfristig festgelegtes Sparguthaben). Als nicht verwertbar gilt Vermögen, dessen Inhaber hinsichtlich dieses Vermögens in seiner Verfügung beschränkt ist oder eine Aufhebung der Beschränkung nur unter Nachteilen erreichen kann, z. B. lange Kündigungsfristen bei Sparguthaben oder Beschränkungen, die sich aus der Insolvenzordnung, aus der Zivilprozeßordnung, aus dem Zwangsversteigerungsgesetz und aus der Strafprozeßordnung ergeben. Als nicht verwertbar gilt Vermögen aus zulagebegünstigten vermögenswirksamen Leistungen sowie aus Erträgen hieraus, solange eine Verfügungsbeschränkung hierüber vorliegt. Dies gilt für das Wohnungsbauprämiengesetz und für das 5. Vermögensbildungsgesetz. Bei prämienbegünstigten Sparverträgen würde die vorzeitige Kündigung zum Verlust der Prämie führen. Dies wird von dem Arbeitslosen nicht verlangt. Allerdings kann ein Arbeitsloser, der ununterbrochen 1 Jahr arbeitslos ist, den Prämiensparvertrag kündigen, ohne daß er die Prämie verliert. Tut er dies, so wird dieses Vermögen bei der Arbeitslosenhilfe berücksichtigt, tut er es nicht, so bleibt es unberücksichtigt. Das BSG hat 1986 entschieden, daß ein Arbeitsloser, der Unterstützung fordere, nicht auf ein Vermögen verwiesen werden könne, das er mit Hilfe des 624-Mark-Gesetzes erworben habe. Das gelte sogar für den Fall, daß der Wert dieses Vermögens die vorgegebenen Freigrenzen übersteige (BSG SozR 4100 § 138 Nr. 13).

Ebenfalls nicht verwertbar ist Vermögen aus einmaligen öffentlich-rechtlichen oder privatrechtlichen Sozialleistungen für die Dauer von 5 Jahren, soweit es 10000,– DM nicht übersteigt (§ 7 Abs. 1 Arbeitslosenhilfe-Verordnung). Hier kommen beispielsweise infrage die Abfindung für eine Witwe, welche wieder heiratet (§ 107 SGB VI, § 44 BVG), oder Abfindungen anläßlich von Betriebsstillegungen und nach dem Kündigungsschutzgesetz. Hierbei ist allerdings zu beachten, daß ebenso wie beim Arbeitslosengeld die Abfindung auf die Arbeitslosenhilfe angerechnet wird (§ 143 a SGB III).

Selbst wenn Vermögen verwertbar ist, so ist die Verwertung dann nicht zumutbar, wenn sie offensichtlich unwirtschaftlich wäre und wenn sie unter Berücksichtigung einer angemessenen Lebenshaltung dem Inhaber des Vermögens und seinen Angehörigen billigerweise nicht abverlangt werden kann (§ 6 Abs. 3 S. 1 der Arbeitslosenhilfe-Verordnung).

Die Arbeitslosenhilfe-Verordnung (§ 6 Abs. 3) zählt 7 Punkte auf, bei denen die Verwertung von Vermögen stets unzumutbar ist. Dies sind:

- angemessener Hausrat;
- Vermögen, das zur alsbaldigen Gründung eines angemessenen eigenen Hausstandes bestimmt ist;
- Vermögen, das für eine alsbaldige Berufsausbildung, zum Aufbau oder zur Sicherung einer angemessenen Lebensgrundlage oder zur Aufrechterhaltung einer angemessenen Alterssicherung bestimmt ist;
- Gegenstände, die zur Aufnahme oder Fortsetzung der Berufsausbildung oder der Erwerbstätigkeit unentbehrlich sind;
- Gegenstände, die zur Befriedigung geistiger, besonders wissenschaftlicher oder künstlerischer Bedürfnisse dienen und deren Besitz nicht Luxus ist;
- Familien- und Erbstücke, deren Veräußerung für den Eigentümer oder seine Angehörigen eine unbillige Härte bedeuten würde;
- ein Hausgrundstück von angemessener Größe, das der Eigentümer bewohnt oder eine entsprechende Eigentumswohnung oder ein Vermögen, das nachweislich zum alsbaldigen Erwerb eines solchen Hausgrundstückes oder einer solchen Eigentumswohnung bestimmt ist.

Ebenso ist nicht zumutbar die Verwertung von Vermögen, mit dem ein überschuldeter Arbeitsloser oder ein Angehöriger fällige Schulden tilgen will (BSG SozR 4100 § 138 Nr. 3).

Nicht zumutbar verwertbar sind schließlich auch kapitalbildende Lebensversicherungen und vergleichbare Anlageformen, die der Alterssicherung dienen. Letzteres ist immer dann anzunehmen, wenn das vertragliche Ende annähernd dem Zeitpunkt des möglichen Eintrittes in das Rentenalter entspricht.

Haben Sie eine kapitalbildende Lebensversicherung abgeschlossen, die mit Ihrem 60. Lebensjahr oder später fällig wird, geht die Bundesanstalt für Arbeit von Alterssicherungsfunktion aus. Liegt das Fälligkeitsdatum deutlich vor Eintritt Ihres 60. Lebensjahres, schließt sie daraus, daß nicht die Alterssicherung, sondern die Kapitalbildung Zweck der Lebensversicherung ist. Da nur die angemessene Alterssicherung durch die Lebensversicherung privilegiert ist, müssen Sie allerdings dann, wenn Sie – bei bestehender Rentenversicherung – über einen sehr hohen Lebensversicherungsbetrag abgeschlossen haben, auch dann mit der Pflicht zur Verwertung rechnen, wenn die Versicherung erst mit dem 60. Lebensjahr oder später fällig wird.

Die Summe, ab der die Bundesanstalt für Arbeit genauer prüft, liegt gegenwärtig bei etwa 120 000,– DM.

Eine von der Rentenversicherungspflicht befreiende Lebensversicherung ist ebenso unverwertbar, wie eine vom Betrieb zugunsten des Arbeitnehmers abgeschlossene Lebensversicherung. Gleiches gilt für Lebensversicherungen, die zur Tilgung von Darlehen, die der Finanzierung eines Eigenheimes dienen, abgeschlossen wurden. Ist eine Lebensversicherung unter Berücksichtigung dieser Kriterien als verwertbares Vermögen auf die Arbeitslosenhilfe anzurechnen, so geschieht dies, indem der Rückkaufwert angesetzt wird. Unterschreitet dieser allerdings die Summe der eingezahlten Beiträge um mehr als 10 %, ist die Verwertung offensichtlich unwirtschaftlich und daher unzumutbar.

Gleiches gilt in vielen Fällen, in denen die 12-jährige steuerliche Bindungsfrist noch nicht abgelaufen ist.

Soweit darüber hinaus Vermögen verwertbar ist, wird es nicht nach seinem steuerrechtlichen Wert, sondern nach seinem Verkehrswert, das heißt nach dem Marktwert am Tage des Antrags auf Arbeitslosenhilfe berücksichtigt.

Mit seiner Entscheidung vom 22. 10. 1998 (NZS 1999, 199) hat das BSG hinsichtlich der Frage der angemessenen Alterssicherung *allgemeinverbindliche Regeln* für *alle Vermögensarten* aufstellen wollen. Ausgehend davon, daß eine die gesetzliche Altersrente ergänzende – private – Alterssicherung einem verbreiteten Bedürfnis entspreche und auch politisch befürwortet werde, seien folgende *Prüffragen* zu stellen:

- Hat der Arbeitslose *bestimmt,* daß sein Vermögen der Alterssicherung dienen soll (subjektive Zweckbestimmung)?
- Stehen die *objektiven Begleitumstände* bei der Anlage des Vermögens (Vertragsgestaltung, Alter, Familienverhältnisse des Arbeitslosen etc.) im Einklang mit dieser subjektiven Zweckbestimmung und sind sie damit objektiv glaubhaft?
- Dient das für die Altersvorsorge bestimmte Vermögen einer *angemessenen Alterssicherung?*

Hinsichtlich der Frage, wann eine *angemessene Alterssicherung* vorliegt, orientiert sich das Gericht – zurückgreifend auf die typischen Verhältnisse in der gesetzlichen Rentenversicherung – am „idealtypischen" Rentner *(Standardrentner)* und dem Sicherungsniveau der *Standardrente.* Da das Standardrentenniveau derzeit etwa 70 v. H. betrage, sei es sachlich gerechtfertigt – von Sonderfällen abgesehen – typisierend als angemessene zusätzliche Alterssicherung in der Regel einen Betrag anzusetzen, der dem Standardrentner der gesetzlichen Rentenversicherung zum Zeitpunkt der Antragstellung monatlich zufließen müßte, um eine Lebensstandardsicherung bis zu *100 v. H.* zu erreichen. Vermögen des Arbeitslosen, aus dem sich bei Eintritt in das Rentenalter eine zusätzliche Alterssicherung in Form einer monatlichen Rentenzahlung bei Kapitalverzehr ergebe, die im Regelfall $3/7$ *der Brutto-Standardrente* nicht überschreiten dürfe, sei daher nicht zumutbar verwertbar. Um auch dem Ehepartner eine angemessene Alterssicherung zu gewährleisten, müsse bei *Eheleuten* dieser Betrag *verdoppelt* werden. Auszugehen sei bei der Berechnung in diesem Zusammenhang davon, daß der Arbeitslose im Zeitpunkt der Antragstellung (Arbeitslosenhilfe) das 65. Lebensjahr vollendet habe, sich die Laufzeit der zusätzlichen monatlichen Alterssicherung an der durchschnittlichen Lebenserwartung orientiere und das angelegte Kapital während der Laufzeit der zusätzlichen Altersrente verzehrt werde.

Beabsichtigen Sie, Vermögen zum Zwecke der Alterssicherung anzulegen, sollte diese *Zweckbestimmung nachweisbar* (z. B. durch schriftlichen Zusatz im Anlagevertrag) vorgenommen werden. Darüber hinaus muß darauf geachtet werden, daß die objektiven Begleitumstände im Einklang mit der subjektiven Zweckbestimmung stehen. Unabhängig davon steht es dem Arbeitslosen bei rechtlicher Beratung im Vorfeld des Arbeitslosenhilfebezugs durchaus offen, Dispositionen zu treffen, durch die er den negativen Rechtsfolgen der Bedürftigkeitsprüfung entgeht. Anders als im Sozialhilferecht (z. B. § 90 BSHG i. V. m. § 528 BGB) gibt das Arbeitsförderungsrecht der Bundesanstalt keine rechtlichen Möglichkeiten an die Hand, der Weggabe von Vermögen, die im Vorfeld des Arbeitslosenhilfebezugs vorgenommen wird, zu begegnen.

Achtung: mit der 6. Verordnung zur Änderung der Arbeitslosenhilfe-Verordnung vom 18. 6. 1999 hat das Bundesministerium für Arbeit und Sozialordnung im Einvernehmen mit dem Bundesministerium der Finanzen allerdings auf diese Rechtsprechung reagiert und § 6 der Arbeitslosenhilfe-Verordnung durch einen 4. Absatz ergänzt:

Danach ist *für eine Alterssicherung* im Sinne von Abs. 2 S. 2 Nr. 3 *Vermögen*

- *bestimmt,* wenn der Arbeitslose und sein nicht dauernd getrennt lebender Ehegatte dieses nach dem Eintritt in den Ruhestand zur Bestreitung ihres Lebensunterhaltes verwenden wollen und eine der Bestimmung entsprechende Vermögensdisposition getroffen haben (Nr. 1)

- *angemessen,* soweit es 1000,– DM je vollendetem Lebensjahr des Arbeitslosen und seines nicht dauernd getrennt lebenden Ehegatten nicht übersteigt (Nr. 2).

Damit ist der neuen Rechtsprechung des Bundessozialgerichtes der Boden entzogen. Sie ist ab sofort *nicht mehr anwendbar.*

Nach wie vor gilt allerdings, daß dann, wenn Vermögen zum Zwecke der Alterssicherung angelegt werden soll, eine entsprechende – später auch nachweisbare – *Zweckbestimmung* vorgenommen werden sollte.

Beispiel: A will 50 000,– DM in Form eines Sparbriefes mit einer Laufzeit von 7 Jahren alterssichernd anlegen. Hier empfiehlt es sich, in das Vertragsformular, mit welchem der Sparbrief gekauft wird, z. B. die Zweckbestimmung „Das Geld aus dem Sparbrief soll nach dem Eintritt in den Ruhestand zur Bestreitung meines/unseres Lebensunterhaltes verwandt werden" aufzunehmen. Steht nach dem Laufzeitende (im Beispiel: nach 7 Jahren) der Eintritt in den Ruhestand altersmäßig noch nicht an, empfiehlt es sich, in das o. g. Vertragsformular auch aufzunehmen, es sei beabsichtigt, zum Zwecke der Alterssicherung nach Laufzeitende eine weitere vergleichbare alterssichernde Anlage vorzunehmen. Hat A sodann im Alter von 44 Jahren erstmals Anspruch auf Gewährung von Arbeitslosenhilfe, sind 44 000,– DM seines Vermögens altersgeschützt und können auf die Arbeitslosenhilfe nicht als Vermögen angerechnet werden. Ist A verheiratet und seine Ehefrau zu diesem Zeitpunkt 38 Jahre alt, ist zum Zwecke der Alterssicherung angelegtes Vermögen bis zu 82 000,– DM altersgeschützt und kann auf die Arbeitslosenhilfe nicht als Vermögen angerechnet werden.

Unter den obengenannten 7 Punkten kann insbesondere der Punkt *Vermögen zur Sicherung einer angemessenen Lebensgrundlage* Anlaß zu Streitigkeiten in bezug auf Ermessensentscheidungen geben. Denn beispielsweise der Hinweis, daß Sie Ihre Ersparnisse im Hinblick auf die Gründung eines angemessenen Hausstandes bei einer geplanten Verlobung und späteren Heirat benötigen, kann faktisch erst mit dem Aufgebot bewiesen werden. Hinzu kommt, daß die baldige Heirat eines Arbeitslosen insofern möglicherweise nicht wahrscheinlich ist, weil durch die Heirat Einkommen und Vermögen des Ehegatten bei der Gewährung der Arbeitslosenhilfe zu berücksichtigen sind. Auf jeden Fall sind aber – gerade bei jüngeren Arbeitslosen – Ersparnisse zumindest in der Höhe nicht zumutbar verwertbar, wie sie nötig sind, um für den Arbeitslosen selbst einen angemessenen Hausstand zu gründen. Dies ist auch eine Frage der Größe der Wohnung und des Umfangs des Hausrats.

7. Vermögensanrechnung

Ergibt sich Vermögen, welches verwertbar und dessen Verwertung zumutbar ist, werden ferner die genannten Freibeträge überschritten, so wird das die Freibeträge überschreitende Vermögen durch die wöchentliche Bemessungsgrundlage der Arbeitslosenhilfe geteilt. Damit wird festgestellt, für wieviel Wochen der Arbeitslose keinen Anspruch auf Arbeitslosenhilfe hat, weil er – was ihm die Arbeitslosenhilfe-Verordnung zumutet – zunächst

dieses die Freibeträge übersteigende Vermögen zur Bestreitung
seines Lebensunterhaltes einsetzen soll. Bedürftigkeit besteht
nicht für die Anzahl voller Wochen, die sich aus der Teilung
des zu berücksichtigenden Vermögens durch das wöchentliche
Arbeitsentgelt ergibt, nach dem sich die Arbeitslosenhilfe richtet
(§ 9 Arbeitslosenhilfe-Verordnung). Das bedeutet, daß dem Arbeitslosen zugebilligt wird, den bisherigen Lebensstandard beizu-
behalten.

a) Eigenes Vermögen des Arbeitslosen

Beispiel: A hat ein Sparguthaben oder eine Zugewinnausgleichsforde-
rung bei Scheidung (BSG SozR 4100 § 137 Nr. 13) in Höhe von
15 000,– DM. Dies(e) ist verwertbar und die Verwertung ist zumutbar. Seiner Arbeitslosenhilfe liegt ein wöchentliches Bruttoarbeitsentgelt von gerundet 520,– DM zugrunde. Für wieviel Wochen liegt
die Bedürftigkeit aufgrund des Barvermögens nicht vor? Das einsetz-
bare Vermögen des Arbeitslosen liegt hier nach Abzug des Freibetrages von 8000,– DM um 7000,– DM über der Freibetragsgrenze. Daraus
folgt, daß während der ersten 13 Wochen (7000,– DM : 520,– DM)
Bedürftigkeit nicht vorliegt (§ 9 Arbeitslosenhilfe-Verordnung). Dabei wird, wie sich aus der Teilungsrechnung unschwer ergibt, ein
Bruchteil unterhalb einer vollen Woche vernachlässigt; das Arbeitsamt rundet hier zugunsten des Arbeitslosen ab. In diesem Zusammenhang muß allerdings darauf hingewiesen werden, daß die Bundesanstalt für Arbeit nach Ablauf der Zeit, in der nach § 9 Arbeitslosenhilfe-Verordnung Bedürftigkeit verneint wird (hier also nach
13 Wochen), dann, wenn der Arbeitslose (z. B.: wegen äußerst spar-
samer Lebensführung) immer noch über verwertbares Vermögen
verfügt, dieses *erneut anrechnet.* Ob dies rechtlich zulässig ist,
wird die sozialgerichtliche Rechtsprechung klären müssen. Der Auffassung der Bundesanstalt für Arbeit widersprochen hat das Sozialgericht Freiburg in seiner Entscheidung vom 29. 4. 1998 – S 7 AL
3876/98.

Beispiel: Ein Arbeitsloser verkauft seinen teuren, fast neuen Pkw
und erhält als Erlös 13 000,– DM. Er kauft sofort wieder einen Gebrauchtwagen für 4000,– DM und behält als verwertbares Vermögen
9000,– DM übrig. Weiteres verwertbares Vermögen ist nicht vorhanden. In diesem Falle ist nach Abzug des Freibetrages von 8000,– DM
der Restbetrag von 1000,– DM zu berücksichtigen, so daß bei einem

wöchentlichen Bruttoarbeitsentgelt von 520,– DM für eine volle Woche die Arbeitslosenhilfe abzulehnen ist. Hätte allerdings der Arbeitslose einen Gebrauchtwagen für 5000,– DM gekauft, was nicht unangemessen ist, so könnte die Bedürftigkeit überhaupt nicht verneint werden.

Beispiel: Ein Bundeswehrangehöriger beendet sein Dienstverhältnis auf Zeit und erhält nach dem Soldatenversorgungsgesetz als einmalige Übergangshilfe eine Abfindung von 6000,– DM ausbezahlt. Danach meldet er sich arbeitslos und beantragt Arbeitslosenhilfe (vgl. § 191 Abs. 2 Nr. 1 SGB III). Ist der Abfindungsbetrag als Vermögen anrechenbar? Ja, eine Anrechnung kommt aber nur in Frage, wenn weiteres anrechenbares Vermögen vorhanden ist, so daß die Freibetragsgrenze von 8000,– DM überschritten wird.

b) Vermögen des Ehegatten

Bei Ehegatten wird nur das Vermögen des nicht dauernd vom Arbeitslosen getrennt lebenden Ehegatten berücksichtigt.

Beispiel:	
Vermögen des Arbeitslosen (Bankguthaben)	9 000,– DM
Vermögen des Ehegatten (Pfandbriefe)	10 000,– DM
zusammen	19 000,– DM
Freibetrag des Arbeitslosen	– 8 000,– DM
Freibetrag des Ehegatten	– 8 000,– DM
Übersteigendes Vermögen	3 000,– DM

3000,– : 520,– DM (wöchentliche Bemessungsgrundlage) = 5,7.
Für die Dauer von 5 Wochen ist der Arbeitslose nicht bedürftig und hat für diese Zeit keinen Anspruch auf Arbeitslosenhilfe.

Wäre die Ehefrau alleinige Inhaberin des vorgenannten Vermögens, so könnten nicht zwei Freibeträge, sondern nur ein Freibetrag in Höhe von 8000,– DM abgezogen werden.

8. Nachweis der Einkommen

Den Ehegatten und Unterhaltspflichtigen wird empfohlen, zum Zwecke der Einkommensfeststellung die bei den Arbeitsämtern erhältlichen Formulare zu verwenden. Hierbei ist einerseits Raum für die Bescheinigung des Arbeitgebers über das Einkommen der letzten 3 Monate; andererseits können Eintragungen über

Werbungskosten und sonstige Lebensvorsorgekosten vorgenommen werden. Dabei müssen, ähnlich wie beim Finanzamt, Belege beigefügt oder vorgelegt werden. Der Monatsdurchschnitt für die letzten 3 Monate des Einkommensbezuges gilt zunächst für das nächste folgende Halbjahr. Anschließend wird eine weitere Überprüfung vorgenommen. Selbstverständlich kann auch der Ehegatte bzw. Unterhaltspflichtige jederzeit wesentliche Veränderungen, so z. B. die Verminderung seines Einkommens infolge Krankheit, vorbringen.

9. Gewährung von Arbeitslosenhilfe trotz anderweitiger Ansprüche

Kaum mehr Bedeutung in der Praxis hat der Fall, daß die zum Unterhalt Verpflichteten (z. B.: geschiedene Ehegatten) ihren Unterhaltsverpflichtungen gegenüber dem Arbeitslosen nicht nachkommen. Für diesen Fall sieht § 203 Abs. 1 SGB III vor, daß der Arbeitslose Arbeitslosenhilfe so lange und soweit erhalten kann, als er anderweitige Ansprüche an unterhaltspflichtige Angehörige oder z. B. an Rententräger hat. Das Arbeitsamt hat die Gewährung der Arbeitslosenhilfe dem Unterhalts- oder sonst Zahlungspflichtigen unverzüglich anzuzeigen. Diese Anzeige bewirkt, daß die Ansprüche des Arbeitslosen an den Leistungspflichtigen in der Höhe, in der er Arbeitslosenhilfe erhält, ohne daß er hierauf einen Rechtsanspruch hat, auf den Bund übergehen. Andernfalls müßte man bei dem Arbeitslosen Unterhaltsansprüche anrechnen, die er in Wahrheit nicht oder noch nicht erhält, so daß er tatsächlich eine zu geringe Arbeitslosenhilfe zum Leben hätte.

Eine derartige Gleichwohlgewährung von Arbeitslosenhilfe als Ermessensentscheidung kommt aber nur dann in Betracht, wenn der Arbeitslose sich um die Durchsetzung seiner Unterhalts- oder sonstigen Ansprüche bemüht und notfalls auch seine Ansprüche im Klagewege geltend macht. Hierfür kann er möglicherweise Prozeßkostenhilfe erhalten.

Das Ermessen nach § 203 Abs. 1 SGB III ist auf Null reduziert – d. h. das Arbeitsamt muß zahlen –, wenn dem Arbeitslosen eine Klage gegen den Unterhaltsverpflichteten aus persönlichen und wirtschaftlichen Gründen nicht zumutbar ist.

Beispiel: Nach Abzug der Freibeträge kommt das Arbeitsamt zu dem Ergebnis, daß von dem Einkommen des getrennt lebenden Ehegatten auf die Arbeitslosenhilfe ein wöchentlicher Betrag von 50,– DM anzurechnen ist. Der Ehegatte weigert sich, diese Unterhaltsleistung zu zahlen. Hier ist das Arbeitsamt bereit, Arbeitslosenhilfe ohne Anrechnung des Einkommens des Ehegatten zu gewähren, wenn der Arbeitslose belegt, daß er aktiv tätig seinen Unterhaltsanspruch verfolgt.

Das gleiche Recht hätte der Arbeitslose, wenn er nachweist, daß er beim zuständigen Gericht Unterhaltsleistungen von seinem geschiedenen Ehepartner eingeklagt hat. Ebenfalls findet die sogenannte Gleichwohlgewährung Anwendung, wenn ein Arbeitsloser nachweist, daß er bei der Berufsgenossenschaft eine Unfallrente beantragt hat. Über Unterhaltsansprüche, die auf das Arbeitsamt übergegangen sind, kann der Arbeitslose nicht mehr verfügen. Empfängt er dennoch neben der Arbeitslosenhilfe nicht angerechnete Unterhaltszahlungen, welche nach dem SGB III anrechenbar wären, so hat er diese dem Arbeitsamt zu erstatten (§ 203 Abs. 2 SGB III).

IV. Beide Ehegatten beantragen Arbeitslosenhilfe

Sind Sie und Ihr im gemeinsamen Haushalt lebender Ehegatte zugleich arbeitslos, so sind drei Varianten denkbar. Entweder Sie beziehen beide ungeschmälert Arbeitslosengeld oder der eine bezieht Arbeitslosengeld, der andere Arbeitslosenhilfe, die sich dann vermindert (oder mangels Bedürftigkeit völlig entfällt), weil das Arbeitslosengeld (wie anderes Einkommen) auf die Arbeitslosenhilfe bis auf den Freibetrag angerechnet wird (Beispiele oben III. 4b, S. 155f). Beziehen die Ehepartner jedoch beide Arbeitslosenhilfe, findet eine Anrechnung nicht statt, da die Arbeitslosenhilfe des Ehegatten nicht als Einkommen gilt (§ 194 Abs. 3 Nr. 10 SGB III).

V. Eheähnliche Gemeinschaft

Nach §§ 193 Abs. 2, 194 Abs. 1 S. 1 Nr. 2 SGB III ist auch das Einkommen und das Vermögen einer Person, die mit dem Arbeitslosen in eheähnlicher Gemeinschaft lebt, wie das Einkommen und Vermögen eines nicht dauernd getrennt lebenden Ehegatten zu berücksichtigen.

Diese Vorschrift hat das Bundesverfassungsgericht zwischenzeitlich für verfassungsgemäß angesehen (BVerfG SozR 3–4100 § 138 Nr. 8), gleichzeitig jedoch, und zwar abweichend von der bisherigen Rechtsprechung des Bundessozialgerichtes, höhere Anforderungen für die Annahme des Vorliegens einer solchen Lebensgemeinschaft gestellt.

In verfassungskonformer Auslegung fordert es – um das Vorliegen einer eheähnlichen Gemeinschaft annehmen zu können – eine Lebensgemeinschaft
– zwischen einem Mann und einer Frau,
– die auf Dauer angelegt sei,
– die daneben keine weitere Lebensgemeinschaft gleicher Art zulasse und
– die sich durch innere Bindungen auszeichne, welche ein gegenseitiges Einstehen der Partner füreinander begründeten, also über die Beziehungen in einer reinen Haus- und Wirtschaftsgemeinschaft hinausgingen.

Arbeitsamt und Sozialgerichte müssen daher nunmehr – streitet der Arbeitslose das Vorliegen einer eheähnlichen Gemeinschaft ab – anhand von Indizien prüfen, ob dies nicht doch der Fall ist.

Solche Indizien können sein:
– längeres Zusammenleben in einer gemeinsamen Wohnung,
– gemeinsame Haushaltsführung,
– gemeinsame Anschaffung von Möbeln etc.,
– gemeinsame Kinder,
– gemeinsame Freizeitgestaltung,
– gemeinsamer Urlaub und vieles mehr.

Liegt danach eine eheähnliche Gemeinschaft vor, muß das Vermögen bzw. Einkommen des Partners auf die Arbeitslosenhilfe des anderen in gleicher Weise angerechnet werden, wie dies bei nicht dauernd getrennt lebenden Ehegatten geschieht.

C. Gemeinsame Regeln bei Arbeitslosengeld und Arbeitslosenhilfe

I. Erziehungsgeld

Einkommensabhängiges Erziehungsgeld in Höhe von bis zu 600 DM erhalten Mütter oder Väter von Neugeborenen bis zum 24. Lebensmonat des Kindes, wenn sie es selbst betreuen und erziehen und keine oder keine volle Erwerbstätigkeit (nicht mehr als 19 Stunden/Woche) ausüben (§§ 1, 2, 4 und 5 BErzGG).

Wenn Sie Arbeitslosengeld oder -hilfe beziehen, steht Ihnen kein Erziehungsgeld zu (§ 2 Abs. 2 BErzGG). Umgekehrt gilt: Wer Erziehungsgeld bezieht, kann gleichwohl Arbeitslosengeld beantragen, wenn er durch die Erklärung einer Pflegekraft nachweist, daß er im Falle einer Arbeitsvermittlung verfügbar ist. Mit dem Erhalt von Arbeitslosengeld endet der Anspruch auf Erziehungsgeld.

Im Einzelfall kann es für Sie günstiger sein, Ihren Anspruch auf Arbeitslosengeld zunächst aufzusparen, d.h. ruhen zu lassen, bis das Erziehungsgeld ausläuft. Dadurch erhalten Sie für eine insgesamt längere Zeit Leistungen, bei denen Sie nicht in gleichem Maße wie bei der anschließenden Arbeitslosenhilfe bedürftig sein müssen.

II. Insolvenzgeld

Dieses Kapitel müßte genaugenommen „Insolvenz- und Lohnausfallgeld" heißen. Denn nicht in allen Fällen, in denen „Insolvenzgeld" für rückständige Löhne oder Gehälter gezahlt wird, wird wegen Überschuldung der Firma Ihres Arbeitgebers überhaupt die Eröffnung des Insolvenzverfahrens beantragt und nur wenige solcher Anträge führen zur Eröffnung des Insolvenzverfahrens; die anderen Anträge werden mangels Masse abgelehnt. In zahlreichen Fällen wird „Insolvenzgeld" gezahlt, weil schlicht die betriebliche Tätigkeit vollständig endet und offensichtlich keine Insolvenzmasse vorliegt.

Wie entscheiden Sie sich, wenn Sie bemerken, mit dem Betrieb Ihres Arbeitgebers geht es steil bergab, weil es an Aufträgen, Kundschaft oder Gästen mangelt und der letzte Lohn oder das letzte Gehalt nicht oder nur zum Teil bezahlt wurde? In der Regel haben Sie drei Wahlmöglichkeiten: *Weiterarbeit,* (fristlose) *Kündigung* oder *Freistellung.*

Wenn Sie weiterarbeiten, so besteht die Chance, daß der Betrieb wieder in Gang kommt, sei es, daß der Arbeitgeber wieder zahlungsfähig wird oder der Betrieb mitsamt dem vorhandenen Personal und den Lohnrückständen von einem neuen Arbeitgeber übernommen wird. In beiden Fällen bleiben Ihr Einkommen und Ihr Arbeitsplatz erhalten. Dabei riskieren Sie allerdings selbst bei nur einem Monat Lohnrückstand den vollen Verlust, weil Sie nicht wissen können, zu welchem späteren Zeitpunkt dann doch noch ein Insolvenzereignis (nämlich Eröffnung des Insolvenzverfahrens, Abweisung des Antrages, ein solches zu eröffnen mangels Masse oder vollständiges Ende der betrieblichen Tätigkeit im Inland zuzüglich eines offensichtlichen Mangels an Insolvenzmasse) feststeht. Von diesem Tag (dem Insolvenztag) wird nämlich rückwärts gerechnet ein Lohn- oder Gehaltsrückstand nur für drei Monate als Insolvenzgeld gezahlt. Dies gilt auch dann, wenn eine Gesellschaft den insolventen Vorgängerbetrieb im wesentlichen unverändert fortführt (BSG, NJW 1985 S. 3040).

Zweite Möglichkeit: Sie kündigen, und zwar fristlos (nach § 626 BGB), weil Sie absehen, daß erheblicher Lohnrückstand nicht mehr befriedigt werden wird. (Erheblich ist schon die Hälfte eines Monatslohnes oder eines Monatsgehaltes.) Da für die Kündigung aufgrund erheblichen Lohnrückstandes ein wichtiger Grund vorliegt (vgl. § 144 Abs. 1 Nr. 1 SGB III), erhalten Sie – wenn die übrigen Voraussetzungen vorliegen – schon vom Tage der Arbeitslosmeldung und der Antragstellung an Arbeitslosengeld oder Arbeitslosenhilfe, ohne daß eine Sperrzeit wegen Ihrer Kündigung eintritt.

Dieses Vorgehen ist aber taktisch unklug. Denn wenn Sie beispielsweise schon dann fristlos kündigen, wenn nur ein Lohnrückstand von einem halben Monat vorliegt und nunmehr höchstens 67 % Arbeitslosengeld beziehen, so verlieren Sie für weitere $2^1/_2$ Monate die mögliche Zahlung von 100 % Ihres Nettoverdienstes als Insolvenzgeld; ferner gehen Ihnen möglicherweise mehrere Monats-Anteile eines rückständigen 13. Monatsgehaltes sowie eventuell eine Urlaubsabgeltung verloren. (Anders ist die Lage, wenn Sie sofort wieder eine gut bezahlte Stelle finden.)

Daher bietet sich drittens die *Freistellung* an. Darunter versteht man, daß Ihr Arbeitsverhältnis ohne Arbeitsleistung und ohne Lohnzahlung fortbesteht, Sie aber gleichwohl berechtigt sind, Arbeitslosengeld oder Arbeitslosenhilfe zu beziehen (§ 143 Abs. 3 SGB III). Kommt es dann zu einem Insolvenzereignis, so erhalten Sie für bis zu 3 Monate Insolvenzgeld abzüglich des schon gezahlten Arbeitslosengeldes oder der Arbeitslosenhilfe vom Arbeitsamt nachgezahlt.

Beispiel: Im Gasthaus G bleiben die Gäste aus. Das Oktober-Gehalt 1999 zahlt der Wirt und Eigentümer des Gasthauses dem Kellner A nicht aus. Am 15. 11. 1999 vereinbart A mit dem Wirt die Freistellung und beantragt am 16. 11. 1999 Arbeitslosengeld. Zum 31. 12. 1999 wird das Lokal endgültig wegen Zahlungsunfähigkeit geschlossen. Damit erhält A für Oktober bis Dezember Insolvenzgeld abzüglich des bereits gezahlten Arbeitslosengeldes, welches verrechnet wird.

Heikel ist die Lage allerdings bei umstrittenem bzw. tatsächlich gegebenem, aber bestrittenem Betriebsübergang auf einen neuen Arbeitgeber.

Beispiel: Wie zuvor, jedoch war der Wirt nur Pächter des Lokales, welches eine Brauerei verpachtet. Unmittelbar im Anschluß an die frühere Pacht tritt zum 1. 1. 2000 ein Pachtwechsel ein. Hierzu hat das Bundesarbeitsgericht entschieden, daß der neue Pächter das Personal übernehmen muß (Urteil vom 25. 2. 1981, 5. Senat; arbeit und beruf 1982, S. 92) und folglich der rückständige Lohn von ihm zu zahlen ist. Hier gäbe es trotz Freistellung kein Insolvenzgeld, weil der Arbeitsplatz durch Pächterwechsel erhalten bleibt; jedenfalls erhofft sich dies das Bundesarbeitsgericht, macht aber vielleicht die Rechnung ohne den Wirt.

Bestreitet nun der neue Pächter die Betriebsübernahme – vielleicht wurde zur Umgehung eine kurze Leerzeit zwischen der alten und der neuen Pacht eingelegt –, so kommt möglicherweise der Arbeitnehmer zwischen alle Stühle mit seinem Lohnrückstand: Vom alten Pächter ist nichts mehr zu holen, der neue müßte vor dem Arbeitsgericht oder das Arbeitsamt müßte vor dem Sozialgericht verklagt werden.

Die sozialpolitisch sicher gut gemeinte, aber in der Praxis eher abschreckende Betriebsübernahmeklausel des § 613 a BGB, wonach bei Betriebsübernahme der neue Arbeitgeber für die Lohn- und Gehaltsrückstände und für alle anderen Pflichten, Schulden und Verbindlichkeiten zusammen mit dem bisherigen Arbeitgeber haftet, gilt ebenso wie bei Pachtwechsel auch in allen übrigen Fällen einer nachgewiesenen Fortführung des Betriebes durch einen neuen Arbeitgeber. Er kann das Personal auch nicht wegen der Höhe des Gehaltes entlassen und nur den Betrieb vom Insolvenzverwalter erwerben (BAGE 43, 13).

Wenn dies in der Alltagspraxis der Arbeitsämter in vielen Fällen dennoch zur Zahlung von Insolvenzgeld führt, so deshalb, weil die Betriebsübernahme schwierig festzustellen ist und häufig nach außen nicht sichtbar wird. Die Kontrollrechte, wie sie z.B. die Allgemeine Ortskrankenkasse als Einzugsstelle durch Betriebsprüfungen wahrnimmt, haben die Arbeitsämter nicht. Es wäre vernünftig, in den umstrittenen Fällen Insolvenzgeld zu zahlen und seitens der Arbeitsämter zu versuchen, den auf das Arbeitsamt übergegangenen Lohnrückstand (§ 187 SGB III) vom alten und neuen Arbeitgeber gesamtschuldnerisch beizutreiben. Damit würde vermieden, daß die Streitfrage, ob eine Betriebsübernahme tatsächlich vorliegt, auf dem Rücken des Arbeitnehmers ausgetragen wird.

Können Ihnen Nachteile entstehen, wenn Sie – veranlaßt, vermittelt oder sogar gedrängt durch Ihren Arbeitgeber – Ihre rückständigen Löhne oder Gehälter durch einen Dritten (z.B.: eine Bank oder eine Sparkasse) vorfinanzieren lassen und dafür diesem Ihre Lohn- oder Gehaltsforderungen zur Sicherheit abtreten oder verkaufen? Selbst wenn dies Ihr Arbeitgeber deshalb so manipuliert, um die Eröffnung des Insolvenzverfahrens zu verzögern, dadurch möglicherweise zahlreiche Lohnrückstände über die Insolvenzgeld-Versicherung gezahlt werden und somit die Insolvenzmasse vergrößert wird, dann macht sich höchstens der Arbeitgeber der Bundesanstalt gegenüber wegen Mißbrauch und Insolvenzverschleppung schadenersatzpflichtig (§ 826 BGB), nicht aber der einzelne, von seinem Arbeitsplatz abhängige Arbeitnehmer, gleichgültig, wie groß seine Kenntnis im Einzelfall ist (z. B. Bilanzbuchhalter!).

Um die mißbräuchliche Inanspruchnahme von Insolvenzgeld einzuschränken, wird dieses jedoch nach § 188 Abs. 4 SGB III nicht gezahlt, wenn ein Gläubiger des Arbeitgebers den Entgeltanspruch des Arbeitnehmers ohne Zustimmung des Arbeitsamtes vorfinanziert hat und ihm vor Eröffnung des Insolvenzverfahrens der Anspruch übertragen oder verpfändet worden ist. Auch bei Umgehung dieser Regelung durch Einschaltung eines Strohmannes ist der Anspruch auf Insolvenzgeld ausgeschlossen. Mit dieser Bestimmung soll verhindert werden, daß mit der Vorfinanzierung des Arbeitsentgelts der Antrag auf Eröffnung des Insolvenzverfahrens bzw. die Entscheidung des Gerichtes insofern verzögert werden.

Für eine Reihe von Einzelfragen wie Vorschuß, letzter Termin für den Antrag auf Insolvenzgeld, Verdienstbescheinigung, Ansprüche von Dritten usw. verteilt jedes Arbeitsamt kostenlos das Merkblatt 10: „Konkursausfallgeld" sowie Antragsvordrucke mit Erläuterungen, so daß hierauf verwiesen werden kann.

Besonders wichtig ist, daß Sie Ihren Antrag rechtzeitig, nämlich innerhalb von 2 Monaten nach dem Insolvenzereignis, stellen (§ 324 Abs. 3 S. 1 SGB III). Haben Sie diese Frist aus Gründen, die Sie nicht zu vertreten haben (nicht vorwerfbare Unkenntnis über das Insolvenzereignis), versäumt, wird Ihnen Insolvenzgeld dennoch gewährt, wenn Sie innerhalb von 2 Monaten nach Wegfall des Hindernisses den Antrag stellen (§ 324 Abs. 1 S. 2 SGB III). Zu vertreten hat der Arbeitnehmer die Versäumung der Antragsfrist insbesondere dann, wenn er sich nicht mit der erforderlichen Sorgfalt um die Durchsetzung seiner Ansprüche bemüht hat (§ 324 Abs. 1 S. 3 SGB III). Er muß also gegebenenfalls versuchen, sein ausgefallenes Arbeitsentgelt einzuklagen bzw. – nach Erstreiten eines arbeitsgerichtlichen Urteiles – durch Vollstrekkung bei seinem früheren Arbeitgeber beizutreiben.

Aus der Rechtsprechung des Bundessozialgerichtes zum (früheren) Konkursausfallgeld (Sammlung Sozialrecht 4100 und 3-4100 zu § 141 b AFG) sind folgende Leitsätze bemerkenswert, die auch für das Insolvenzgeld Gültigkeit haben dürften:

- Konkursausfallgeld wird auch für Ihren Anspruch auf Urlaubsabgeltung, jedoch nur für die Tage gezahlt, die auf die Zeit vor dem Tage der Konkurseröffnung bzw. vor dem gleichgestellten Tage der vollständigen Betriebsbeendigung fallen (Urteil vom 30. 11. 1977 – Nr. 5; ebenso Urteile vom 27. 9. 1994 – SozR 3-4100 Nrn. 11 und 12).

- Ist der Arbeitgeber mit dem 13. Monatsgehalt im Rückstand, so stehen Ihnen nur $^3/_{12}$ (für drei Monate) hiervon zu (Urteil vom 1. 12. 1978 – Nr. 8).

- Auch ein Schadensersatzanspruch gegen den Arbeitgeber wegen versäumter Beantragung von Kurzarbeitergeld oder von Wintergeld kann als Konkursausfallgeld geltend gemacht werden (Urteile vom 17. 7. 1979 – Nr. 10 und Nr. 12).

- Bei einem Vergleichsverfahren sind die Voraussetzungen für das Konkursausfallgeld nicht erfüllt, sondern nur, wenn der Anschluß-Konkurs eröffnet ist (Urteil vom 27. 6. 1980 – Nr. 13).

- Anwartschaften auf Auftrags-Provisionen (neben dem Festgehalt) gehören nicht zum Konkursausfallgeld (Urteil vom 18. 12. 1980 – Nr. 17).

- Es genügt die vollständige Beendigung der betrieblichen Tätigkeit Ihres Arbeitgebers und die Zahlungsunfähigkeit; nicht erforderlich ist es, daß der Betrieb als solcher stillgelegt wird (z. B. Fortführung durch einen anderen Unternehmer; Urteil vom 30. 4. 1981 – Nr. 18).

- Ein Betrieb, in dem zwar nichts mehr hergestellt wird, in dem aber noch Waren verkauft werden, hat seine Betriebstätigkeit noch nicht vollständig beendet. Damit fehlt es an der Voraussetzung für die Zahlung von Konkursausfallgeld (Urteil vom 5. 6. 1981 – Nr. 19).

- Wenn ein Arbeitnehmer unter Fortzahlung des Arbeitsentgelts freigestellt worden ist, dann hat er auch für die Zeit nach Eintritt des Insolvenzereignisses Anspruch auf Konkursausfallgeld unter der Voraussetzung, daß er von der Abweisung des Antrags auf Eröffnung des Konkursverfahrens erst später Kenntnis erhält. Dies gilt jedenfalls bis zur endgültigen Betriebseinstellung (Nr. 49).

- Eine tarifliche Jahressonderzahlung (§ 2 des Metalltarifvertrages Baden-Württemberg) ist nicht auf einzelne Monate aufzuteilen. Zum berücksichtigungsfähigen Arbeitsentgelt gehört sie aber nur dann, wenn sie zum Zeitpunkt des Insolvenzereignisses bereits fällig war (Urteil vom 18. 1. 1990 – SozR – 3-4100 Nr. 1).

• Bei der Berechnung von Konkursausfallgeld sind Reisekosten und sonstige Spesen, die dem Arbeitnehmer in unmittelbarem Zusammenhang mit seiner Arbeitsleistung erstattet werden, Arbeitsentgelt (Urteil vom 18. 9. 1991 – SozR 3-4100 – Nr. 2).

• Kenntnis vom Abweisungsbeschluß des Konkursgerichts mangels Masse liegt erst dann vor, wenn der Arbeitnehmer diesen Grund der gerichtlichen Entscheidung kennt (Urteil vom 22. 9. 1993 – SozR 3-4100 – Nr. 8).

• Konkursausfallgeld steht nicht zu, soweit ein Arbeitsgericht rechtskräftig den Arbeitsentgeltanspruch verneint (Urteil vom 9. 5. 1995 – SozR 3-4100 – Nr. 15).

• Anspruch auf Konkursausfallgeld für eine Urlaubsabgeltung steht nur zu, soweit die abgegoltenen Urlaubstage in den Konkursausfallgeld-Zeitraum fallen (Urteil vom 3. 12. 1996 – SozR 3-4100 – Nr. 16).

• Für Konkursausfallgeld bei Arbeitsaufnahme in Unkenntnis des maßgebenden Insolvenzereignisses der früheren Abweisung eines Konkursantrages mangels Masse beginnt die 2-monatige Antragsfrist erst mit der Kenntnis von jenem Insolvenzereignis (Urteil vom 27. 8. 1998 – SozR 3-4100 – Nr. 18).

Anderweitig veröffentlicht sind folgende Entscheidungen des Bundessozialgerichtes:

• Die Bestimmung, daß Ihnen Konkursausfallgeld bei vollständiger Beendigung der Betriebstätigkeit auch dann zusteht, wenn ein Konkursantrag unterbleibt, weil die Konkursmasse offensichtlich unzulänglich ist (§ 141b Abs. 3 Nr. 2 AFG, jetzt § 183 Abs. 1 Nr. 3 SGB III), ist weit auszulegen, damit möglichst alle Fälle der Zahlungsunfähigkeit Ihres Arbeitgeber erfaßt werden. „Zweifel daran, ob sich der Arbeitgeber, der seine Betriebstätigkeit vollständig aufgegeben hat, zu Recht auf Zahlungsunfähigkeit beruft, gehen nicht zu Lasten des Arbeitnehmers, für den Lohnersatz sofort zur Verfügung stehen soll. Zweifel daran, ob der Arbeitgeber nicht doch noch Vermögen hat, was die Eröffnung des Konkursverfahrens gerechtfertigt hätte, schließt den

Konkursausfallgeld-Versicherungsfall nicht aus." (Bundessozialgericht, 10. Senat, Urteil vom 23. 11. 1981, Die Sozialgerichtsbarkeit 1982, S. 107).

• Anders verhält es sich allerdings dann, wenn die Frage der Zahlungsunfähigkeit des Unternehmers offenbleibt, weil der Durchführung des konkursgerichtlichen Verfahrens *sonstige Hindernisse* entgegenstehen. In diesem Fall trägt derjenige, der konkursausfallgeldrechtliche Ansprüche geltend macht (i. d. R. der Arbeitnehmer) die Feststellungslast für die offensichtliche Masseunzulänglichkeit des die Betriebstätigkeit einstellenden Unternehmers (BSG SozR 3–4100 § 141 b Nr. 7).

• „Bei der Berechnung des Konkursausfallgeldes ist nach § 141 b AFG das Bruttoarbeitsentgelt um die gesetzlichen Abzüge zu mindern. Dazu gehört insbesondere die Lohnsteuer in der Höhe, wie sie vom Arbeitgeber im Zeitpunkt der Fälligkeit des Lohnes nach der Lohnsteuertabelle zu berücksichtigen wäre. Besonderheiten des Lohnsteuerverfahrens, insbesondere der Lohnsteuerjahresausgleich, müssen für die Berechnung des Konkursausfallgeldes unberücksichtigt bleiben." (BSG 19. 2. 1986 – 10 Ar 14/84 – in: SGb 1986 S. 284.)

• Die Ausschlußfrist von zwei Monaten für den Antrag auf Konkursausfallgeld wird nicht dadurch verlängert, daß der Arbeitslose zunächst die Zwangsvollstreckung gegen seinen früheren Arbeitgeber betreibt. (BSG 1. 4. 1985 – 10 RAr 11/84 – in: SGb 1985 S. 373.)

• Da es Konkursausfallgeld nur für die Zeit eines bestehenden Arbeitsverhältnisses gibt, muß ein vor Eröffnung des Konkursverfahrens gekündigter Arbeitnehmer vor dem Arbeitsgericht auf Fortbestehen seines Arbeitsverhältnisses klagen. Nimmt der Arbeitnehmer die Kündigungsschutzklage zurück, dann gilt die Kündigung als von Anfang an wirksam mit der Folge, daß ein Anspruch auf Konkursausfallgeld für die Zeit nach der Kündigung nicht entsteht (BSG, Urteil vom 12. 8. 1987 – 10 RAr 15/85, info also 1/1988 S. 42/43 m. w. N).

Ziehen Sie zu diesem Kapitel auch das Merkblatt 10 „Konkursausfallgeld", erhältlich beim Arbeitsamt, zu Rate.

III. Soziale Sicherung des Arbeitslosen

(Vgl. hierzu auch das Merkblatt 1 des Arbeitsamtes, Abschnitt 5.).

1. Kranken-/Pflegeversicherung

Sobald Sie Arbeitslosengeld oder Arbeitslosenhilfe beziehen, sind Sie für den Fall der Krankheit/Pflegebedürftigkeit durch Beiträge Ihres Arbeitsamtes versichert (§ 5 Abs. 1 Nr. 2 SGB V, § 1 Abs. 2 SGB XI), und zwar bei ihrer bisherigen gesetzlichen Krankenkasse.

Sind Sie jedoch bei einer privaten Krankenversicherung Mitglied und wollen Sie das bleiben, so müssen Sie die Beiträge selbst bezahlen. Gleichwohl werden Sie während der Zeit des Leistungsbezuges Pflichtmitglied der Allgemeinen Ortskrankenkasse auf Kosten des Arbeitsamtes. In Ihrem Bewilligungs- oder Änderungsbescheid ist vermerkt, bei welcher Krankenkasse Sie das Arbeitsamt versichert hat. Aufgrund der Pflichtmitgliedschaft in einer gesetzlichen Krankenkasse während des Leistungsbezuges vom Arbeitsamt empfiehlt es sich, mit Ihrer privaten Krankenkasse zu vereinbaren, daß bis zur Wiederaufnahme einer Beschäftigung das private Krankenversicherungsverhältnis beitragsfrei ruht.

Ein zeitlich lückenloser Krankenversicherungsschutz ist nicht in jedem Falle gewährleistet. Dabei ist in der Krankenversicherung zwischen *Krankenpflege* (Arzt-, Krankenhaus- und Arzneikosten) sowie sonstigen Regelleistungen einerseits und *Krankengeld* (Verdienstausfall in Höhe von 80 % des Regel-Nettoarbeitsentgeltes oder bei Arbeitslosigkeit Krankengeld in Höhe des Arbeitslosengeldes oder der Arbeitslosenhilfe, vgl. § 47b Abs. 1 S. 1 SGB V) andererseits zu unterscheiden: Für die *Krankenpflege* kann der Arbeitslose bei genügender Aufmerksamkeit stets für einen lückenlosen Versicherungsschutz sorgen (z.B. durch freiwillige Weiterversicherung), für das *Krankengeld* hingegen nicht: Denn Arbeitslose, die während einer Sperrzeit erkranken, dürfen nicht günstiger behandelt werden als gesunde Arbeitslose, die in der Sperrzeit praktisch nur von eigenen Ersparnissen, von Angehörigen, vom Schuldenmachen oder von Sozialhilfe leben können. Solange Ihr Anspruch auf Arbeitslosengeld oder -hilfe daher wegen des Eintrittes einer Sperrzeit ruht (eine ausdrückliche Feststellung seitens des Arbeitsamtes ist insofern nicht erforderlich), wird in entsprechender Höhe auch kein Krankengeld gezahlt. Ist das Krankengeld allerdings höher als das Arbeitslosengeld bzw. die Arbeitslosenhilfe, wird der sog. Spitzenbetrag, also die Differenz zwischen der Leistung aus der Arbeitslosenversicherung und dem Krankengeld, ausbezahlt (§ 49 Abs. 1 Nr. 3 SGB V).

Die übrigen Regelleistungen der Kranken-/Pflegeversicherung, vor allem die Sachkosten in der Krankenpflege können (auch für Ihre Angehörigen, wenn eine Familienversicherung besteht) zeitlich lückenlos versichert und gewährt werden, wenn folgendes beachtet wird:

– Obwohl Sie mit Beginn der Arbeitslosigkeit aus der gesetzlichen Krankenversicherung ausscheiden, bleibt Ihnen der Kranken-/Pflegeversicherungsschutz noch 1 Monat nach dem Ausscheiden automatisch erhalten (§ 19 Abs. 2 SGB V).

Beispiel: Wird der Eintritt einer 12-wöchigen Sperrzeit festgestellt, z. B. weil die Kündigung von Ihnen ohne Vorliegen eines wichtigen Grundes ausgegangen war, so haben Sie für 1 Monat den sogenannten Nachversicherungsschutz und während des 2. Monats bis zur 12. Woche (trotz Sperrzeit) den Krankenversicherungsschutz über das Arbeitsamt (§ 5 Abs. 1 Nr. 2 SGB V), jedoch begrenzt auf Krankenpflege und sonstige Sachleistungen unter Ausschluß von Krankengeld, das für 12 Wochen ebenfalls „gesperrt" wird (§ 49 Abs. 1 Nr. 3 SGB V).

– Darüber hinaus können zeitliche Lücken durch freiwillige Weiterversicherung bei Ihrer bisherigen Krankenkasse geschlossen werden.

Der Kranken-/Pflegeversicherungsschutz über das Arbeitsamt beginnt erst mit dem ersten und endet mit dem letzten Tag, für den der Arbeitslose Arbeitslosengeld oder -hilfe bezieht. In zahlreichen Fällen reicht der Nachversicherungsschutz von 1 Monat nach Ausscheiden aus dem Arbeitsverhältnis nicht aus, sei es, daß Arbeitslosengeld oder Arbeitslosenhilfe verspätet beantragt wurde, sei es, daß für eine längere Zeit der Bearbeitungsdauer Ihres Antrages Unsicherheit darüber besteht, ob Ihnen Arbeitslosengeld oder -hilfe zusteht. Letzteres gilt insbesondere in den Fällen, in denen die Frage, ob ein Anspruch besteht oder nicht, erst im Klageverfahren abschließend entschieden wird. In diesen Fällen sollten Sie sich innerhalb von 1 Monat vorbeugend auf eigene Kosten bei Ihrer Krankenkasse freiwillig weiterversichern. Hat anschließend Ihr Antrag auf Arbeitslosengeld oder Arbeitslosenhilfe bzw. Ihr Widerspruch oder Ihre Klage Erfolg, so werden Sie rückwirkend pflichtversichert, was zu einer Erstattung der von Ihnen selbst entrichteten Beiträge führt.

Wer als Erwerbsloser freiwillig Mitglied einer gesetzlichen Krankenkasse bleiben will, muß dies der Kasse binnen 3 Monaten nach Beendigung der Mitgliedschaft anzeigen (§ 9 SGB V). Der Beitrag wird in der Regel geringer sein, weil Krankengeld nicht mitversichert wird. Versäumt der Erwerbslose die Frist für die freiwillige Weiterversicherung, so ist er ab Beginn des 2. Monats bei einer Erkrankung ohne Versicherungsschutz; natürlich muß ein Krankenhaus ihn im Notfall behandeln, die Kosten trägt er jedoch selbst, allenfalls das Sozialamt, jedoch mit Rückgriffsrecht gegen seine Angehörigen und Verwandten (Ehegatte, Eltern, Kinder).

Wer während des Bezuges von Arbeitslosengeld oder Arbeitslosenhilfe arbeitsunfähig krank wird, erhält bis zu 6 Wochen Arbeitslosengeld oder Arbeitslosenhilfe weiter (§ 126 SGB III). Ab der 7. Woche erhält der erkrankte Arbeitslose Krankengeld von der Krankenkasse. Dazu müssen der Krankenkasse der Bewilligungs- und der Aufhebungsbescheid eingereicht werden. (Fertigen Sie Kopien für Ihre Akte an!) Eine Ausschlußfrist besteht hier nicht; Krankengeld wird von der Kasse auch rückwirkend bezahlt, wenn die Bescheide erst später bei ihr eingehen.

Der Arbeitslose muß – zur Vermeidung von Nachteilen – sowohl die Krankschreibung wie die Gesundschreibung sofort dem Arbeitsamt melden. Die gelbe Arbeitsunfähigkeitsbescheinigung (wie auch jede weitere) des Arztes müssen Sie dem Arbeitsamt einsenden, nach mehr als 6 Wochen Erkrankung auch Ihrer Krankenkasse. Letzteres verlangt § 49 Abs. 1 Nr. 5 SGB V, wobei jedoch nach einer Entscheidung des Bundessozialgerichtes ein Versäumnis von der Kasse nicht zu Ihrem Nachteil gewertet werden kann, weil Sie darauf vertrauen dürfen, daß der Arzt der Krankenkasse einen Durchschlag der Krankschreibung übersandt hat. Nach Ihrer Gesundung brauchen Sie keinen neuen Antrag auf Arbeitslosengeld zu stellen, sofern Sie bis zu 6 Wochen krank waren. Für die weitere Leistung von Arbeitslosengeld oder Arbeitslosenhilfe genügt die alsbaldige Mitteilung, daß Sie wieder gesund sind. Anders ist die Lage bei einer Erkrankung von mehr als 6 Wochen. Hat der Arbeitslose zuletzt das Krankengeld durch die Krankenkasse erhalten, ist zur Vermeidung von Nachteilen sofort ein neuer Antrag auf Wiederbewilligung von Arbeitslosengeld oder Arbeitslosenhilfe nach seiner Gesundung zu stellen. Leistungen werden erst von dem Tag an gezahlt, an dem Ihr Antrag auf Wiederbewilligung beim Arbeitsamt eingeht. Sie sollten diesen Antrag daher nicht per Post, sondern persönlich stellen.

Wer kein Arbeitslosengeld oder keine Arbeitslosenhilfe mehr bezieht – Erlöschen, Versagen, mangelnde Bedürftigkeit, Abmeldung etc., – die Gründe spielen keine Rolle –, scheidet damit auch aus der Kranken-/Pflegeversicherung aus, hat aber wiederum einen nachwirkenden Versicherungsschutz von 1 Monat, welcher (außer bei Sperrzeit) auch Krankengeld einschließt (§ 19 Abs. 2 SGB V). Innerhalb dieses Monats kann die freiwillige Weiterversicherung beantragt werden.

Tritt während des Bezuges von Krankengeld eine Änderung Ihrer familiären oder sonstigen Verhältnisse ein, wodurch sich Ihr Arbeitslosengeld oder Ihre Arbeitslosenhilfe um mindestens 10 % erhöhen würde, so wird das Krankengeld auf Ihren Antrag erhöht (§ 47b Abs. 2 SGB V). Dieser Antrag ist bei Ihrer Krankenkasse zu stellen. Minderungen des Krankengeldes treten nicht ein.

Krankenscheine erhalten Sie wie bei einem beschäftigten Arbeitnehmer bei Ihrer Krankenkasse, wo Sie sich auch über den Versicherungsschutz bei einem Auslandsurlaub erkundigen sollten.

2. Unfallversicherung

Wer Arbeitslosengeld, Arbeitslosenhilfe oder Unterhaltsgeld bezieht, ist nur in sehr beschränktem Umfang gegen Unfall versichert. Versichert sind nur Unfälle, die entstehen, während Sie auf Aufforderung des Arbeitsamtes dieses oder andere Stellen aufsuchen (z. B.: eine Vorstellung beim Arbeitgeber, eine ärztliche Untersuchung). Wurde Ihnen gekündigt und gehen Sie bereits vor Ihrem Ausscheiden zu einer mit dem Arbeitsamt vereinbarten Arbeitsberatung, so haben Sie auf diesem Weg zum Arbeitsamt gesetzlichen Unfallversicherungsschutz (BSG SozR 2200 § 539 Nr. 78). Nach der Rechtsprechung des BSG besteht der gesetzliche Unfallversicherungsschutz nur dann, wenn die Stellenvermittlung durch das Arbeitsamt erfolgt und der Arbeitgeber auf Veranlassung des Arbeitsamtes aufgesucht wird, nicht dagegen, wenn der Arbeitslose sich selbst eine neue Arbeitsstelle sucht und dabei verunglückt; die Gleichbehandlung aller Arbeitslosen und das Recht auf freie Berufswahl werden dadurch nicht verletzt (BSG SozR 2200 § 539 Nr. 119). Unfälle sind dem Arbeitsamt sofort mitzuteilen. Tritt ein Unfall ein, so erhalten Sie Verletztengeld in Höhe des Arbeitslosengeldes oder der Arbeitslosenhilfe bzw. des Unterhaltsgeldes (§ 47 Abs. 2 SGB VII) sowie Krankenpflege wie in der Krankenversicherung. Der Unterschied der Leistungen zwischen Krankenversicherung und Unfallversicherung besteht im wesentlichen darin, daß bei einem Arbeitsunfall – wozu auch die vorerwähnten „Arbeitsamts-Wege" zählen – zuzüglich zu der Krankenpflege und dem Krankengeld (hier Verletztengeld) ab der 27. Woche eine Unfallrente gezahlt wird, wenn eine dauernde Minderung der Erwerbsfähigkeit um mindestens 20 % vorliegt (§ 56 SGB VII).

Beispiel: A wird vom Arbeitsamt aufgefordert, sich bei einem Arbeitgeber vorzustellen. Auf dem Weg dahin kommt es zu einem Unfall, der zu einer bleibenden Versteifung des linken Beines führt. Damit ist A für einen bestimmten, von der Berufsgenossenschaft festgesetzten Prozentsatz, der sicher mehr als 20 % betragen wird, dauernd erwerbsgemindert und erhält eine entsprechende Unfallrente. Hätte er den Unfall in seiner Freizeit erlitten, so stünden ihm nur die der Krankenversicherung entsprechenden Leistungen (Krankenpflege und Verletztengeld) zu.

3. Rentenversicherung

Seit 1. 1. 1992 ist für die rentenrechtliche Bewertung von Zeiten der Arbeitslosigkeit § 58 Abs. 1 Nr. 3, Abs. 2 Satz 1 SGB VI maßgebend.

Danach sind Zeiten, in denen ein Versicherter wegen Arbeitslosigkeit bei einem deutschen Arbeitsamt als Arbeitsuchender gemeldet war und eine öffentlich-rechtliche Leistung bezogen oder nur wegen des zu berücksichtigenden Einkommens oder Vermögens nicht bezogen hat (z.B. keine Arbeitslosenhilfe wegen fehlender Bedürftigkeit), Anrechnungszeiten; Voraussetzung ist allerdings, daß die Arbeitslosigkeit eine versicherte Beschäftigung, eine selbständige Tätigkeit oder versicherten Wehr- bzw. Zivildienst unterbrochen hat.

Ihre Arbeitslosenzeit ist also auch dann rentensteigernde Anrechnungszeit, wenn der Anspruch auf Arbeitslosengeld oder -hilfe zwar im Prinzip (nach der erarbeiteten Anwartschaftszeit) gegeben ist, jedoch z.B. wegen Nebeneinkommen oder – bei Arbeitslosenhilfe – wegen Anrechnung von Vermögen und Einkommen nicht zu Leistungen führt. Umgekehrt ist Ihre Arbeitslosenzeit keine rentensteigernde Anrechnungszeit, sondern wertlos, wenn Sie wegen fehlender Anwartschaftszeit oder wenn Sie wegen Sperrzeit, Säumniszeit oder mangelnder Verfügbarkeit keine Leistungen erhalten.

Beispiel: A meldet sich nach 5 Jahren Hausfrauenarbeit arbeitslos und wünscht eine Erwerbstätigkeit. Die Zeit ihrer Arbeitslosigkeit ist keine Anrechnungszeit und geht ihr für ihre Rentenversicherungszeit verloren.

Beispiel: A meldet sich sofort nach seinem Examen als Diplom- Politologe arbeitslos. Auch diese Arbeitslosenzeit ist keine Anrechnungszeit und für seine Rentenversicherungszeit wertlos.

Anrechnungszeiten sind nach § 252 Abs. 7 Nr. 3 SGB VI sodann auch
– Zeiten vor dem 1. 7. 1978, wenn der Versicherte wegen Arbeitslosigkeit bei einem deutschen Arbeitsamt als Arbeitsuchender gemeldet war und eine öffentlich-rechtliche Leistung bezogen hat und
– Zeiten zwischen dem 1. 7. 1978 und dem 31. 12. 1991, wenn diese Voraussetzungen vorliegen oder wenn Leistungen nur wegen des zu berücksichtigenden Einkommens oder Vermögens nicht bezogen wurden.

Weitere Voraussetzung ist, daß die Arbeitslosigkeit mindestens 1 Monat dauerte.

Der Arbeitslose erhält am Ende des Leistungsbezuges über die rentenrechtlich wirksame Versicherungszeit einen Leistungsnachweis mit Entgeltbescheinigung. Damit kann er bei der späteren Rentenberechnung das maßgebende Bruttoentgelt nachweisen. Außerdem meldet das Arbeitsamt dem Rentenversicherungsträger Versicherungszeit und Bruttoentgelt. Voraussetzung hierfür ist, daß der Arbeitslose dem Arbeitsamt seine Renten-Versicherungsnummer mitteilt. Die Bundesanstalt trägt auch dann die Beiträge zur Altersversorgung des Arbeitslosen, wenn er von der Versicherungspflicht in der gesetzlichen Rentenversicherung befreit ist, etwa weil er Mitglied einer berufsständischen Versicherungs- oder Versorgungseinrichtung ist oder eine Lebensversicherung abgeschlossen hat. Auf Antrag trägt die Bundesanstalt auch die Beiträge, die der Arbeitslose aufgrund freiwilliger Versicherung zur gesetzlichen Rentenversicherung zu entrichten hat.

Was bedeuten Anrechnungszeiten?

Anrechnung der Zeiten der Arbeitslosigkeit bedeutet, daß diese Zeit mit dem Durchschnitt Ihrer Gehälter oder Löhne bewertet wird, den Sie aufgrund Ihrer bisherigen Beitragsleistung in Ihrem Berufsleben erreicht haben. Dies zur Anrechnungshöhe; zeitlich gesehen steigern Anrechnungszeiten die Anzahl der Versicherungsmonate und wirken insoweit rentenerhöhend! Ihr persönlicher Bemessungsfaktor bleibt jedoch unverändert, d.h., er steigert sich nicht.

Mit 60 Jahren können Sie als Arbeitsloser das vorzeitige Altersruhegeld beantragen, wenn Sie erstens innerhalb der letzten $1^{1}/_{2}$ Jahre mindestens 52 Wochen arbeitslos waren, zweitens die Wartezeit von 180 Kalendermonaten erreicht haben und drittens in den letzten 10 Jahren mindestens 8 Jahre rentenversicherungspflichtig beschäftigt oder tätig waren (§ 38 SGB VI).

Beispiel: Dem 57jährigen A wird fristgemäß (18 Monate zuvor) zu seinem 59. Geburtstag gekündigt. Danach meldet er sich arbeitslos und beantragt und erhält bis zu seinem 60. Geburtstag für ein Jahr Arbeitslosengeld. Da er keine Stelle findet, beantragt und erhält er das vorzeitige Altersruhegeld mit seinem 60. Geburtstag, da die Wartezeit mit 180 Kalendermonaten Versicherungszeit erfüllt ist.

Auf die Renten-Wartezeit von 5 bis 15 Jahren werden Anrechnungszeiten nicht angerechnet. Doch die meisten Versicherten erfüllen vor Stellung ihres Rentenantrages diese Wartezeit ohnehin. Auf die Wartezeiten von 35 Jahren für das flexible Altersruhegeld werden hingegen auch Anrechnungszeiten wegen Arbeitslosigkeit angerechnet.

Auch wenn Ihnen keine Leistungen zustehen und Sie keine Stelle mehr erwarten, sollten Sie sich zum Erhalt Ihrer Anrechnungszeiten arbeitslos melden.

Sind Sie Arbeitsuchender, der keine Leistungen vom Arbeitsamt bezieht, so wird die Zeit Ihrer Arbeitslosigkeit im übrigen als Anrechnungszeit nur dann berücksichtigt, wenn Sie sich regelmäßig unaufgefordert alle drei Monate beim Arbeitsamt melden.

Wenn Sie Fragen haben, die den Zusammenhang von Arbeitslosigkeit und Rentenversicherung (z.B. Berücksichtigung von Anrechnungszeiten) betreffen, wenden Sie sich – wie dies im Merkblatt für Arbeitslose vom Arbeitsamt empfohlen wird – an die dafür zuständigen Auskunfts- und Beratungsstellen Ihres Rentenversicherungsträgers (LVA oder BfA).

IV. Ihre rechtlichen Möglichkeiten in streitigen Fällen

1. Widerspruch

Entscheidungen der Arbeitsämter – Ablehnungsbescheide, Bewilligungsbescheide, Sperrzeitbescheide – sind Verwaltungsakte, gegen die Sie kostenfrei Widerspruch einlegen können.

Dies ist noch kein Sozialgerichtverfahren, vielmehr überprüft das Arbeitsamt – die Widerspruchsstelle – Ihren Bescheid und kann Fehler berichtigen. Stets erhalten Sie auf Ihren Widerspruch einen mit Gründen versehenen Widerspruchsbescheid.

Zu beachten sind Frist und Form: Die *Frist*, innerhalb derer ein Widerspruch erhoben werden kann, beträgt *einen Monat*, seitdem Ihnen der Bescheid zusammen mit einer Rechtsmittelbelehrung zugegangen ist. Fehlt diese Rechtsmittelbelehrung, so beträgt die Widerspruchsfrist ein Jahr seit Zugang. Maßgebend für den Zugang bei Ihnen ist nicht das Datum des Poststempels, sondern der tatsächliche Zugang des Bescheides in Ihrem Briefkasten bzw. bei Aushändigung zu Ihren Händen oder zu Händen eines berechtigten Empfängers. Beweispflichtig für den Tag des Zuganges ist das Arbeitsamt. Aus Beweisvereinfachungsgründen wird gesetzlich vermutet, daß Ihnen ein Schreiben spätestens am 3. Tage nach Postaufgabe zugegangen ist (§ 37 Abs. 2 SGB X).

Beispiel: Ein Ablehnungsbescheid datiert vom 2. 11. Der Postabgangsvermerk des Arbeitsamtes lautet auf den 2. 11. Dann wird gesetzlich vermutet, daß Ihnen der Bescheid am 5. 11. zugegangen ist. Danach läuft die Einmonatsfrist. Letzter Tag für den Eingang Ihres Widerspruches im Briefkasten des Arbeitsamtes ist somit der 5. 12. (bis 24.00 Uhr). So wird auch in der Praxis verfahren, weil nämlich bei persönlichem Einwurf in den Briefkasten des Arbeitsamtes, der auch nachts zugänglich ist, die mit der Frühleerung am 6. 12. eingegangene Post noch den Eingangsstempel des Vortages, also des 5. 12. erhält.

Die Frist wird auch gewahrt, wenn Ihr Widerspruchsschreiben innerhalb der Frist bei einer anderen Behörde (Sozialamt, Polizeirevier, Rathaus, nicht jedoch Post oder Bahn) eingeht oder abgegeben wird. Diese Behörde muß das Schreiben ohne Verzögerung an das Arbeitsamt weiterleiten. Durch Einschreiben wird die Absendung bewiesen, durch Einschreiben mit Rückschein für Sie wird zugleich der Zugang beim Arbeitsamt bewiesen. Billiger und schneller ist jedoch die persönliche Abgabe.

Vorgeschrieben sind *Schriftform* oder mündliche Erklärung zu einer Niederschrift im Arbeitsamt. Im letzteren Falle fertigt die Widerspruchsstelle ein Protokoll aus, das Ihnen zur Durchsicht und Unterschrift vorgelegt wird. Für den weiteren Fortgang des Verfahrens ist es hilfreich, daß Sie stets eine Kopie oder einen Durchschlag Ihres Widerspruchsschreibens oder Ihrer Erklärung zur Niederschrift aufbewahren.

Ihr Widerspruchsschreiben sollte die Angaben des folgenden Beispiels enthalten:

Hans Berger
Albrecht-Dürer-Str. 15
12623 Berlin

Berlin, den 10. 11. 1999

An das
Arbeitsamt I – Widerspruchsstelle –
Händelplatz 1
12203 Berlin

Betr.: Meine Stamm-Nr./Arbeitsamt-Nr. ...
   Ihr Bescheid vom 2. 11. 1999

Sehr geehrte Damen und Herren,

gegen Ihren Bescheid vom 2. 11. 1999, den ich am 3. 11. 1999 erhalten habe, erhebe ich (z. B. wegen des Eintrittes einer Sperrzeit)

Widerspruch.

Begründung: ... Ich bitte um Abhilfe.

Mit freundlichen Grüßen

Unterschrift: Hans Berger

Widersprüche kommen etwa in Frage:
- Widerspruch gegen die **Versagung des Arbeitslosengeldes,** z. B. bei fehlerhafter Berechnung der Anwartschaftszeit;
- Widerspruch gegen die **Versagung der Arbeitslosenhilfe,** z. B. bei irrtümlicher Berechnung bezüglich der Bedürftigkeitsprüfung;
- Widerspruch wegen **zu geringer Höhe von Arbeitslosengeld oder Arbeitslosenhilfe.** Gründe können sein: Etwa eine mögliche fehlerhafte Berechnung bzw. Nichtberücksichtigung der Werbungskosten bei Nebeneinkommen oder das Vorliegen einer unbilligen Härte nach § 131 Abs. 1 SGB III, wenn das anzusetzende Bemessungsentgelt nicht Ihrem durchschnittlichen Verdienst der letzten 2 Jahre entspricht.
- Widerspruch wegen **zu geringer Dauer der Bewilligungszeit.** Beispiel: 30 unbezahlte Urlaubstage (Kalendertage am Stück, berechnet vom 1. bis zum letzten beurlaubten Arbeitstag) zählen

nach § 24 Abs. 3 Nr. 2 S. 1 SGB III gerade noch zur Anwartschaftszeit (§ 123 SGB III). Damit kann sich je nach der einzelnen Fallgestaltung die Anwartschaftszeit so erhöhen, daß der Arbeitslose statt nur für 6 Monate Arbeitslosengeld für 8 Monate oder statt nur für 8 Monate Arbeitslosengeld für 10 Monate bewilligt erhält.

- Widerspruch gegen die **Sperrzeit wegen Kündigung durch den Arbeitgeber.** Hier sollte Ihr Widerspruch mit dem Satz schließen: „Ich bitte um Abhilfe, hilfsweise um Minderung der Sperrzeit von 12 auf 6 Wochen, wie es § 144 Abs. 3 SGB III für den Fall einer besonderen Härte vorsieht. Diese liegt bei mir darin, daß ..." Hierbei zählen nur Tatsachen als besondere Härte, die unmittelbar mit dem Sperrzeitereignis zusammenhängen, nicht zum Beispiel Ihre finanziellen oder sozialen Verhältnisse. Beruht z. B. die Kündigung auf häufigem Zuspätkommen und können Sie durch ein Arztattest die Krankheit Ihres Sohnes während dieser Zeit nachweisen, kann hierin eine besondere Härte in der Feststellung einer zwölfwöchigen Sperrzeit liegen. War beispielsweise ein Streit, der zur Kündigung führte, von der anderen Seite regelrecht herausgefordert worden und können Sie dies durch das Zeugnis eines dabei anwesenden Betriebskollegen nachweisen, so kann auch hierin eine besondere Härte liegen.

- Widerspruch gegen die Sperrzeit **wegen Ablehnung einer vom Arbeitsamt angebotenen Arbeit.** Die Gründe für einen Widerspruch können ebenso vielfältig sein wie die Bedingungen, die das Arbeitsamt für eine zumutbare Arbeit (siehe oben A. I. 3 b aa α, S. 6 ff) einhalten muß:
  - Wurde Ihnen die Tätigkeit nach Art, Ort, Zeit und Bezahlung genannt?
  - Werden tarif- oder ortsüblicher Lohn gezahlt und Betriebsvereinbarungen und Arbeitsschutzbestimmungen eingehalten?
  - Wurde die tägliche Fahrzeit richtig berechnet?
  - Liegen familiäre oder gesundheitliche Hindernisse für einen bis zu 3-stündigen täglichen Berufsweg vor?
  - Wurden bei der Zumutung des Wochenendpendelns oder des Umzugs alle familiären, gesundheitlichen und sonstigen persönlichen Umstände besonders berücksichtigt?

– Liegen familiäre oder gesundheitliche Hindernisse für eine Vollzeittätigkeit vor?
– Trifft die Darstellung des Arbeitgebers vom Verlauf des Einstellungsgespräches zu?

Ein Widerspruch kann auch dann eingelegt werden, wenn z. B. ein Sperrzeit- oder Herabbemessungsbescheid nicht ausreichend schriftlich begründet ist (§ 35 Abs. 1 SGB X) und nur den Wortlaut des SGB III zur Begründung wiedergibt. Allein aus diesem Verfahrensfehler ergibt sich die Rechtswidrigkeit eines Bescheides allerdings nicht. Vielmehr kann durch Nachholen der Begründung im Widerspruchsbescheid der Fehler geheilt werden (§ 41 Abs. 1 Nr. 2 SGB X).

2. Klage zum Sozialgericht

Mit der Klage zum Sozialgericht wird die Entscheidung (oder Untätigkeit) des Arbeitsamtes durch ein unabhängiges Gericht überprüft, welches den Sachverhalt von Amts wegen erforschen muß (§ 103 SGG). Dabei muß – abgesehen von der sog. Untätigkeitsklage – zuvor ein Widerspruchsverfahren abgeschlossen sein; Sie müssen auf Ihren Widerspruch vom Arbeitsamt als Antwort einen schriftlichen Widerspruchsbescheid erhalten haben, der Ihrem Begehren ganz oder zum Teil nicht abhilft. Zulässig ist die Klage nur dann, wenn sie *binnen eines Monats*, nachdem Ihnen der Widerspruchsbescheid zugestellt wurde, bei Gericht oder einer inländischen Behörde (Polizei, Sozialamt) eingeht (Eingangsstempel!). Wird Ihnen beispielsweise der Widerspruchsbescheid am 2. 11. zugestellt, dann muß die Klage bei Gericht am 2. 12. spätestens um 24.00 Uhr (Nachtbriefkasten!) eingehen. Ist dieser letzte Tag ein Samstag, Sonntag oder Feiertag, dann verlängert sich die Frist bis zum Ende des darauffolgenden Werktages. Was die Klageschrift, die dem Gericht in zweifacher Ausfertigung zugehen soll, andererseits aber auch zu Protokoll der Geschäftsstelle des Sozialgerichtes mündlich erklärt werden kann, mindestens enthalten sollte, zeigt das folgende Beispiel:

Hans Berger
Albrecht-Dürer-Str. 15
12623 Berlin

Berlin, den 31. 12. 1999

An das
Sozialgericht Berlin
Invalidenstraße 52
10557 Berlin

Klage

des Maurers Hans Berger – Kläger –

gegen

die Bundesanstalt für Arbeit,
vertreten durch den Präsidenten,

dieser vertreten durch den Direktor des
Arbeitsamtes I Berlin, Händelplatz 1, 12203 Berlin – Beklagte –
wegen Zahlung von Arbeitslosengeld (Sperrzeit).

Ich beantrage, den Erlaß folgenden Urteils:

1. Der Sperrzeitbescheid vom 2. 11. 1999 und der Widerspruchsbescheid vom 10. 12. 1999, zugestellt am 12. 12. 1999, werden aufgehoben.
2. Die Beklagte wird verurteilt, mir Arbeitslosengeld auch für die Zeit vom 18. 10. 1999–9. 1. 2000 (12-Wochen-Sperrzeit), hilfsweise für die Zeit vom 29. 11. 1999–9. 1. 2000 (6-Wochen-Sperrzeit) zu zahlen.

Begründung:

Der Eintritt einer Sperrzeit wurde festgestellt, weil ich zum Umzug nach Kronach, wo wegen Kasernenbauten Arbeitskräfte meines Faches gesucht werden, als Lediger (28 Jahre) nicht bereit bin. Meine Weigerung beruht darauf, daß ich seit 1½ Jahren mit Angela Schmitt, Albrecht-Dürer- Str. 15, 12623 Berlin, Erzieherin, in einer Lebensgemeinschaft zusammenlebe, für die in Kronach und Umgebung keine passende Stelle zu finden ist, weil seit langem Arbeitsplatzmangel herrscht. Eine Heirat ist nicht möglich, weil der Ehemann meiner Freundin, von dem sie seit 2 Jahren getrennt lebt, sich weigert, in die Scheidung einzuwilligen. (Variante: Eine Heirat lehnen wir ab.) Hinzu kommt nunmehr, daß meine Gefährtin ein Kind von mir erwartet und im Anschluß an ihre Entbindung und ihre Mutterschutzzeit ihre Stelle als Teilzeitangestellte fortsetzen kann und will.

Beweis über die Schwangerschaft: Attest der Gynäkologin, Frau Dr. med. ... (Adresse)

Die Feststellung des Eintrittes einer Sperrzeit ist ungerechtfertigt, da das Arbeitsamt trotz Kenntnis der Sachlage es versäumt hat, bei der Frage, ob ein Umzug zumutbar ist, die „sonstigen persönlichen Umstände des Arbeitslosen besonders zu berücksichtigen". Mindestens liegt hilfsweise ein Grund für das Vorliegen einer besonderen Härte vor, so daß allenfalls der Eintritt einer auf die Hälfte verminderten Sperrzeit in Frage kommt.

Anlagen in Kopie

Sperrzeitbescheid vom 2. 11. 1999
Widerspruchsschreiben vom 10. 11. 1999
Widerspruchsbescheid vom 10. 12. 1999 *Unterschrift:* Hans Berger

3. Berufung zum Landessozialgericht

Die Berufung gegen eine Entscheidung des Sozialgerichts zum Landessozialgericht – gemeint ist eine Überprüfung in rechtlicher und tatsächlicher Hinsicht –, ist immer dann möglich, wenn eine Geld- oder Sachleistung von mehr als 1000,– DM oder wiederkehrende bzw. laufende Leistungen für mehr als 1 Jahr im Streit sind.

Geht es um 1000,– DM oder weniger bzw. nicht um wiederkehrende/laufende Leistungen für mehr als 1 Jahr, ist die Berufung nur zulässig, wenn sie – z. B. wegen grundsätzlicher Bedeutung – vom Sozialgericht im Urteil oder – auf Beschwerde – vom Landessozialgericht durch Beschluß zugelassen wurde.

Die Berufung ist stets zuzulassen, wenn ein wesentlicher Verfahrensmangel, auf dem die Entscheidung beruhen kann, gerügt wird und vorliegt, etwa wenn das Recht auf Gehör verletzt oder ein neues Vorbringen nicht berücksichtigt wurde (§ 144 Abs. 2 Nr. 3 SGG).

4. Revision zum Bundessozialgericht

Eine Revision zum Bundessozialgericht in Kassel – eine nochmalige Überprüfung des Rechtsstreites in dritter und letzter Instanz, dies aber nur bezüglich der Rechtsfragen (nicht des Sachverhaltes) – ist nach § 160 SGG nur in den wenigen Fällen zugelassen, in denen eine Rechtssache neben Ihrem persönlichen Anliegen auch grundsätzliche Bedeutung hat (Musterprozeß!) oder ein Verfahrensmangel vorliegt (z. b. wenn einer der ehrenamtlichen Richter in der Vorinstanz für einige Zeit den Saal verläßt oder – hinter der Sonnenbrille versteckt – hörbar einschläft).

5. Kosten

a) Widerspruchsverfahren

Für das Widerspruchsverfahren erhebt das Arbeitsamt keine Gebühren oder Auslagen; es ist kostenfrei (§ 64 SGB X). Ihr eigener Arbeits- und Zeitaufwand wird nicht erstattet, wohl aber notwendige Auslagen wie Porto, Papier- und Kopierkosten sowie Fahrtauslagen und die Kosten eines Anwaltes, eines Rechtsbeistandes oder eines anderen Bevollmächtigten (z. B. einer Privatperson Ihres Vertrauens), und zwar ganz oder zum Teil, je nachdem, ob der Widerspruch ganz oder zum Teil Erfolg hatte (§ 63 SGB X). Allerdings muß die Zuziehung eines Rechtsbeistandes oder Rechtsanwaltes notwendig gewesen sein. Diese Notwendigkeit wird in der Regel angenommen, da der Bürger allein vielfach nicht in der Lage ist, seine Rechte ausreichend zu wahren. Daß ein Rechtsbeistand oder Rechtsanwalt Ihre rechtlichen Interessen verfolgt, ist grundsätzlich Ihr gutes Recht (vgl. Bundesverwaltungsgericht, Neue Juristische Wochenschrift 1978, S. 1988).

Leider besteht das Recht, nach dem Beratungshilfegesetz für die Beratung und die außergerichtliche Vertretung einen Anwalt Ihres Vertrauens aufzusuchen, der Sie für eine geringe Gebühr, in Einzelfällen auch kostenfrei, berät und vertritt, also z. B. das Widerspruchsschreiben verfaßt und absendet, nur auf den Gebieten Zivilrecht, Verwaltungsrecht und Verfassungsrecht, nicht jedoch auf dem Gebiet des Sozial- und Arbeitsrechtes. Begründet wird die-se Einschränkung vom Gesetzgeber damit, daß Behörden und Verbände für die Beratung zur Verfügung stünden. Dies gibt jedoch Arbeitslosen, die nicht in einer Gewerkschaft sind und damit auch nicht durch einen gewerkschaftlichen Rechtsschutzsekretär beraten und vertreten werden, Steine statt Brot und verstößt möglicherweise gegen das Sozialstaatsgebot der rechtlichen Chancengleichheit. Kurioserweise gibt es für andere Sozialrechtsfragen wie Sozialhilfe und Bundesausbildungsförderung, die im Prozeßfalle nicht vor die Sozialgerichte, sondern vor die Verwaltungsgerichte kommen, Beratungshilfe, obwohl dies ebenso Sozialsachen sind wie Arbeitslosengeld oder Arbeitslosenhilfe.

Beauftragen Sie schon im Widerspruchsverfahren einen Anwalt, so stehen diesem (Stand 1999) in der Regel $^2/_3$ aus einer Mittelgebühr von 700,– DM plus Auslagen und Mehrwertsteuer, zusammen also ein Honorar von 636,34 DM zu, wenn er nicht eine höhere Honorarvereinbarung mit Ihnen ausmacht. Leider kommt es vor, daß Anwälte das Doppelte oder mehr vereinbaren, was einerseits verständlich ist, weil viel Arbeit mit einem Widerspruch verbunden sein kann, andererseits aber deshalb mißlich ist, weil das Arbeitsamt, wenn Sie im Widerspruchsverfahren obsiegen, Ihrem Anwalt nur den oben genannten Betrag zahlt. Kurzum: Wollen Sie als Arbeitsloser im Widerspruchsverfahren weitgehend von Kosten verschont bleiben und kommen Sie weder in den Genuß einer gewerkschaftlichen Vertretung noch einer Rechtsschutzversicherung, so ist Ihnen zu empfehlen, den Widerspruch nach obigem Muster selbst zu verfassen und zu begründen. Spätestens mit dem Vorliegen des anschließenden Widerspruchsbescheides, der Ihrem Begehren nicht oder nicht voll abhilft, können Sie – Bedürftigkeit vorausgesetzt – für die Vergütung Ihres Anwaltes im Klageverfahren Prozeßkostenhilfe beantragen.

b) Klage

Auch hier geht es praktisch wieder um Ihre eigenen Kosten etwa für Ihren Anwalt im Falle des Unterliegens. Denn die Kosten des Arbeitsamtes trägt stets das Arbeitsamt selbst (§ 193 Abs. 4 SGG), auch wenn das Arbeitsamt den Prozeß voll gewinnt und einen Rechtsanwalt beauftragt und bezahlt (BSG SozR 1500 § 193 Nr. 2). In der Praxis treten die Arbeitsämter in jeder Instanz ohne Rechtsanwalt auf.

Auch Gerichtskosten werden – übrigens in allen drei Instanzen – nicht erhoben, auch nicht für Zeugen und Sachverständige (§ 183 SGG), es sei denn, es würden durch Mutwillen, Verschleppung oder Irreführung Kosten entstehen. Mutwillen ist z. B. anzunehmen, wenn der Kläger weiß, daß er ein – der Rechtslage zweifelsfrei entsprechendes – ablehnendes Urteil erhält und dennoch hierauf besteht, statt die Klage zurückzunehmen (§ 192 SGG).

Besteht eine Rechtsschutzversicherung mit Einschluß von Sozialrechtsschutz oder sind Sie Gewerkschaftsmitglied und wollen sich von dem Rechtsbeistand der Gewerkschaft vertreten lassen, so entstehen Ihnen keine Kosten. Wenn Sie dagegen einen Anwalt bevollmächtigen – was vor dem Bundessozialgericht zwingend ist, sonst in Ihrer Entscheidung steht (§ 166 SGG) –, so steht dem Anwalt in erster Instanz eine Rahmengebühr zwischen 100 DM und 1300 DM, in der Praxis meist die Mittelgebühr von 700 DM plus Auslagen und Mehrwertsteuer zu (Stand 1999). Auch hier werden in der Praxis meist höhere Honorare vereinbart, jedoch vom Arbeitsamt, falls dieses den Prozeß verliert, nur der Betrag in der Regel zwischen der Mittelgebühr und der höchsten Rahmengebühr, je nach Arbeitsanfall und Bedeutung des Rechtsstreites für den Kläger, erstattet.

Ein Prozeß, den Sie ohne Anwalt führen und verlieren, verlieren Sie kostenfrei zum „Nulltarif". Auch mit einem eigenen Anwalt kann ein Prozeßverlust kostenfrei sein, wenn Ihnen Prozeßkostenhilfe zusteht (§ 73 a SGG). Praktisch bedeutet die Prozeßkostenhilfe, da Ihnen sonst keine Kosten entstehen, die Übernahme der Kosten für Ihren eigenen Anwalt durch die Bundes- oder Landeskasse (§ 122 ZPO). Eine darüber hinausgehende Honorarvereinbarung mit dem Anwalt ist ungültig (§ 122 Abs. 1 Nr. 3 ZPO).

Voraussetzung für die Prozeßkostenhilfe sind ein Antrag beim Sozialgericht (den auch Ihr Anwalt stellen kann), Bedürftigkeit und hinreichende Erfolgsaussicht (§ 114 ZPO).

Volle Bedürftigkeit und damit Kostenfreiheit ist für Sie gegeben, wenn Ihr bereinigtes Nettoeinkommen 30,– DM nicht übersteigt.

Das bereinigte Nettoeinkommen errechnet sich aus der Summe Ihrer Einkünfte in Geld oder Geldeswert abzüglich bestimmter Beträge.

Letztere sind insbesondere:

• Steuern,

• Pflichtbeiträge zur Sozialversicherung einschließlich der Arbeitslosenversicherung,

• Beiträge zu öffentlichen oder privaten Versicherungen etc., soweit diese gesetzlich vorgeschrieben oder nach Grund und Höhe angemessen sind,

• Werbungskosten,
    – jeweils 672,– DM (Stand: 1. 7. 1999) für den Antragsteller und dessen Ehegatten,
    – jeweils 473,– DM (Stand: 1. 7. 1999) für jede Person, der gegenüber Sie gesetzlich zur Zahlung von Unterhalt verpflichtet sind,

• Kosten für Unterkunft und Heizung,

• angemessene weitere Beträge aus besonderen Belastungen.

Formulare, in die die Einzelheiten insoweit einzutragen sind, hält Ihr Anwalt oder das Gericht für Sie bereit.

Auch bei einem höheren Nettoeinkommen kann Prozeßkostenhilfe gewährt werden. Doch erschöpft sich diese darin, die Anwaltskosten der Landeskasse in zinslosen Raten zu erstatten, während die Landeskasse Ihrem Anwalt das Honorar als Einmalzahlung vergütet. Mit den Raten sollten Sie nicht in Rückstand geraten, da das Gericht bei einem Rückstand von mehr als 3 Monatsraten die Prozeßkostenhilfe entziehen kann (§ 124 Nr. 4 ZPO).

Eigenes Vermögen muß in zumutbarer Weise eingesetzt werden, soweit es z. B. ein kleines Hausgrundstück, angemessenen Hausrat, Bargeld in Höhe von 4000,– DM für den Antragsteller zuzüglich 400,– DM für jede unterhaltsberechtigte Person übersteigt.

Ihre eigenen Auslagen (Fahrkosten, Nebenverdienstausfall etc.) erstattet das Gericht auf Ihren Antrag, wenn Sie als Kläger vor Gericht persönlich geladen sind oder das Gericht auch ohne ausdrückliche Ladung Ihr Erscheinen hinterher für geboten hält, z. B. weil Sie zur Aufklärung des Sachverhaltes beigetragen haben (§ 191 SGG).

6. Erfolgsaussichten

Eine erhebliche Zahl von Widerspruchs- bzw. Klageverfahren hat in vollem Umfang oder zum Teil Erfolg.

Die Widerspruchsstellen prüfen jeden Fall nochmals völlig selbständig; hinzukommt, daß im zweiten Anlauf offenbar von beiden Seiten Sachverhalte und Argumente gründlicher zusammengetragen und abgewogen werden als zuvor. Sie können auch schon, bevor Sie entscheiden, ob Sie Widerspruch einlegen wollen, die Widerspruchsstelle Ihres Arbeitsamtes aufsuchen und mit dem Sachbearbeiter Ihren Fall mündlich durchgehen, ggf. dort auch Ihren Widerspruch durch eine Niederschrift zu Protokoll von dem Sachbearbeiter schriftlich abfassen lassen, nach Durchsicht unterschreiben und gleich abgeben.

Sollte es zum Prozeß kommen und Sie allein oder mit ihrem Anwalt oder Rechtsbeistand (etwa der Gewerkschaft) an der mündlichen Verhandlung teilnehmen, so empfiehlt es sich, schon zuvor einmal bei einer öffentlichen Verhandlung als Zuhörer anwesend zu sein, um mit der Situation vor Gericht vertraut zu werden. Die Geschäftsstelle der nach Ihrem Aktenzeichen zuständigen Kammer des Sozialgerichtes gibt Ihnen Auskunft, welcher Richter für Sie zuständig ist und für wann dieser öffentliche Verhandlungen anberaumt hat.

7. Versäumnis von Fristen – Wiedereinsetzung

Waren Sie ohne Verschulden – infolge Krankheit, Unfall, Urlaub etc. – daran gehindert, die Widerspruchsfrist oder die Klagefrist einzuhalten, so kann Ihnen auf Antrag vom Arbeitsamt (bei Widerspruch) bzw. vom Sozialgericht (bei Klage) „Wiedereinsetzung in den vorigen Stand" gewährt werden. Damit wird Ihre Rechtsposition in den Stand der Dinge zurückgesetzt, wie er vorher bestand, so daß nunmehr der versäumte Widerspruch bzw. die versäumte Klage als rechtzeig erhoben gilt. Widerspruch bzw. Klage müssen allerdings innerhalb von 2 Wochen (bei Widerspruch) bzw. eines Monats (bei Klage) nach Wegfall des Hindernisses (z.B. der Krankheit) erhoben werden. Nach einem Jahr seit dem Ende der versäumten Frist entfällt eine Wiedereinsetzung, es sei denn, es liegt höhere Gewalt (außergewöhnliche Ereignisse, Unruhen etc.) vor (§ 27 SGB X und § 67 SGG).

Entscheidend ist die „unverschuldete Verhinderung". Bei Krankheit müssen Sie ernstlich erkrankt sein (eine Grippe reicht nicht aus, wohl aber eine plötzliche Blinddarmoperation), so daß Sie weder selbst handeln noch einen Bevollmächtigten beauftragen konnten. Das gleiche gilt bei einem Unfall. Wer an dem Unfall schuld ist, spielt keine Rolle. Heikel ist die Urlaubsfrage: Einerseits brauchen Sie keine besonderen Vorkehrungen für mögliche Zustellungen und Nachsendungen treffen, wenn Sie sich für längstens 6 Wochen anderswo aufhalten (BVerfGE 40, 332); andererseits müssen Sie besondere Vorkehrungen treffen, wenn Sie mit einer alsbaldigen Zustellung rechnen mußten (BVerfG a. a. O.). Was im einzelnen Fall jeweils vorliegt, kann strittig sein. Arbeitsüberlastung, mangelnde Rechtskenntnis oder falsche Fristberechnung entschuldigen jedenfalls nicht. Der Fall einer 6-wöchigen Abwesenheit ist keineswegs theoretisch: 6 Wochen Urlaub ist auch bei einem Arbeitslosen nach Absprache mit seinem Hauptvermittler möglich.

Wollen Sie daher in jedem Fall sichergehen und die Frist wahren, so ist Ihnen jedenfalls im Inland und mit fester Urlaubsanschrift ein Postnachsendeantrag möglich oder – z. B. bei einem Urlaub mit wechselnden Urlaubszielen oder im Ausland – ein vorbereiteter Blanko-Widerspruch mit Unterschrift (Widerspruch nach obigem Muster), den eine Person Ihres Vertrauens nach Empfang und Öffnung der Post mit den Daten des Bescheides und des Zuganges vervollständigt und abschickt. In dem Widerspruch steht dann am Ende: „*Begründung:* (folgt nach Rückkehr aus meinem Urlaub)". Unterschrift (vor der Reise schon unterzeichnet).

Auf die gleiche Weise kann vorbeugend auch die Klage vorbereitet und eingereicht werden. Haben Sie einen Widerspruch bzw. eine Klage nicht vorbereitet und auch nicht mit alsbaldiger Zustellung rechnen müssen oder haben Sie aus anderen Gründen (z. B. wegen einer nachweisbar falschen Auskunft) unverschuldet die Frist versäumt, so müssen Sie innerhalb der zweiwöchigen Frist (bei Widerspruch) oder der einmonatigen Frist (bei Klage) *beide Rechtshandlungen* vornehmen: den Wiedereinsetzungsantrag und zugleich den Widerspruch bzw. die Klage. Dies geschieht im gleichen Schriftsatz, d. h. der Wiedereinsetzungsantrag wird an Ihren Widerspruch oder an Ihre Klage (Muster siehe oben) wie folgt angefügt:

„Zugleich beantrage ich, mir wegen Versäumnis der Widerspruchsfrist (oder Klagefrist)

Wiedereinsetzung in den vorigen Stand

zu gewähren.

Begründung:

Mein Urlaub betrug nach Absprache mit dem Hauptvermittler 5 Wochen und währte vom 6. 9. bis 10. 10. 1999. Mit einer so schnellen Zustellung des Bescheides vom Arbeitsamt bereits in der ersten Urlaubswoche, nämlich am 8. 9. 1999, mußte ich nicht rechnen. Ein Nachsendeantrag war aufgrund wechselnder Campingplätze nicht möglich. Als Belege zur Glaubhaftmachung füge ich die Campingplatz-Quittungen und Benzin-Quittungen bei. Meine Ehefrau, die mich begleitete, kann die Urlaubsfahrt und -dauer bestätigen. Da ich erst seit gestern wieder zurück bin, ist durch den heutigen Widerspruch samt Wiedereinsetzungsantrag die 2-Wochenfrist eingehalten.

Unterschrift".

Das gleiche gilt für einen Wiedereinsetzungsantrag, der an eine verspätet eingereichte Klage angehängt wird, mit dem Unterschied, daß die Frist, das Versäumte nachzuholen, einen Monat beträgt.

Soweit Belege vorhanden sind (z. B. Krankenhausbescheinigung, Arztattest), sind sie beizufügen. Andererseits dürfen an die Glaubhaftmachung keine zu strengen Anforderungen gestellt werden. Unter Umständen genügt eine „schlichte" Erklärung, wenn es sich um einen nach der Lebenserfahrung naheliegenden Versäumnisgrund (Urlaub in der allgemeinen Ferienzeit) handelt (BVerfGE 41, 340).

8. Sonstige Rechtsbehelfe

a) Antrag auf Aussetzung der Entscheidung

Erhalten Sie einen Bescheid, der eine laufende Leistung (Arbeitslosengeld, -hilfe, Unterhaltsgeld etc.) für die Zukunft entzieht, so wird trotz Widerspruch, ja selbst Klage die Zahlung sofort eingestellt. Weder Widerspruch noch Klage haben aufschiebende Wirkung. In beiden Verfahrensstufen können Sie jedoch beim Arbeitsamt bzw. beim Sozialgericht zugleich mit dem Widerspruch bzw. der Klage beantragen, den sofortigen Vollzug des Bescheides auszusetzen und die Zahlung fortzusetzen, bis über Ihren Widerspruch oder Ihre Klage entschieden ist (§§ 86 Abs. 3 bzw. 97 Abs. 2 SGG).

Dieses Vorgehen hätte bei Erfolg den Vorteil, daß die Zahlungen zunächst weiter gewährt werden, bis das streitige Verfahren entschieden ist. Anschließend könnten Sie, falls Sie unterliegen, Stundung, Ratenzahlung oder Niederschlagung (Verzicht) beantragen. Allerdings sind die Erfolgsaussichten für einen solchen Antrag gering, denn das öffentliche Interesse der Beitrags- bzw. Steuerzahler ist gegen Ihre finanzielle Notsituation abzuwägen und der Erfolg Ihres Widerspruches oder Ihrer Klage muß zumindest ebenso wahrscheinlich sein wie der Mißerfolg.

Betrifft der Bescheid demgegenüber die Rückforderung bereits gewährter Leistungen (z.B., weil nachträglich festgestellt wird, daß Sie Nebeneinkommen erzielt haben und Ihnen deshalb Arbeitslosengeld nur in geringerer Höhe zustand), haben Widerspruch und Klage aufschiebende Wirkung (§§ 86 Abs. 2, 97 Abs. 1 Nr. 2 SGG). Diese ist von Amts wegen zu beachten; eines gesonderten Antrages bedarf es nicht. Es ist jedoch kein Fehler, im Zusammenhang mit dem Widerspruch bzw. der Klage hierauf aufmerksam zu machen, damit dies nicht übersehen und möglicherweise ein Teil Ihrer Leistungen zur Tilgung des Rückforderungsbetrages bereits zu einem Zeitpunkt einbehalten wird, in dem das Verfahren noch nicht beendet ist.

b) Untätigkeitsklage

Bleibt das Arbeitsamt auf Ihren Antrag untätig, so ist eine Untätigkeitsklage erst sechs Monate nach Antragstellung zulässig (§ 88

Abs. 1 SGG). Der Fall tritt kaum ein. Anders sieht es mit der ausstehenden Entscheidung über einen von Ihnen eingelegten Widerspruch aus. Hierüber muß die Widerspruchsstelle binnen eines Monats entscheiden (§ 88 Abs. 2 SGG). Die Untätigkeitsklage hat aber nur Erfolg, wenn das Arbeitsamt ohne zureichenden Grund nicht in angemessener Zeit entschieden hat. Als zureichenden Grund sehen die Sozialgerichte jedoch an: Personalmangel, vorübergehende besondere Belastung (z. B. wegen einer Gesetzesänderung) oder auch Einholung eines Gutachtens in einem schwierigen Fall. Wenn Anwälte prompt einen Monat nach Einlegung eines Widerspruches bei den Sozialgerichten Untätigkeitsklage erheben, so ist dem kaum Erfolg beschieden, zumal dann nicht, wenn der Antragsteller zuvor einen Zwischenbescheid erhalten hat. Anders sieht es aus, wenn nach der Einlegung des Widerspruches zwei oder gar drei Monate vergehen, keine besonders langwierigen Ermittlungen anzustellen sind und auch ein Zwischenbescheid nicht erteilt wurde.

c) Dienstaufsichtsbeschwerde

Dieser Rechtsbehelf ist *formlos* (ein einfacher Brief an den Direktor des Arbeitsamtes oder an den Präsidenten des Landesarbeitsamtes genügt); er ist *fristlos* zu jeder Zeit möglich, er ist jedoch keineswegs *fruchtlos,* wenn er sich auf seine Funktion beschränkt. Die Dienstaufsichtsbeschwerde eignet sich nicht, wenn Streit über die Frage, ob, ab wann oder in welcher Höhe ein Anspruch auf Arbeitslosengeld oder Arbeitslosenhilfe besteht, sondern hilft im Einzelfall ab, wenn es um die Art geht, wie man Sie behandelt hat. Beispielsweise könnte ein Mitarbeiter, dessen Ehe gestört ist, zum heimlichen Trinker geworden sein und zu Ihnen und anderen Antragstellern beleidigend, provozierend oder aggressiv sein. Wenn sich, was vorkommt, dabei die Beschwerden von verschiedenen Seiten häufen, so kann man sicher sein, daß die Vorgesetzten den Vorfällen nachgehen und Abhilfe schaffen werden.

V. Bußgeld und Strafe

Hier geht es vor allem um wissentlich oder fahrlässig unterlassene, unrichtige, unvollständige oder verspätet mitgeteilte Angaben. In den Anträgen der Arbeitsämter unterschreibt jeder Antragsteller am Ende die entsprechende Erklärung:

„Ich versichere, daß die vorstehend gemachten Angaben zutreffen. Mir ist bekannt, daß ich dem Arbeitsamt sofort alle Veränderungen anzuzeigen habe, die gegenüber den in diesem Antrag angegebenen Verhältnissen eintreten. Das Merkblatt Nr. 1 für Arbeitslose („Ihre Rechte – Ihre Pflichten"), in dem auf die Mitteilungspflichten im einzelnen hingewiesen ist, habe ich erhalten und von seinem Inhalt Kenntnis genommen."

Daß das Arbeitsamt bei Verstoß gegen eine der zahlreichen Mitwirkungspflichten (z. B. unterlassener Nachweis über die Höhe von Nebeneinkommen) und nach erfolgloser Abmahnung die Leistung bis zur Nachholung der Mitwirkung ganz oder teilweise versagen kann (§ 66 Abs. 1 und 3 SGB I) ist nur eine Seite der Medaille und dem Gesetzgeber nicht genug.

Zum einen droht jedem ein *Bußgeld* bis zu 3000 DM, der eine *Änderung* in den Verhältnissen, die für einen Anspruch für eine laufende Leistung erheblich ist, nicht, nicht richtig, nicht vollständig oder nicht unverzüglich anzeigt (§ 404 Abs. 2 Nr. 23 SGB III in Verbindung mit § 60 Abs. 1 Nr. 2 SGB I).

Zum anderen droht *Strafe* wegen Betrugs demjenigen, der wissentlich bei der Antragstellung falsche oder unvollständige Angaben macht.

Beispiel: Studenten, welche bei der Arbeitslosmeldung die Frage im Antrag: „Besuchen Sie als Student eine Hochschule oder werden Sie in den kommenden Monaten eine solche Ausbildung beginnen oder fortsetzen?" bewußt falsch, d. h. mit Nein beantworten, müssen mit einem staatsanwaltschaftlichen Ermittlungsverfahren rechnen. Da Studenten nur unter bestimmten Voraussetzungen Arbeitslosengeld oder Arbeitslosenhilfe beziehen können, ist solches Verhalten je nach Sachlage als versuchter oder vollendeter Betrug strafbar (§ 263 Strafgesetzbuch: Geldstrafe oder Freiheitsentzug).

Sind die Angaben *von Anfang an wissentlich* falsch oder unvollständig, so droht die *Versagung* der Leistung (vorübergehend oder endgültig, ganz oder teilweise) *und Strafe.* Werden dagegen *spätere Änderungen wissentlich* überhaupt nicht, falsch, unvollständig oder verspätet mitgeteilt, so droht neben *Versagung* der Leistung wegen des *Zusammentreffens einer Ordnungswidrigkeit und einer Straftat* entweder eine Geldstrafe nach dem Strafgesetzbuch oder ein Bußgeld, wobei das Strafgesetz vorrangig angewandt wird. Wird jedoch eine Strafe nicht verhängt, so kann die Handlung als Ordnungswidrigkeit mit Bußgeld geahndet werden (§ 21 des Gesetzes über Ordnungswidrigkeiten).

Beispiel: Bei einer Razzia des Gewerbeaußendienstes nach dem Gesetz zur Bekämpfung von Schwarzarbeit wird in einem Nachtclub eine arbeitslose Nackttänzerin angetroffen, die ihren Nebenverdienst aus nachweisbar 11 Nächten dem AA nicht gemeldet hatte. Vermögensschaden durch diesen Sozialleistungsbetrug: DM 550 für das Arbeitsamt. Abgesehen von der Rückzahlung ist mit dem Erlaß eines Strafbefehles wegen Betruges zu rechnen.

D. Weitere Leistungen des Arbeitsamtes

Anstatt Arbeitslosengeld oder Arbeitslosenhilfe können für Sie andere Leistungen – vor allem Unterhaltsgeld – des Arbeitsamtes in Frage kommen, auf die Sie bei Vorliegen der Voraussetzungen einen Rechtsanspruch haben können. Vor allem geht es um die berufliche Aus- und Weiterbildung.

Die Bundesanstalt für Arbeit gibt über ihre Arbeitsämter über diese und andere Leistungen kostenlos ausführliche Informationen heraus, in denen die Voraussetzungen, die Art und die Höhe der Leistungen mit Rechenbeispielen erklärt werden und auf die hier verwiesen werden kann:

- Berufliche Weiterbildung – Unterhaltsgeld etc. (§§ 77–96, 153–159 SGB III) – *Merkblatt 6,*
- Berufsausbildungsbeihilfe (BAB) für Auszubildende und Arbeitslose (§§ 59–76 SGB III) – in: Ratsuchende der Berufsberatung, – *Merkblatt 11,*
- Förderung der Aufnahme von Arbeit oder selbständiger Tätigkeit – Bewerbungs- und Reisekosten (§§ 45–47 SGB III), Umzugskosten, Trennungsbeihilfen, Arbeitsausrüstung, Übergangsbeihilfen bis zur ersten Entgeltzahlung, Überbrückungsgeld bei Aufnahme einer selbständigen Tätigkeit (§§ 53–58 SGB III) – *Merkblatt 3,*
- Berufliche Rehabilitation – Maßnahmen und Leistungen (§§ 97–115, 160–168 SGB III) – *Merkblatt 12,*
- Kurzarbeitergeld für Arbeitnehmer (§§ 169–182 SGB III) – *Merkblatt 8,*
- Winterbauförderung für Arbeitnehmer – Wintergeld, Winterausfallgeld (§§ 209–216 SGB III) – *Merkblatt 4,*
- Arbeitsbeschaffungsmaßnahmen – Zuschüsse, Darlehen für zusätzliche Arbeitsplätze (§§ 260–271 SGB III) – *Merkblatt 9,*
- Merkblatt für arbeitslose Ausländer in fremdsprachlichen Fassungen

E. Sozialhilfe

I. Wann und wofür können Sie Sozialhilfe beantragen?

Arbeitslose, die Arbeit suchen, können in drei Fällen beim Sozialamt Hilfe zum Lebensunterhalt beantragen:
1. Sie beziehen keine Leistungen vom Arbeitsamt.
2. Sie beziehen nur geringe Leistungen (Sozialhilfe zur Aufstockkung).
3. Ihr Anspruch ist dem Grunde nach fraglich und wird geprüft (Sozialhilfe bis zur endgültigen Feststellung Ihres Anspruches).

In allen Fällen muß der Arbeitslose dem Sozialamt eine entsprechende Bescheinigung des Arbeitsamtes vorlegen, mit der er sein Arbeitsgesuch nachweist. Besteht dagegen zweifelsfrei ein Anspruch auf Arbeitslosengeld oder Arbeitslosenhilfe, dauert jedoch die erste Zahlung einige Wochen, so soll im Notfall – nach Vereinbarung zwischen Arbeitsämtern und Sozialämtern – in der Regel das Arbeitsamt einen Vorschuß nach § 42 Abs. 1 SGB I leisten. Überbrückende Sozialhilfe wird dann nur ausnahmsweise gewährt. Im übrigen wird Ihnen auch vom Arbeitsamt im allgemeinen angesonnen, für eine Überbrückung von nur wenigen Wochen zunächst einmal vom letzten Gehalt, von ihren Ersparnissen, unter Umständen vom Krankengeld zu leben.

Anspruch auf Sozialhilfe hat auch, wer vorübergehend keine Leistungen des Arbeitsamtes bezieht, z.B. weil ein Sperrzeitbescheid wegen eigener Kündigung ohne wichtigen Grund oder wegen Ablehnung eines zumutbaren Arbeitsplatzes ergangen ist. Die Hilfe zum Lebensunterhalt umfaßt nach § 12 des BSHG besonders Ernährung, Unterkunft, Kleidung, Körperpflege, Hausrat, Heizung und persönliche Bedürfnisse des täglichen Lebens. Dieser Lebensbedarf wird in der Praxis in Regelsätzen (nach Lebensalter der Hilfeempfänger gestaffelt), Mehrbedarfszuschlägen für besondere Fälle zuzüglich der Kosten für Miete und Heizung schematisch ermittelt.

Neben der „Hilfe zum Lebensunterhalt" (oder auch allein) kann „Hilfe in besonderen Lebenslagen" in Betracht kommen. Diese umfaßt Hilfe zum Aufbau oder zur Sicherung der Lebensgrundlage, vorbeugende Gesundheitshilfe, Krankenhilfe, Hilfe zur Familienplanung, Hilfe für werdende Mütter und Wöchnerinnen, Hilfe zur Pflege, Hilfe zur Weiterführung des Haushalts, Hilfe zur Überwindung besonderer sozialer Schwierigkeiten, Altenhilfe, Blindenhilfe sowie Hilfe in anderen besonderen Lebenslagen (§ 27 Abs. 1 und 2 BSHG).

Sozialhilfe wird nur nachrangig gewährt, also nicht gezahlt, wenn Sie sich selbst oder durch die Hilfe Ihrer Angehörigen helfen können (§ 2 Abs. 1 BSHG). Bei der Hilfe zum Lebensunterhalt muß das gesamte Einkommen mit eingesetzt werden, welches Sie selbst, Ihr im gemeinsamen Haushalt lebender Ehegatte oder – wenn Sie minderjährig sind und bei den Eltern leben – Ihre Eltern verdienen. Bei Hilfen in besonderen Lebenslagen muß das Einkommen der genannten Personen lediglich in zumutbaren Grenzen eingesetzt werden (§§ 79 ff. BSHG). Die Höhe des nicht anrechenbaren Einkommens des nicht dauernd getrennt lebenden Ehegatten setzt sich dabei zusammen aus einem jährlich neu festzusetzenden Grundbetrag (1050,– DM/Monat; Stand 1. 7. 1999), den Kosten für die Wohnung sowie einem Familienzuschlag in Höhe von 80 % des Regelsatzes eines Haushaltsvorstandes (in Baden-Württemberg: 438,40 DM/Monat; Stand: 1. 7. 1999) für den Ehegatten und für jede weitere Person, die der Hilfebedürftige oder sein Ehegatte überwiegend unterhält.

Im Falle eines minderjährigen Hilfebedürftigen kommt für diesen ein weiterer Familienzuschlag in Höhe von 80 % des Regelsatzes eines Haushaltsvorstandes hinzu. In beiden Hilfefällen müssen Sie und Ihre Angehörigen verwertbares Vermögen in zumutbaren Grenzen einsetzen.

Können oder wollen diese Angehörigen nicht zahlen, so entscheidet das Sozialamt nach seinem pflichtgemäßen Ermessen, ob es Ihnen vorleistet und damit Ansprüche gegen Ihre Angehörigen auf sich überleitet (Rückgriff gegen Verwandte ersten Grades nach §§ 90, 91 BSHG) oder ob man Sie auf Ihren Ansprüchen gegen Ihre Angehörigen „sitzenläßt". Letzteres ist dann bedenklich, wenn die Hilfe keinen Aufschub verträgt oder die Leistungsfähigkeit der Angehörigen zweifelhaft ist. Rechtsmittel hiergegen ist ein Antrag auf einstweilige Anordnung beim Verwaltungsgericht, den

Sie entweder über einen Anwalt stellen können (der zugleich einen Antrag auf Prozeßkostenhilfe aufnehmen kann) oder in der Weise, daß Sie sich selbst vertreten, indem Sie die einstweilige Anordnung zur Niederschrift beim Rechtspfleger des Verwaltungsgerichtes erklären.

Mit Ihrem Antrag auf Sozialhilfe sollten Sie dem Sozialamt vorlegen:

– Personalausweis,
– Bescheinigung des Arbeitsamtes, Bewilligungsbescheid oder Sperrzeitbescheid,
– Nachweis über Nebeneinkünfte,
– Lohnsteuerkarte,
– Mietvertrag,
– Wohngeldbescheid,
– Kindergeldbescheid,
– Versicherungspolicen und Prämienquittungen,
– Aufstellung über Ihre monatlichen Aufwendungen: Miete, Heizung, Strom, Gas, Ratenschulden.

II. Zumutbare Arbeit bei Hilfe zum Lebensunterhalt

1. Pflicht zur Arbeit gegen Entgelt

Ebenso wie das Arbeitsförderungsgesetz bei Arbeitslosen bestimmt auch das Bundessozialhilfegesetz, daß jeder Hilfesuchende sich der Arbeitsvermittlung zur Verfügung stellen und notfalls eine Arbeit zumuten muß, die unterhalb der früheren Ausbildung bzw. der früheren beruflichen Tätigkeit liegt, die schlechter bezahlt wird und die gegenüber früher einen weiteren Arbeitsweg aufweist (§ 18 BSHG).

Folglich muß sich jeder Sozialhilfeempfänger, der arbeiten kann, beim Arbeitsamt registrieren lassen. Weigert er sich, eine ihm angebotene zumutbare Arbeit anzunehmen oder zu beginnen oder zieht er sein Arbeitsgesuch zurück, so benachrichtigt das Arbeitsamt das Sozialamt mit der Folge, daß die Hilfe zum Lebensunterhalt abgelehnt werden kann. Auf ein bloßes Warten auf passende

Stellennachweise dürfen sich Hilfesuchende nicht beschränken. „Wer sich weigert, zumutbare Arbeit zu leisten, hat keinen Anspruch auf Sozialhilfe." (§ 25 Abs. 1 BSHG).

Ebenso wie nunmehr auch im Recht der Arbeitsförderung, muß der Empfänger von Sozialhilfe sich selbst aktiv um Arbeit bemühen (§ 18 Abs. 2 S. 1 BSHG).

2. Pflicht zu gemeinnütziger Arbeit

Wer sich weigert, zumutbare gemeinnützige Arbeit zu leisten, verliert den Rechtsanspruch auf Hilfe zum Lebensunterhalt (§ 25 Abs. 1 BSHG). Das schließt nicht aus, daß nach Ermessen gleichwohl Hilfe zum Lebensunterhalt – unter Umständen gekürzt auf das zum Leben Unerläßliche (in der Praxis gekürzt um 25 %) – zu zahlen ist (BVerwG FEVS 1983 S. 265).

Seit längerer Zeit greifen die Träger der Sozialhilfe die seit langem in § 19 Abs. 2 BSHG verankerte Verpflichtung zu gemeinnützigen Arbeiten bei Hilfesuchenden, die keine Arbeit finden können, auf. Dabei kann statt Entgelt Hilfe zum Lebensunterhalt plus Mehraufwandsentschädigung gezahlt werden.

„Gemeinnützig" ist eine Arbeit, die ausschließlich dem allgemeinen Wohl, nicht privaten Erwerbszwecken dient. Die gemeinnützigen Arbeiten müssen für den Träger „zusätzlich" sein, mithin sonst überhaupt nicht oder erst später oder nur in verringertem Umfang in Frage kommen (§ 19 Abs. 2 BSHG vgl. dazu OVG Lüneburg FEVS 1984 S. 25). Man kann darüber streiten, welche Arbeiten darunter fallen. Bei großen Schneemassen ist „Schneeschippen" zusätzlich, weil – Verkehrssicherungspflicht hin oder her – solche Massen nur mit zusätzlichen Hilfskräften schnell geräumt werden können. Schlichte Vertretung – bei Urlaub, Krankheit, Kur oder Schwangerschaft – erscheint dagegen unzulässig, wenn damit die normale Entlohnung umgangen wird; anders, wenn nachweislich sonst niemand die Arbeit durchführt (z. B. nützliche, aber nicht notwendige Parkplatzaufsicht).

Leichte Büroarbeiten (z. B. Anfertigung und Vorbereiten von Formularen, Einsortieren von Ergänzungslieferungen in Loseblattsammlungen) sind nicht zusätzlich, wenn sie im Rahmen eines normalen Dienstverhältnisses ohnehin zu verrichten sind. (VG Berlin, Beschluß vom 19. 3. 1984 – VG 6 A 148.84 – in: info/also 4/85 S. 35.) Erst recht sind Arbeiten in der Registratur, Poststelle und Mahnabteilung eines Amtsgerichts nicht zusätzlich, da sie ohne Verzug durchzuführen sind. Solche Arbeiten begründen ein privatrechtliches Arbeitsverhältnis (VG Berlin Urt. v. 1. 3. 1988 VG 8 A 142.86 info also 1990, 35)

Als solche gemeinnützigen und zusätzlichen Arbeiten – sog. GZ-Arbeiten – kommen in der Praxis vor:

In Berlin:
Arbeitsarten: Laub fegen, Papier aufsammeln in Grünanlagen, Sauberhalten von Gemeinflächen, Unkraut jäten, Reinigung der Uferanlagen, der Spielplätze und von Freizeitanlagen ganz allgemein (z.B. im Bereich der Gartenbauämter und Friedhofsverwaltungen). Vorlesen, Begleitung auf Spaziergängen sowie allgemeiner Art (im Bereich der Senioren- und Krankenheime sowie der Krankenhausbetriebe), Hausdienste (im Bereich von Einrichtungen und Behörden), Renovierungsarbeiten (die sonst gegenwärtig nicht durchgeführt werden könnten), zusätzliche Hilfsdienste in Einrichtungen.

In München:
Reinigung und Wartung im Tierpark Hellabrunn; Fegen der Treppen im Olympiastadion; Büro- und Lagerarbeiten sowie Schneeräumen.

Weitere GZ-Arbeiten:
Vorlesen und Begleiten beim Spaziergang im Altersheim; Katalog- und Sortierarbeiten in Archiven, Büchereien, Museen und bei Dokumentationen, Nachhilfearbeiten, Hilfsarbeiten in Bau- und Lagerhöfen, in Freibädern, Kindergärten und Krankenhäusern.

Werden Sie zu solchen Arbeiten aufgefordert, so ist dieser Bescheid mit Widerspruch und Anfechtungsklage angreifbar. Die Aufforderung muß hinreichend genau bestimmen, was Sie genau, wie oft, wie lange, zu welchen Uhrzeiten und zu welchem Entgelt oder zu welcher Aufwandsentschädigung zu tun haben. Lehnen Sie allerdings grundsätzlich jegliche gemeinnützige Arbeiten ab, so braucht das Sozialamt auch keine Details zu nennen, um anschließend die Zahlung kürzen zu können (OVG Berlin FEVS 1983 S. 10).

Vielfach werden zwischenzeitlich bei hälftiger tariflicher Wochenarbeitszeit Arbeitsverträge mit Tariflohn angeboten, mit der

Folge, daß der Betroffene versicherungspflichtig beschäftigt ist und einen Anspruch auf Arbeitslosengeld bzw. -hilfe erwerben kann.

Nicht jeder arbeitslose Sozialhilfeempfänger gehört im übrigen zum Kreis derer, „die keine Arbeit finden können" und daher zu GZ-Arbeiten verpflichtet werden können (§ 19 Abs. 1 BSHG).

Beispiel: Ein Sozialarbeiter, der unmittelbar nach seinem Studium ein Vierteljahr arbeitslos ist, bis er sein Anerkennungsjahr beginnen kann, braucht diese Zeit, um Bewerbungen einzureichen und Vorstellungsgespräche zu führen. Er gehört daher noch nicht zu den Personen, „die keine Arbeit finden können". Sozialhilfe darf nicht versagt werden. Eine gewisse Zeit der „Sucharbeitslosigkeit" ist auf jeder Berufsebene dem Arbeitslosen zu belassen (VG Kassel 21. 12. 1982 V/2 E 453/18 in: Münder/Birk, Sozialhilfe und Arbeitslosigkeit 1983 S. 103).

III. Kann die Sozialhilfe wegen eheähnlicher Gemeinschaft eingeschränkt werden?

Personen, die in eheähnlicher Gemeinschaft leben (also nicht zwei Männer oder zwei Frauen!), werden im Sozialhilferecht wie Eheleute behandelt (§ 122 BSGH). Dies führt dazu, daß das Einkommen und Vermögen des einen die Hilfebedürftigkeit des anderen Partners aufhebt oder einschränkt. Hinsichtlich der Frage, wann eine eheähnliche Gemeinschaft vorliegt, ist auf die Entscheidung des Bundesverfassungsgerichtes (BVerfG SozR 3-4100 § 137 Nr. 3) zu verweisen, der sich das Bundesverwaltungsgericht unter Aufgabe seiner bisherigen Rechtsprechung zwischenzeitlich angeschlossen hat (Urteil vom 17. 5. 1995 – 5 C 16/93).

Es gelten im Sozialhilferecht nunmehr also die gleichen Grundsätze wie im Recht der Arbeitslosenhilfe, weshalb insofern auf die Ausführungen unter B V, S. 167 f, verwiesen werden kann. Nimmt das Sozialamt eine eheähnliche Gemeinschaft an, so werden Einkommen und Vermögen des Partners bei der Sozialhilfe in gleicher Weise berücksichtigt, wie dies bei nicht getrennt lebenden Ehegatten der Fall ist.

Die verfassungsrechtliche Lage ergibt, daß sich der Staat nicht neutral verhalten kann. Dies zeigt auch das Ehegatten-Splitting. Die Ehe steht unter dem besonderen Schutz der staatlichen Ordnung (Artikel 6 Abs. 1 Grundgesetz), die eheähnliche Gemeinschaft dagegen nicht: Würde letzere in der Sozialhilfe begünstigt, so würde vermutlich weniger bzw. später geheiratet, um (mehr) Sozialhilfe zu erhalten. Ein moralischer Druck zum Heiraten wird damit nicht ausgeübt; die eheähnliche Gemeinschaft wird nur nicht besser als die Ehe gestellt.

Ob zwei Partner in eheähnlicher Gemeinschaft leben, muß das Sozialamt ermitteln, nach allgemeiner Lebenserfahrung beurteilen und entscheiden und notfalls vor dem Verwaltungsgericht in zwei Tatsacheninstanzen beweisen.

Wenngleich die Besichtigung der Wohnung zu den Aufklärungsmaßnahmen gehört, die das Sozialamt nach § 20 Abs. 1 SGB X ergreifen kann, soweit vernünftige Zweifel an der Armut des Hilfesuchenden bestehen, so ist es umstritten, ob die Duldung eines solchen Hausbesuchs zu den gesetzlich beschriebenen Mitwirkungspflichten des Hilfesuchenden nach den §§ 60–65 SGB I gehört. So hat der Hessische Verwaltungsgerichtshof dazu ausgeführt, daß, um die Annahme einer eheähnlichen Gemeinschaft (§ 122 BSHG) auszuschließen, bei Fehlen anderweitiger Verdachtsmomente die Vorlage entsprechender eidesstattlicher Versicherungen genüge. Einen Hausbesuch müsse der Sozialhilfeberechtigte dann nicht gestatten (Hess. VGH, Beschluß vom 18. 11. 1985 – 9 TG 974/85 in: info/also 1/1986 S. 34).

Spätestens im Rahmen von Gerichtsverfahren muß damit gerechnet werden, daß zu den möglichen Indizien, die für eine eheähnliche Gemeinschaft sprechen, Zeugen gehört werden.

Sachverzeichnis

Abfindung: siehe Entlassungs-
entschädigung 93 ff.
Abtreibung 27
Abzahlungsschulden 150
Ältere Arbeitslose 46 ff.
Ärztliche Untersuchung 123
Altersrente 46 ff.
Anschluß-Arbeitslosenhilfe 137,
143
Anspruchsdauer 50 ff.
– Anwartschaftszeit 37 ff., 50 ff.
– Beschäftigungsdauer 50 ff.
– Höchstanspruch 50
– Meldepflicht-Versäumnis 55,
123 ff.
– Minderung 53 ff.
– Mitwirkungspflicht-
Versäumnis 55
– Rahmenfrist 37 ff., 50 ff.
– Restanspruch 53
– saisonbedingte Arbeitslosigkeit
51
– Sperrzeit 54 f.
– Teilarbeitslosengeld 53, 86 ff.
Anspruchsübergang
– Rentenansprüche 29
– restliches Gehalt 92 f.
– Unterhaltsansprüche 166 f.
Antrag auf Arbeitslosengeld 37
Anwartschaftszeit 37 ff., 139 ff.
– Arbeitsunfähigkeit 43, 140
– Auslandstätigkeit 39, 139
– versicherungsfreie Zeiten 43 f.,
140
– Beschäftigungszeiten 42, 139 ff.
– Erfüllung aus sozialen Grün-
den 42 f., 139 f.

– Krankengeldbezugszeiten 42,
139 f.
– Rahmenfrist 37 ff., 50 ff.
– Sperrzeit 54 f.
– Unterbrechung 44
Arbeitnehmer-Eigenschaft 1 f.
Arbeitsangebot, Ablehnung
118 ff. (s. auch zumutbare
Arbeit bzw. Sperrzeit)
Arbeitsaufnahme, Mobilitäts-
hilfen 32 f., 203
Arbeitsbeschaffungsmaßnah-
men 203
Arbeitsentgelt (s. auch Bemes-
sungsgrundlage) 56 ff.
Arbeitsfähigkeit 6 ff.
Arbeitskampf 89 ff.
Arbeitslosengeld (s. auch An-
spruchsdauer, Bemessungs-
grundlage, Bemessungszeit-
raum sowie Verfügbarkeit)
– Abschlagszahlung 133 f.
– Anpassung, jährliche 78 f.
– Anwartschaft 37 ff.
– Arbeitsentgelt 56 ff.
– Arbeitslosigkeit (Begriffe) 1 ff.
– Arbeitslosmeldung 33 ff.
– Arbeitsmarkt, übliche Bedin-
gungen 16 ff.
– Arbeitsunfähigkeit 27 f.
– Aufrechnung 135
– Auszahlung an den Ehegatten
134
– Berechnung der Höhe 56 ff.
– Beschäftigungssuche 5 ff.
– Eigenbemühungen 5
– Erlöschen 32, 129 f.

– neuer Anspruch 130 f.
– wiederholter Sperrzeitanlaß 129 f.
– Zeitablauf 131
– Härtefälle 75 ff.
– Höhe 56 ff.
– Krankheitsfall 81 f.
– Leistungsgruppe 58 ff.
– nachträgliche Überweisung 132 f.
– Nahtlosigkeits-Alg. 28 ff., 83 ff.
– Nebeneinkommen 79 ff.
– Pfändung, Kontenpfändung 134
– Restanspruch 53
– Rückforderung 135 f.
– Ruhen 89 ff.
– Sozialhilfe bei fraglichem Alg.-Anspruch 133 f.
– Steuerklasse 58 ff.
– Tabelle (Auszug) 60 f.
– Teilarbeitslosengeld 53 f., 86 ff.
– unbillige Härte 75 ff.
– Vererblichkeit 134
– Verfügbarkeit 5 ff.
– Versagung 126 ff.
– Vorschuß 133 f.
– Versicherungpflicht 42 ff.
– Wochensätze 132
– Zumutbarkeit 6 ff.
Arbeitslosenhilfe (s. auch Arbeitslosengeld, Bedürftigkeit, eheähnliche Gemeinschaft)
– Anpassung, jährliche 144 ff.
– Anschluß-Arbeitslosenhilfe 137, 140, 143 f.
– Anwartschaft 137 ff.
– Aufstockung durch Sozialhilfe 139
– Ausländer 142
– Auslands-Tätigkeit 139 f.
– Beamte 140
– Bedürftigkeit 148 ff.

– beide Ehegatten beantragen Arbeitslosenhilfe 167
– Bezugsdauer 147
– fiktives Bemessungsentgelt 144 f.
– Gefangene 140
– Grenzschutzdienstpflichtige 139
– Heimarbeit 143
– Herabbemessung 144 ff.
– Hochschulabsolventen 140
– Höhe 143 ff.
– Lebensversicherungen 159 f.
– mithelfender Familienangehöriger 140
– Nahtlosigkeitsfall 146
– Nebeneinkommen 154 f.
– originäre Arbeitslosenhilfe 144
– Ruhen des Anspruchs 89 ff.
– Schulabsolventen 140
– Selbständiger 140, 142
– Sozialleistungsempfänger 140
– Unterhaltsgeldbezieher 142
– Voraussetzungen 137 ff.
– Vorfrist 139 ff.
– Wehr- und Zivildienstleistende 139
Arbeitslosigkeit (s. auch Verfügbarkeit und zumutbare Arbeit) 1 ff.
Arbeitslosmeldung 33 ff.
Arbeitsstunden s. Bemessungsgrundlage
Arbeitsunfähigkeit 27 f.
Aufhebungsvertrag 109 ff.
Aufrechnung mit Ansprüchen des Arbeitslosen 135
Ausbildungsbeihilfe 203
Auslandstätigkeit 39, 139
ausländische Arbeitnehmer
– Arbeitserlaubnis 19
– Arbeitslosenhilfe 142
– EG-Ausländer 39

– Merkblatt 203
Aussetzung der sofortigen Voll-
  ziehung 198
Aussperrung 89 ff.
Auszubildende 2, 42, 75

Beamte 139
Bedürftigkeit (s. auch Einkom-
  men/Nebeneinkommen, Ver-
  mögen) 148 ff.
– Abzahlungsschulden 150
– abzugsfähige Versicherungs-
  beiträge 150
– Eheähnliche Gemeinschaft 167 f.
– Einkommen 149 ff.
– Ersparnisse 157 ff.
– Freibeträge 155 f., 158, 164 ff.
– freie Kost und Logis 150
– Kindergeld 152
– Nebentätigkeit 154 f.
– Ratenzahlungsverpflichtungen
  150
– Sicherung einer angemessenen
  Lebensgrundlage 163
– Unterhaltpflichten von Ange-
  hörigen 148 f.
– Unterhaltsverweigerung 166 f.
– Vermögen 157 ff.
– Werbungskosten 150
– Witwenrente 155
– Zuwendungen Dritter 152, 155
Bemessungsgrundlage 56 ff.
– Ausbildungsvergütung 75
– Familienangehörige 75
– Fiktivlohn 75
– Obergrenze 72
– Sonderfälle 77 f.
Bemessungszeitraum 70 ff.
– Anpassung, jährliche 78 f.
– Härteregelung 75 ff.
– Krankheitstage 74, 77 f.

– Lohnabrechnungszeiträume 70
Beratungshilfegesetz 191
Berufliche Rehabilitation 22
Berufliche Weiterbildung 203
Berufsausbildungsbeihilfe 203
Berufsunfähigkeit
– Rente 28 ff., 83 ff.
– Verfügbarkeit 29 ff.
Beschäftigungssuche 5 ff.
– Eigenbemühungen 5
– Verfügbarkeit 5 ff.
Bezugsdauer s. Anspruchsdauer
Bundesanstalt für Arbeit
– Merkblätter 203
– Neutralitätspflicht 89 ff.
Bußgeld 200 ff.

Dienstaufsichtsbeschwerde 199

Eheheähnliche Gemeinschaft
  167 f., 210 f.
Eigenbemühungen 5
Einkommen (s. Nebeneinkom-
  men) 154 ff.
Entlassungsentschädigung 93 ff.
Erlöschen des Anspruches 32,
  129 ff.
Erreichbarkeitsanordnung 20 f.,
  26 f.
Ersatzdienst 42
Ersparnisse 157 ff.
Erwerbsunfähigkeitsrente 28 ff.,
  83 ff.
Erziehungsgeld 169

Fahrkosten 33
Familienangehöriger, mithelfen-
  der 4, 140
Freibeträge (s. Einkommen bzw.
  Nebeneinkommen)
Fristversäumnis 195 ff.

Gefangene
– Anwartschaftszeit 42, 140
– Verfügbarkeit 22
Gemeinnützige Arbeit 208 ff.
Geringfügige Beschäftigung 3 ff.
Gleichwohlgewährung 166 f.

Härteregelung
– Abschlagszahlung 133 f.
– Bemessungsgrundlage 87 ff.
– Sperrzeit 121 f.
Heimarbeit 18 f., 143
Herabbemessung der Arbeitslosenhilfe 144 ff.
Hochschulabsolventen 140
Hochschulbesuch 22 ff., 140
Höchstanspruch 50

Insolvenzgeld 169 ff.

Jugendliche Arbeitslose
– Einkommen der Eltern 157
– Empfang des Geldes 132

Kindergeld 152
Kirchensteuer 57
Klage (s. auch Prozeßkostenhilfe) 188 ff.
– Beispiel 189 f.
– Berufung 190
– Erfolgsaussichten 220
– Form 189 f.
– Frist 188
– Fristversäumnis 195 ff.
– Kosten 191 ff.
– Revision 190 f.
– Untätigkeitsklage 198 f.
– Wiedereinsetzung in den vorigen Stand 195 ff.
Konkursausfallgeld (s. Insolvenzgeld) 169 ff.

Krankenarbeitslosengeld 81 f.
Krankenversicherung 177 ff.
Krankheit 28 ff.
Kündigungsschutzklage 109 f.
Kurzarbeitergeld, Hinweis 203
Kurzzeitige Beschäftigung 3 ff.
Lebensversicherungen
    (Anrechnung auf den Arbeitslosenhilfeanspruch) 159 f.
Leistungsfähigkeit, geminderte
    28 ff.
Leistungsgruppen 58 ff.
Leistungsverordnung 79
Lohnabrechnungszeitraum 70
Lohnsteuerkarte, Änderung 61 ff.

Meldepflicht
– Nebeneinkommen 81
– Säumniszeit 123 ff.
mithelfende Familienangehörige
    4, 140
Mitwirkungspflichten
– ärztliche Untersuchung 123
– Bußgeld 200 f.
– Mitteilung von Änderungen
    128
– Rechtsfolgenbelehrung 127
– Versagung des Anspruchs 127
Mobilitätshilfen, Arbeitsaufnahme 32 f.
Mutterschaftsgeld 104, 151

Nahtlosigkeits-Arbeitslosengeld
    28 ff., 83 ff.
Nahtlosigkeits-Arbeitslosenhilfe
    146
Nahtlosigkeitsprinzip 28 ff., 83 ff.
Nebeneinkommen 79 ff., 154 f.
– anrechnungsfrei 79 f.
– Arbeitslosengeld 79 ff.
– Arbeitslosenhilfe 154 f.

– Einnahmen ohne Arbeits-
leistung 80
– Erziehungsgeld 80
– Freibetrag 79 f.
– Meldepflicht 81
– Werbungskosten 79
Nettoarbeitsentgelt (Leistungs-
entgelt) 56 f.
Ordnungswidrigkeit 200 ff.
Persönliche Meldung 33 ff.
Pfändung des Arbeitslosengeldes
134
Pflegeversicherung 177 ff.
Prozeßkostenhilfe 193 f.
– Sozialgerichtsklage 188 ff.

Rahmenfrist 37 ff., 50 ff.
– Verlängerung 39 f.
Ratenzahlungsverpflichtung 150
Rehabilitation (Maßnahme zur)
– Aufforderung des Arbeitsamtes
28 f.
– Merkblatt, Hinweis 203
– Verfügbarkeit 22
Renten (der Bezieher von Ar-
beitslosengeld und -hilfe)
– Altersruhegeld 46 ff.
– Berufsunfähigkeit 28 ff., 83 ff.
– Erwerbsunfähigkeit 28 ff., 83 ff.
Rentenversicherung 181 ff.
Restanspruch 53
Rückforderung bei Überzahlun-
gen 135 f.
Ruhen des Anspruchs wegen
– Abfindung 93 ff.
– Arbeitsentgelt 92 f.
– Arbeitskämpfe 89 ff.
– Meldepflicht-Versäumnis 123 ff.
– Sozialleistungen 104 f.
– Sperrzeit 105 ff.
– Urlaubsabgeltung 93

Sachbezüge 150
Säumniszeit 123 ff.
Schüler 22 ff.
Schulbesuch 22 ff.
Schwangerschaftsabbruch 27
Selbständiger 1 f., 4
Solidaritätszuschlag 57
Sozialhilfe für Arbeitslose 205
Sparguthaben 157
Sperrzeit
– Ablehnung eines Arbeitsange-
botes 31 f., 118 ff.
– Abbruch einer Fortbildungs-
maßnahme 118 ff.
– Abmahnung, fehlende 111
– Aufhebungsvertrag 109 ff.
– Beginn, Dauer, Wirkung 120 ff.
– Erlöschen des Anspruches
31 f., 129 f.
– grobe Fahrlässigkeit 108
– Härte, besondere 32, 120 ff.
– Kündigung 105 ff.
– Leiharbeit, Ablehnung 119
– Rechtsfolgenbelehrung 120
– Vereitelung der Arbeitsauf-
nahme 118 ff.
– Vereitelung der Bildungsmaß-
nahme 118 ff.
– Verminderung der Bezugs-
dauer 123
– vertragswidriges Verhalten 108 ff.
– Verweigerung der Teilnahme
an einer Maßnahme 118 ff.
– wichtiger Grund 112 ff.
– wiederholter Anlaß 123
Sterilisation 27
Steuerklasse 58 ff.
– Änderung der Lohnsteuerkarte
61 ff.
– Bedeutung für Anspruchs-
höhe 58 ff.

– Tabelle zur Steuerklassenwahl 65 ff.
– Wahl der Steuerklassen-Kombination 62
– Wechsel der Steuerklasse 61 ff.
– Zuordnung zur Leistungsgruppe 58 ff.
Steuerschuld und Arbeitslosengeld 85 f.
Straftat 200 ff.
Streiks (s. Arbeitskampf) 89 ff.
Studenten 22 ff.

Teilzeitarbeit 16 ff.
Teilarbeitslosengeld 53 f., 86 ff.
Trainingsmaßnahmen 22
Trennungskostenbeihilfe 33

Überleitung von Ansprüchen 29, 93, 166 f.
Umzugsbeihilfe 33
Unbillige Härte
– Bemessungsgrundlage 75 ff.
– Sperrzeit 121 f.
Unfallversicherung 180 f.
Untätigkeitsklage 198 f.
Unterhalt
– Erstattung an das Arbeitsamt 166 f.
– Pflichten der Angehörigen 155 ff.
Urlaub 21
Urlaubsabgeltung 93

Verfügbarkeit 5 ff.
– Abtreibung 27
– ältere Arbeitslose 46 ff.
– ausländische Arbeitnehmer 19
– Berufsunfähigkeit 28 ff.
– Beschäftigungsverbote 19

– Bildungsveranstaltung 25 ff.
– familiäre Pflichten 16 ff.
– häusliche Bindungen 17 ff.
– Heimarbeit 18 f.
– Krankheit 27 ff.
– Krankheit eines Kindes 27 f.
– geringfügige Beschäftigung 3 ff.
– Mutterschutz 19
– Nahtlosigkeitsprinzip 28 ff.
– objektive 20 f., 28 ff.
– Rehabilitation 21
– Sterilisation 27
– subjektive 20 f.
– Teilzeitarbeitsmarkt 16 ff.
– Teilzeitbeschäftigte 16 ff.
– übliche Bedingungen des Arbeitsmarktes 16
Vermögen 157 ff.
Versicherungspflicht 42 ff.
Vorfrist 139 ff.
Vorschuß 133 f.

Wehr- und Zivildienstleistende 42, 139
Werbungskosten 150
Wichtiger Grund (Sperrzeit) 112 ff.
Widerspruch, Verfahren 184 ff.
Wiedereinsetzung in den vorigen Stand 195 ff.

Zivildienst 42, 139
Zumutbarkeit 6 ff.
– allgemeine Gründe 8 f.
– personenbezogene Gründe 9 ff.
– tägliche Pendelzeiten 9 f.
Zuwendungen
– Dritter zur Arbeitslosenhilfe 152, 155
Zwischenbeschäftigung 34, 70 ff.